高等学校应用技术型经济管理系列教材（会计系列）

高等学校应用型经济管理规划教材

总主编／李 雪　主审／徐国君

商业分析
Business Analysis

杨 屾◎主　编
耿　菲　陈晓冬◎副主编

立信会计出版社
LIXIN ACCOUNTING PUBLISHING HOUSE

图书在版编目(CIP)数据

商业分析 / 杨屾主编. —上海：立信会计出版社，2022.1(2023.7重印)

高等学校应用技术型经济管理系列教材. 会计系列

ISBN 978-7-5429-6949-1

Ⅰ.①商… Ⅱ.①杨… Ⅲ.①商业管理-高等学校-教材 Ⅳ.①F712

中国版本图书馆 CIP 数据核字(2021)第 258914 号

策划编辑　方士华
责任编辑　方士华

商业分析
SHANYE FENXI

出版发行	立信会计出版社			
地　　址	上海市中山西路 2230 号	邮政编码	200235	
电　　话	(021)64411389	传　　真	(021)64411325	
网　　址	www.lixinaph.com	电子邮箱	lixinaph2019@126.com	
网上书店	http://lixin.jd.com		http://lxkjcbs.tmall.com	
经　　销	各地新华书店			
印　　刷	上海万卷印刷股份有限公司			
开　　本	787 毫米×1092 毫米　　1/16			
印　　张	14.75			
字　　数	369 千字			
版　　次	2022 年 1 月第 1 版			
印　　次	2023 年 7 月第 2 次			
书　　号	ISBN 978-7-5429-6949-1/F			
定　　价	39.00 元			

如有印订差错，请与本社联系调换

总 序

　　教材是高校实现人才培养目标的重要载体,教材及教材建设对高校发展具有举足轻重的作用。与培养模式相对应的教材是培养合格人才的基本保证,是实现培养目标的重要工具。由于历史的原因,在财经类教材的出版方面,相关出版社出版研究型本科或者高职高专、中等职业等层次的教材较多,应用型本科教材较少,虽然近年来也出版了一些应用型本科教材,但总体而言,这些教材还是缺乏权威性、普适性、实用性、创新性。造成这种状况的原因主要在于:出版社对财经类应用型本科教材的出版还不够重视,没有进行有效的组织;财经类应用型本科院校多为新建院校,教材建设相对滞后,主观上也较愿意使用研究型本科教材;在教材使用中存在比较严重的混用现象,教材目标读者群不明确,如不少教材既适用于研究型本科又适用于应用型本科,或者既适用于本科院校又适用于高职高专院校。

　　由于目前财经类应用型本科教材种类和数量匮乏或质量欠佳,财经类应用型本科不得不沿用传统研究型本科教材。这些教材本身的质量很好、级别很高,但是并不适用于应用型本科的教学,教师和学生普遍反映不好用。即使在全国范围看,我国目前也还没有相对成套、成熟的适合财经类应用型本科的教材。现有教材存在的主要问题包括:①教材的定位和要求较高;②教材的内容多、难度大;③教材着重于理论解释,相关案例、实训等内容较少,缺乏普适性、实用性。

　　与此同时,信息技术的快速发展使学生的学习习惯和阅读习惯发生了改变,不断朝个性化、自主学习的方向发展,传统的单一纸质教材已经无法适应这种变化。翻转课堂、慕课、微课等网络课程的兴起,混合式教学的不断推进,也对立体化教材建设提出了新的要求。教材作为一种课堂上的教学工具,一种传播媒介,理应顺势而为,随课堂形式、学生学习方式的改变而改变,朝着数字化、立体化、可视化的方向发展。因此,我国目前亟需编写适应学生水平、便于学生接受的立体化财经类应用型本科教材。

　　我们组织具有多年应用型人才培养经验的优秀教师和实务界专家编写了本套教材。本套系列教材由《会计基本技能》《出纳实务》《基础会计》《中级财务会计》《成本会计》《管理会计》《会计信息系统》《财务管理》《审计学》《高级财务会计》《商业分析》《税法》《经济法》《金融学》等构成。为了保证教材的质量,本套系列教材聘请了知名高校的专家、教授进行专门指导和审核。每本教材至少由一名本学科的知名专家或学科带头人提出审核指导意见,至少由一名高等院校教学一线的高级职称教师组织编写,至少由一名行业协会、实务界专家或教学研究机构人员提出编写建议。

　　本系列教材的特色如下。

1. 应用性

应用型本科的教材建设应坚持培养应用型本科人才的定位,充分吸收和借鉴传统的普通本科教材与高职高专类教材建设的优点和经验,以就业为导向,做到理论上高于高职高专类教材、动手能力的培养上高于传统的本科院校教材。本套系列教材体现了应用型本科的定位,体现了素质教育和"以学生发展为本"的教育理念,遵循了高等教育教学基本规律,重视知识、能力和素质的协调发展,根据应用型人才培养模式对学生的创新精神、实践能力和适应能力的要求,在内容选材、教学方法、学习方法、实验和实训配套等方面突出了应用性特征。

2. 针对性

本套系列教材的编写符合会计学、财务管理和审计学等专业的培养目标、培养需求、业务规格和教学大纲的基本要求,与各专业的课程结构和课程设置相对应,与课程平台和课程模块相对应。教材在结构纵横的布局、内容重点的选取、示例习题的设计等方面符合教改目标和教学大纲的要求,把教师的备课、试讲、授课、辅导答疑等教学环节有机的结合起来。

3. 立体化

本套系列教材为立体化教材,实现了由传统纸质教材向"纸质教材+数字资源"的转变,通过技术手段将晦涩难懂的理论知识转变为直观的具体知识,以立体化、数字化的方式呈现,包括图文、动画、音频、视频等多种形式,生动、有趣且易懂,不仅可以激发学生的学习兴趣,还有利于教学效果的提升。

4. 趣味性

本套系列教材聚焦注重趣味性,使用了大量的例题和案例,加入了"思政育人""相关思考""延伸阅读""扫一扫 练一练"等内容,使读者能够加深理解,便于掌握相关内容。在案例、例题等的设计选用上重点突出趣味性,易于引发读者的共鸣。

5. 先进性

本套系列教材反映了应用型会计人才教育教学改革的内容,能够反映学科领域的新发展。教材的整体规划、每一种教材的构造等均体现了创新性。教材还强调了系列配套,包括了教材、学习参考书、教学课件等。立体化教材在内容修订上更具有明显优势,线上资源可以随时根据政策法规、理论知识或工作实务等的变化进行调整,更有利于保持教材内容的先进性。

6. 基础性

本套系列教材打破传统教材自身知识框架的封闭性,尝试多方面知识的融会贯通,注重知识层次的递进,体现每一门科目的基本内容,同时在具体内容上突出实际运用能力,做到"教师易教,学生乐学,技能实用"。

7. 易于自学

自学能力是大学生的一项基本能力。学生只有具备了自主学习的能力,才能最终建立起终身学习的保障体系,这也是应用型本科人才培养的客观要求。应用技术型高校的生源素质与普通高校相比存在一定的差距,除了一部分系高考发挥失误的学生,有一部分学生在学习习惯、基础知识等方面存在一定的欠缺,这要求通过教材要调动这部分学生的学习积极性,在理论方面尽量通俗易懂,在实践方面尽量采用案例式教学。为了有利于学生课后自主学习,本套系列教材配套了学习指导书和教学课件。

因此,本套系列教材的定位准确,特色明显,适用于应用型本科院校教学,容易得到学生和市场的认可,便于学生的自学和教师的教学。

"高等学校应用技术型经济管理系列教材(会计系列)"凝聚了众多领导、教授和专家多年来的经验和心血。当然,由于我们的经验和人力有限,教材中难免存在不足,我们期待着各位同行、专家和读者的批评指正。伴随着经济发展和会计环境的变迁,我们将不断修订教材,以便及时反映学科的最新发展和人才培养的最新变化。

本套系列教材自2014年出版后,得到众多高校、学生和市场的认可,深受广大读者欢迎。为了更好地回馈读者,本套系列教材从2017年起启动第二版的修订工作,2019年启动第三版的修订工作,2021年启动第四版的修订工作。各种教材的修订版将陆续出版。我们会一如既往地做好教材修订和相关服务工作,希望广大读者对本套系列教材继续给予支持。

李 雪
2021 年 12 月

前 言

本书为高等学校应用技术型经济管理系列教材（会计系列）之一，具有应用性、针对性、先进性、基础性、自学性的特点，在充分吸收和借鉴传统的普通本科教材与高职高专类教材建设的优点和经验的基础上，以就业为导向，做到理论上高于高职高专类教材、实践能力的培养上高于传统的本科院校教材。

本书紧紧围绕公司的经营活动与财务活动，深度跟进商业分析的理论前沿和新型实践，较系统地探讨了商业分析的整体框架及重点领域，较深入地阐述商业分析的主要内容和主要方法，较全面地构建现代商业分析理论与方法体系。本书在继承我国现有商业分析优秀教材的基础上进行编写，全书共分九章，第一章介绍了商业分析的基本概念和信息来源；第二章介绍了企业经济活动分析的意义与内容；第三章详细介绍了商业分析的程序、方法体系和基本方法；第四章、第五章主要从战略的角度对企业面临的内外部环境进行详细分析；第六章具体介绍企业常见的商业模式；第七章与第八章主要进行企业的财务分析，分别阐述了财务报表分析的方法和财务指标的计算分析思路；第九章系统介绍了当前比较先进的数据分析工具；第十章从综合分析与业绩评价的角度进行了较为系统、深入的分析与阐述。本书主要作为普通高等教育经济管理类的专业教材，也可供相关专业人员参考。

本书的编写特点如下：

(1) 简明实用。本书在内容上力求避免很多同类教科书中经常出现的冗长的理论描述和繁琐的公式推导。本书章节安排合理，内容详略得当，不会对教材使用者造成过多的负担。本书有大量的图表，从而使教材不仅更加直观，而且更富有说服力。

(2) 突出案例。本书突出案例在书本知识和财会实践两者之间的桥梁作用，力求通过案例来提高学生运用所学知识解决实际问题的能力。本书每一章开篇都有一个引例，能帮助读者对该章内容进行先行把握。

(3) 体系针对性强。本书在体系上进行了有针对性的安排，强调商业分析的基本理论与分析的逻辑性。

(4) 紧密联系实务。本书在内容上整合了当前比较先进的商业分析理论，可与其他智能财务数据分析教材配套使用，具有较强的实用性。

(5) 具有立体化特色。除了教材主体内容，本书还专门针对教学内容配备了丰富的立体化资料，包含针对教材中的重难点进行详细的视频讲解、配套课件与章节练习等，使用者可通过扫描二维码的方式查看下载。

本书由杨屾任主编，耿菲、陈晓冬任副主编，其他参编人员有韩真真、张灿灿、颜萍、于翔、倪运运、牟维意。具体分工如下：第一章绪论（杨屾），第二章企业经济活动分析概述（牟维意、张灿灿），第三章商业分析的程序和方法（颜萍），第四章外部环境分析（陈晓冬），第五章内部环境分析（陈晓冬），第六章商业模式分析（陈晓冬），第七章财务报表分析（耿菲），第八章财务指标分析（韩真真），第九章数据分析技术（张灿灿），第十章综合分析与业绩评价（于翔、倪运运）。

  本书在编写过程中参考了大量相关教材和论著，在此向有关作者致以深深的谢意！

  我们在编写过程中进行过多次讨论研究，力求使本书内容编排合理、避免错误，但书中难免存在疏漏或不足之处，敬请读者批评指正。

编 者

2021 年 12 月

目 录

第一章 绪论 ··· 1
第一节 商业分析概述 ··· 2
第二节 商业分析的内容 ··· 5
第三节 商业分析的信息来源 ·· 7
本章小结 ··· 14
本章重要概念 ·· 14
思考与练习 ·· 14
推荐阅读资料 ·· 15

第二章 企业经济活动分析概述 ·· 16
第一节 企业经济活动分析的意义和作用 ······························· 17
第二节 企业经济活动分析的内容 ······································ 18
本章小结 ··· 21
本章重要概念 ·· 21
思考与练习 ·· 21
推荐阅读资料 ·· 22

第三章 商业分析的程序和方法 ·· 23
第一节 商业分析的标准与程序 ··· 24
第二节 商业分析的方法体系 ··· 28
第三节 商业分析的基本方法 ··· 31
本章小结 ··· 41
本章重要概念 ·· 41
思考与练习 ·· 41
推荐阅读资料 ·· 41

第四章 外部环境分析 ·· 42
第一节 宏观环境分析 ··· 43
第二节 产业环境分析 ··· 47

| 第三节   竞争环境分析 ··· 58
| 本章小结 ·· 67
| 本章重要概念 ·· 67
| 思考与练习 ·· 67
| 推荐阅读资料 ·· 67

| 第五章   内部环境分析 ··· 69
| 第一节   企业资源与能力分析 ·· 70
| 第二节   价值链分析 ·· 80
| 第三节   业务组合分析 ·· 85
| 第四节   SWOT 分析 ·· 91
| 本章小结 ·· 92
| 本章重要概念 ·· 93
| 思考与练习 ·· 93
| 推荐阅读资料 ·· 93

| 第六章   商业模式分析 ··· 94
| 第一节   商业模式概述 ·· 95
| 第二节   企业常见的商业模式 ·· 101
| 第三节   构建企业商业模式理论模型 ·· 108
| 本章小结 ·· 113
| 本章重要概念 ·· 113
| 思考与练习 ·· 113
| 推荐阅读资料 ·· 113

| 第七章   财务报表分析 ··· 114
| 第一节   资产负债表分析 ·· 115
| 第二节   利润表分析 ·· 127
| 第三节   现金流量表分析 ·· 136
| 第四节   所有者权益变动表分析 ·· 144
| 本章小结 ·· 147
| 本章重要概念 ·· 147
| 思考与练习 ·· 147
| 推荐阅读资料 ·· 148

第八章　财务指标分析 ·· 149
第一节　偿债能力分析 ·· 150
第二节　盈利能力分析 ·· 164
第三节　营运能力分析 ·· 179
第四节　发展能力分析 ·· 189
本章小结 ··· 201
本章重要概念 ··· 201
思考与练习 ·· 201
推荐阅读资料 ··· 202

第九章　数据分析技术 ·· 203
第一节　数据分析概述 ·· 203
第二节　数据分析常用工具 ·· 207
本章小结 ··· 208
本章重要概念 ··· 208
思考与练习 ·· 209
推荐阅读资料 ··· 209

第十章　综合分析与业绩评价 ··· 210
第一节　综合分析与业绩评价的目的和内容 ··· 211
第二节　杜邦财务综合分析及其发展 ·· 212
第三节　企业经营业绩综合评价 ·· 216
本章小结 ··· 223
本章重要概念 ··· 224
思考与练习 ·· 224
推荐阅读资料 ··· 224

第一章 绪 论

- 内容简介
- 学习目标和要求
- 引例
- 第一节 商业分析概述
- 第二节 商业分析的内容
- 第三节 商业分析的信息来源
- 本章小结
- 本章重要概念
- 思考与练习
- 推荐阅读资料

内容简介

本章主要讲解了商业分析的基本内涵,包括商业分析的产生与发展、商业分析目的和意义等;商业分析的内容,包括商业分析的框架体系以及按照不同标准划分的商业分析具体内容;商业分析的信息来源,包括商业分析信息的具体种类和作用等内容。本章重点为商业分析的概念、商业分析体系及商业分析的信息来源。

学习目标和要求

通过本章学习,学生应掌握商业分析的基本理论体系,了解商业分析的产生与发展以及其基本内容,理解商业分析在企业经营管理中的地位与作用等。

引例 突遭苹果"踢群",昔日700亿元大白马股市值已蒸发390亿元

欧菲光2021年3月16日晚间的一纸公告,将此前流传已久的被踢出苹果产业链的消息坐实。3月17日,欧菲光毫无悬念开盘跌停,报9.14元,市值仅余246.3亿元。欧菲光股价年内已累计下跌超30%,较2020年高位下跌54%,市值蒸发超390亿元。

根据公告,特定客户计划终止与欧菲光及其子公司的采购关系,后续欧菲光将不再从特定客户取得现有业务订单。经审计,欧菲光2019年来自特定客户相关业务营业收入为116.98亿元,占2019年经审计营业总收入的22.51%。特定客户是谁?结合此前公告,可以确定无疑是苹果公司。失去百亿元营收和苹果产业链标的光环的加持,这对于依靠果链概念逐渐壮大起来的欧菲光来说,无异于一场飞来横祸。

欧菲光成立于2002年8月,最初靠生产红外截止滤光片起家。2016年11月,欧菲光以15.8亿元的价格从索尼公司手中并购了索尼电子华南有限公司,当时索尼公司拥有苹果50%前置摄像头以及10%后置摄像头的市场份额,相关的生产由广州得尔塔公司负责,从而切入苹果产业链。得益于苹果光环的加持,欧菲光股价也随之大涨,2017年市值一度攀上近700亿元的高峰。从两次传言被苹果"退群",欧菲光股价即跳水的表现来看,也足以证明苹果光环对欧菲光的作用。

2020年业绩快报显示,欧菲光实现营业总收入484亿元,同比下降6.87%,实现净利润8.8亿元,较2019年同期增长72.70%。对于业绩增长的原因,其表示,得益于部分大客户订单增加和平板电脑销量增长及安卓触控业务独立发展。从2019年半年报来看,来自苹果的光学产品订单或对公司贡献良多。

欧菲光表示,受益于国际大客户手机产品销量增长及合作进一步加深,公司非安卓影像模组产品销售

收入36.73亿元,同比增长95.95%;出货量0.55亿颗,同比增长30.34%,国际大客户订单增多带动产能利用率提高以及双摄模组份额提升。苹果订单对欧菲光的业绩贡献不言而喻。

丢了苹果客户,欧菲光有何应对之策?有不少投资者将希望寄于安卓客户。记者注意到,欧菲光自2015年开始进军智能汽车领域,2018年收购富士公司天津镜头工厂,进一步加强在车载镜头方面的布局。公司智能汽车事业群正在布局车载摄像头、智能座舱、自动泊车等产品的标准化和平台化。但这一业务尚不能弥补苹果的缺失。2020年上半年,欧菲光智能汽车业务实现营业收入1.32亿元,同比下降35.14%;综合毛利率为14.28%,同比下降6.36个百分点。

此次事件再次反映出苹果供应链的不确定性。"苹果供应链厂商很难善始善终,苹果一直掌握主动权,除非有核心技术,苹果暂时需要你,而且即便如此苹果也会培育更多供应商,最终让你降价或抛弃你,暂时没有应对方法。"Witdisplay首席分析师林芝说。

许多人认为,商业分析就是对企业的财务问题进行分析,其实它的内容很丰富,它涉及会计问题、财务问题、宏观经济政策问题、资本市场问题等。通过本章的学习,你将明确商业分析的概念,掌握商业分析的内容,发现商业分析为管理者、投资者、贷款者、顾客、供应商和监管者提供的丰富信息,可以满足各种不同的目的。

资料来源:http://stock.hexun.com/2021-03-18/203222940.html。

第一节 商业分析概述

一、商业分析的目的和意义

企业是以营利为主要目的,通过向社会提供产品或服务实现其经营目标的生产单位或经济组织。一个企业的存在价值在于:一方面能不断向社会提供良好的产品(商品)或服务;另一方面通过追求利润使自身能持续存在和不断发展。同时,企业必须能不断地推出新产品并被消费者接受,以促进社会经济迅速发展和逐渐提高国民生活水平。如果企业生产的产品或提供的服务不能被消费者接受,即不被社会所承认,或者经营不善、连年亏损,那么它就失去了存在的社会价值,只有停业倒闭。因此,为了企业的生存,经营者要不断推出新产品和提高服务质量,以满足消费者需要,同时还要分析每项经营活动的经济性,如消耗了多少资材、花费了多少人工、支出了多少费用、获得了多少收入、收入抵补费用之后又有多少盈余、这些盈余如何进行分配等。企业的经营管理者对这些经济活动情况必须有充分的了解。但是,仅仅通过会计核算了解以上情况,对于企业经营管理者来说是远远不够的,因为它们只反映了计划执行的结果,回答了"是什么"和"什么样"的问题,不能说明计划完成和未完成的原因,也不知道企业的生产经营状态和存在什么问题,更无法提出改进经营管理的方法和措施。因此,对于企业的经营活动,我们不能仅满足在单纯会计核算的水平上,还要作进一步的分析。

不仅企业如此,银行、税务机关以及形形色色的投资者,凡是与企业有直接或间接利害关系的团体和个人,都从不同角度窥视着企业的状态、存在价值和发展前途,试图分析其各种能力,以便采取有利的行动,如作出是否贷款和投资的决策等。这样,来自企业内外各利益方站在不同立场上对分析企业经济性萌发的强烈愿望,就奠定了产生与发展商业分析的客观基础。

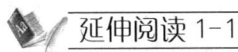

延伸阅读 1—1

商业分析的产生与发展

最早的商业分析可以追溯到 1900 年。当时,美国银行为了能更准确地判断贷款方和被投资方的信用能力,对受资企业提出了编制并公开资产负债表的要求。这样,银行在向企业贷款或投资之前,首先要对企业提供的资产负债表进行信用和偿还能力分析,其次再决定是否给予该企业必要的信用。在当时,这种分析称为信用分析或资产负债表分析。

当站在企业外部与授信者立场上,根据资产负债表对企业经营状况进行分析的方法得到广泛应用之后,企业经营者发现完全可以将其作为管理工具用于分析企业的经营活动。于是,这一分析方法移植到了企业内部,称为财务分析。此后,该分析方法在实践中得到不断完善和发展,应用范围和分析内容也日渐扩大。在内容方面,该分析方法根据分析者的立场和分析目的不同,从资金的流动性、安全性和支付能力到评价经营活动效果的收益性、资本利润率,从判断企业经营活动是否良好的业务比率到评价其社会效果的生产性和增加值分析,几乎包括了企业经营的所有方面;在所应用的分析资料方面,该分析方法根据分析主体不同,由资产负债表扩展到利用利润表、成本计算表和各种统计资料,从利用各种历史数据发展到运用各种预测资料。可以说,该分析方法现在已成为经营者有效管理企业的方法,因而通常改称为企业商业分析。

资料来源:李家连:《现代企业经营分析》,经济管理出版社 1998 年版。

二、商业分析的概念

企业商业分析,是指为了搞清企业经营活动的状态和结果,或者为了策划企业未来的经营业务,利用企业有关经营活动的各种财务和统计资料,通过收集、整理、分类和计算,从其经济性、收益性、支付能力、流动性、安全性、发展性和适应性等方面,定性与定量地阐明企业经营活动的现状,评价企业取得的成绩和存在的问题,或者进行企业经营活动的各种立案和建议。

应该说,商业分析方法现在已经被企业家、经营管理人员、投资者、债权人以及政府有关职能部门所广泛利用,从不同角度分析企业的经营。由于分析者的立场和分析目的不同,因而分析的侧重点也各有差异。例如,业主、投资者和潜在投资人主要关注企业的获利能力;短期债权人关心企业的偿债能力;长期债权人重点着眼于企业的资本结构和收益展望;政府职能部门则立足于企业是否遵章守法和照章纳税;而企业家和经营管理人员就需要统筹兼顾,全面了解企业短期和长期的财务状况和经营效益,并据此采取相应的对策。

如今商业分析几乎被所有与企业有利害关系的群体和个人所利用,但对其特别重视的莫过于企业经营者。他们为了企业的生存和发展,必须不断地检查和测定计划实施后的结果,或者制订未来的经营计划,这就更需要借助于商业分析结果,以便能制定出更符合实际的经营战略和采取更有效的管理措施。

商业分析必须借助于一定的资料,掌握企业的现状,才能作出正确的判断。通常,公正判断企业财务状况和经营成果的基础资料是各种会计报表。例如,资产负债表反映企业的财务状况,损益表说明企业取得的经营成果。通过分析各种会计报表,一般即可判断企业的财务现状,满足企业内、外部不同利益相关者的要求。但是,只进行这种基于历史资料所做的事后分析,还不能充分满足企业经营管理者为把握未来,需要制订经营计划或者以考核计划实施结果为目的的商业分析。因此,现代的商业分析还包括企业的内外部环境分析。特别是随着信息技术的不断发展,运用各种决策模型和分析软件,可以对财务报表和非会计性数据进行事前分析,以满足企业经营者决策、制定经营战略和改善经营管理的需要。

商业分析中的事后分析是以分析各会计报表为中心,目的是把握当前经营实态;而事前分析则是以各种预测数据或目标资料为分析对象,目的是预测未来。但是,企业目前的实际状态是未来的起点和基础,即使预测未来,把握现状也是必不可少的先决条件。因此,加强对企业内外部环境分析及财务报表分析,在今天也没有失去它的重要意义。

三、商业分析的要求

商业分析的主体具有多元性,其功能也具有广泛性。但是在商业分析的运用上,又具有局限性。

(1) 商业分析一般是从企业外部进行分析的,主要依靠企业公布的或上报的财务报表资料来进行,但是财务报表反映的企业经营情况是有局限性的,尤其是生产营销各环节的具体情况,不能全面表现。因此,分析者应尽可能地收集业务资料和统计资料来作为补充,以弥补财务报表资料的不足。

(2) 企业财务报表由企业填报,有的须公开发表,有的须送银行、税收和上级主管等部门。由于受自身利害的影响,填报者有时会对其内容甚至数值,进行粉饰、修改和歪曲,影响其真实性。因此,分析者在获取财务报表以后,先要有一个甄别和鉴定的任务。这就要求分析者必须学会审计分析的一些方法,以弥补经营分析的不足,保证分析的真实性。

(3) 商业分析中采用的财务报表等大都是前期资料,其内容只停留在过去的数值上,反映的也只能是"历史"的情况,与瞬息万变的企业经营实况可能有一定距离。如果要利用它断定现时经营状况,就会有误差。因此,商业分析要求分析者掌握趋势分析的方法,才能在分析中了解经营活动的实际状况,预测其发展规律,作出正确的分析和决策。

(4) 商业分析如果仅仅依靠数值分析,对经济生活中一些突发事件是无法事先预测的。因为数值只反映定量因素的变化,而引起事物变化的还有定性因素。所以,分析者在分析中要将定量因素与非定量因素的变化结合起来,依靠综合分析与判断能力,估量对企业全面的影响,尤其要判断企业经营中突发事件发生的可能性,以及企业对突发事件的承受能力,才能使商业分析更具科学性,而不陷入数字游戏的陷阱。

相关案例 1-1

德国人的商业分析

1870年,法国输了普法战争,赔偿德国50亿法郎。另外,当时的德国还得到了大量的产业资源。为了追求投资效果,德国政府曾利用银行对不同行业和企业的财务分析资料进行投资决策。从此,德国一跃成为欧洲举足轻重的强国,这就改变了自克里米亚战争以来的欧洲格局,德国在欧洲的霸权地位上升,成为强大的"中欧帝国"。

问题:德国人进行商业分析的主要目的是什么?

资料来源:https://baijiahao.baidu.com/s?id=16996316243649672788&wfr=spider&for=pc。

第二节 商业分析的内容

一、商业分析体系

商业分析体系主要由概论、分析工具、分析应用三部分构成。这个体系中的概论部分主要强调商业分析的环境与目的,而将分析方法问题专门作为一部分研究。

第一部分概论,是商业分析的理论基础。第二部分分析工具,是分析的方法论问题,通常包括分析的程序与具体技术分析方法。从方法论角度看,分析程序可分为经营环境分析(包括外部环境分析、行业分析、企业经营战略分析等)、基础资料分析(主要指对财务报表的内涵与质量进行分析)、财务分析、前景分析(包括预测分析与价值评价),从而形成完整的分析方法论体系。具体分析技术则根据不同环节的特点选择不同的技术方法,如财务分析中的比率分析、前景分析中的预测技术、以现金流量为基础的评价技术和以会计收益为基础的评价技术等。第三部分是分析的具体应用问题,即上述分析工具在实践领域的应用,通常包括证券分析、信贷分析及经营分析评价在兼并与收购、公司筹资政策和管理交流等方面的应用。

二、商业分析的具体内容

(一) 按照商业分析的对象分类

商业分析的具体内容按照财务分析的对象,可分为战略分析、资源状况及其构成分析、权益状况及其构成分析以及资源结构与经济利益分割情况分析。

1. 战略分析

战略分析的主要目的是评价影响企业目前和今后发展的关键因素,并确定在战略选择步骤中的具体影响因素。战略分析需要考虑许多方面的问题,主要是外部环境分析和内部环境分析。

外部环境分析可以从企业所面对的宏观环境、产业环境、竞争环境和国家竞争优势分析几个方面展开。外部环境分析要了解企业所处的环境正在发生哪些变化,这些变化给企业将带来更多的机会还是更多的威胁。

内部环境分析可以从企业的资源与能力分析、价值链分析和业务组合分析等方面展开。内部环境分析要了解企业自身所处的相对地位,企业具有哪些资源以及战略能力。

波士顿矩阵、通用矩阵、SWOT等都是常用的战略分析工具。

2. 资源状况及其构成分析

经济资源是企业进行生产经营活动必不可少的基础条件。企业经济资源在企业报告中主要表现为资产负债表的资产,资产总额说明企业拥有的经济资源的总量。企业拥有的经济资源的量通常用来说明一个企业的经济实力。企业经济资源的构成说明企业资源的分布及其结构状况,资源结构通常能够说明或代表着企业资源的质量。企业资源的质量不仅能够说明企业资产的变现能力、偿债能力、盈利能力,而且还能够揭示企业资产的风险及企业成长能力等多种情况。因此,通过对企业经济资源状况及其构成的分析,我们可以了解一个企业经济实力的强弱,可以了解一个企业运用资源的能力和潜力,同时还能分析管理者及其企业内部各管理层管理责任的落实情况,分析管理当局是否已认真履行其应尽的管理责任,评价企业资产的营运能力、获利能力,分析企业资产的分布情况和周转使用情况,测算企业未来的资金需要量。

3. 权益状况及其构成分析

权益状况说明企业权益总额以及企业负债总额和所有者权益总额各为多少,说明企业资源所需资金的来源。权益构成则说明:①企业权益总额中负债和所有者权益的相对比例。②各种负债在负债总额中的相对比例,如流动负债与长期负债的比例,以及各种所有者权益在所有者权益总额中的相对比例,如注册或实收资本与留存收益的比例等。③企业权益所有者享有权益及所承担风险的不同,在权益总额中所有者权益占的比例较高,表明企业经营的风险主要由企业所有者承担,长期债务的清偿能力较强;反之,权益总额中负债比例较多,表明企业经营风险主要由债权人承担,长期债务的清偿能力较弱等。

4. 资源结构与经济利益分割情况分析

资源结构既指资产结构,又指权益结构,更指资产结构与权益结构的内在关系,也就是说某一项资产的风险及收益能力,不仅要看该项资产的自身风险及收益能力,还要看用在该项资产上的资金是通过何种渠道取得的。通过长期负债方式取得的资金的成本及风险是应由占用该项资金的资产来承担的;期末与期初资源结构的不同变化,不仅反映了资源的变化方向与趋势,而且反映了管理当局对经济利益的不同分割的具体态度及具体状况,说明企业经营及其成果最终增加或减少了谁的净福利。

(二) 按照商业分析的目标分类

商业分析的具体内容按照财务分析的目标,可分为偿债能力分析、盈利能力分析、营运能力分析和发展能力分析。

1. 偿债能力分析

偿债能力是指资产与权益的相互关系。偿债能力要求企业资产与权益成比例分布。因此,偿债能力分析包括对资产与权益的对比关系、资产质量及其结构、权益质量及其结构等的分析。它一般可分为短期偿债能力分析和长期偿债能力分析两种。例如,流动资产与流动负债的比率表明企业的短期偿债能力,全部资产与全部负债的比率表明企业长期偿债能力等。企业偿债能力分析还需要分析企业一定时期的现金流量状况和现金的质量等内容。

2. 盈利能力分析

盈利能力是指企业利用其资源获取利润的能力。它包括直接的盈利能力和企业营运能力。其具体包括:通过利润表中利润指标及利润额与业务量、资产等的关系可以分析企业的盈利能力、企业利润目标的完成情况;通过企业运用资源的能力反映企业在获取利润的过程中如何不断提高资源利用效率,节约费用开支,进而提高企业盈利能力。

3. 营运能力分析

企业营运能力是指企业充分利用现有资源创造社会财富的能力。其具体是指企业各项营运资产的周转效率。营运资产是指维持企业日常经营正常运行所需要的资金,是企业的流动资产减去流动负债后的余额。企业会计人员、一般信用调查人员、短期债权人及投资分析人最关注的是企业的财务状况、信用状况及其短期偿债能力,而且只有扣除流动负债后的流动资产净额才是企业可以真正自由运用的资金。企业的日常经营活动在企业财务报表上直接反映为企业营运资金及其各项目的变化,通过对企业营运资金的分析,报表使用者可以得到各自关注的有关企业财务状况和经营状况的信息。

4. 发展能力分析

发展能力分析也是企业财务分析的重要内容。将不同时期的财务状况指标、盈利指标及现金流量指标进行对比分析,企业可以把握自身未来财务状况的趋向和盈利趋势,挖掘企业财务及盈利潜力,进而分析企业成长能力和发展潜力。

相关案例 1-2

别忘了,真正重要的是人

温斯托克勋爵是一位颇具影响力的实干家,他的经营风格和哲学影响着许多英国企业的经营行为。他长期管理着一家大型工程公司——英国通用电气公司。在经营中,温斯托克勋爵很看重用财务比率来评价企业业绩和实施对企业的管理,特别是重视与营业成本、应收账款、利润与存货有关的财务比率。不过,他也十分清楚财务比率的局限性,并始终相信利润本质上是由人创造的。

他在为英国通用电气公司经理人员所写的备忘录中曾指出,财务比率只能帮助而不能替代优秀的经理层。他写道:经营比率是非常有价值的效率评价指标,但这些比率仅是衡量指标而不是效率本身。产品设计的改进、成本的下降和营业收入的上升不是靠统计来完成的。如果滥用这些比率,那么这些比率会诱使人们为取得表面的、假的增长而折耗资源……管理永远指的是判断,对产品和生产过程的了解,还有人际沟通及其技能。财务比率反映的是上述各项活动的执行情况以及与他人的比较,财务比率绝对不会告诉人们如何执行这些任务,而这些任务则需要由经理人员来完成。

资料来源:杨岫:《财务分析》,立信会计出版社 2017 年版。

第三节 商业分析的信息来源

一、商业分析信息的作用与种类

(一) 商业分析信息的作用

资源的任何配置都是特定决策的结果,而人们作出任何决策都是基于给定的信息。决策者所掌握的信息的完全性和准确性决定着资源配置的效率。对于商业分析而言,商业分析者所掌握的信息程度决定着商业分析结论的正确性和可靠性。真实可靠的信息资料是商业分析的基础,它对于保证商业分析的顺利进行、提高商业分析的质量与效果具有重要作用。商业分析信息的作用主要有如下体现。

1. 商业分析信息是商业分析的根本依据

没有商业分析信息,商业分析如"无米之炊",进行商业分析是不可能的。商业分析实际上就是对商业信息的分析。如果缺乏有关公司行业经营环境与经营战略的信息,就无法确定公司利润的主要影响因素和风险因素;如果没有财务报表信息,就无法评价公司的财务状况、经营成果与现金流量;如果缺少公司未来发展前景的信息,就无法评估公司的价值所在。

2. 收集和整理信息是商业分析的重要步骤和方法之一

从某种程度上讲,信息的收集和整理过程,就是商业分析的过程。商业分析所用的信息并不是取之即来、来之可用的。不同的分析目的和分析要求,所需要的信息是不同的。这些信息在来源、内容、形式等方面均不同。因此,信息的收集和整理是商业分析的基础环节。

3. 商业分析信息的数量和质量决定着商业分析的质量与效果

商业分析信息的准确性、完整性、及时性,对提高商业分析的质量和效果是至关重要的。使用错误、过时或不规范的商业分析信息,只能得到错误的商业分析结果。

(二)商业分析信息的种类

商业分析的信息来源也就是进行商业分析所依赖的资料及其取得途径。商业分析的信息来源很多,分析的目的与内容不同,使用的信息资料来源可能是不同的。商业分析的信息资料来源可以分为企业信息资料、行业信息资料、宏观信息资料和企业内部信息资料。其中,企业信息资料可以进一步分为企业公开信息资料和企业内部信息资料。企业公开信息资料可供企业内部和外部分析人员使用,企业内部信息资料主要供企业内部分析使用。由于信息不对称的存在,商业分析者无法得到完全的内部信息。因此,他们必须依靠对公司所处的行业及竞争战略的了解,通过信息源的扩展以及信息的客观处理来弥补自身的信息劣势。只有收集到充分、恰当的财务信息,才能得到客观、合理的分析结论。

二、企业公开信息资料

企业公开信息资料是企业公开对外发布的信息资料,主要包括企业对外公开披露的财务报告、管理层的讨论与分析、企业公布的其他信息资料。

(一)财务报告

财务报告是企业对外提供的,反映企业某一特定日期的财务状况和某一会计期间的经营成果、现金流量等会计信息的文件。财务报告包括财务报表和其他应当在财务报告中披露的相关信息和资料。财务报告提供的信息既是对企业经营过程及结果的综合反映,也是进行商业分析最重要的信息来源。

财务报表分为中期财务报表和年度财务报表。中期财务报表是以短于一个完整会计年度的报告期间为基础编制的,包括月报、季报和半年报等。中期财务报表和年度财务报表的最大区别在于,除编制时间不同外,年度财务报表需要通过审计才能对外公开,中期财务报表则不一定经过审计,年度财务报表包括了所有者权益变动表,而中期财务报表是否包括所有者权益变动表则由企业自行决定。对于有控股子公司的母公司和企业集团而言,财务报表还分为个别财务报表和合并财务报表。个别财务报表只反映公司本部的情况,未合并下属公司的报表。合并财务报表是以母公司和子公司组成的企业集团为会计主体,根据母公司和所属子公司的财务报表,由母公司编制的综合反映企业集团财务状况、经营成果及现金流量的财务报表。

在商业分析过程中,分析者要高度重视财务报表附注揭示的内容。财务报表附注是为便于会计报表使用者了解会计报表的内容而对会计报表的编制基础、编制依据、编制原则和方法及主要项目等所作的解释和进一步说明,以及对未能在报表中列示的项目所作的补充说明。报表附注主要披露下列内容:①企业的基本情况。②财务报表的编制基础。③遵循企业会计准则的声明。④重要会计政策和会计估计,说明会计政策时还需要披露财务报表项目的计量基础与会计政策的确定依据。⑤重要会计政策和会计估计变更以及重大会计差错更正的说明。⑥重要报表项目的说明。⑦其他需要说明的重要事项,主要包括或有和承诺事项、资产负债表日后非调整事项、关联方关系及其交易等。

由于不受众多会计原则的制约,财务报表附注既可以用文字、图表等来定性、分析表内的项目,也可以用数字来补充说明表内项目的计量结果。通过财务报表附注,信息使用者不仅可以获得更全面的会计信息,而且还能获得特定项目的会计信息,从而增强对表内信息的理解,提高会计信息的价值。

(二) 管理层的讨论与分析

管理层的讨论与分析是证券市场信息披露制度变迁的产物,在招股说明书和定期报告中占有重要位置。管理层的讨论与分析是向信息使用者传递公司信息的有效渠道,体现了管理层对公司现状及其发展前景的基本判断,有助于信息使用者更好地理解公司经营成果、财务状况和现金流量信息,了解公司经营管理水平以及可能存在的风险和不确定因素,把握公司未来的发展方向。管理层的讨论与分析是对财务报告的一个必要和有益的补充,提供了传统财务报表及其附注所无法提供的信息,赋予信息使用者通过管理层的眼睛透视公司经济实质的机会,满足了信息使用者对信息的相关性和前瞻性的更高要求。

1. 主要内容

管理层的讨论与分析要求披露的内容主要包括报告期内公司经营情况的回顾和对公司未来发展的展望。

报告期内公司经营情况的回顾,是以外部环境和公司所处行业的现状为背景,阐述公司报告期内的以下情况:

(1) 总体经营情况。该部分阐述公司营业收入、营业利润、净利润的同比变动情况,说明引起变动的主要影响因素。

(2) 分析公司的主营业务及经营状况。按行业、产品或地区说明报告期内公司营业收入、营业利润的构成情况,及其产生变化的主要影响因素。

(3) 现金流量分析。该部分说明公司经营活动、投资活动和筹资活动产生的现金流量的构成情况。

(4) 公司经营相关的重要信息讨论分析。该部分对公司设备利用情况、订单的获取情况产品的销售或积压情况、主要技术人员变动情况等进行分析。

(5) 主要控股和参股公司的经营情况。该部分详细介绍主要控股子公司的业务性质或服务、注册资本、资产规模、净利润等。

对公司未来发展的展望则包括:

(1) 分析所处行业的发展趋势及公司面临的市场竞争格局。若分析表明相关变化趋势已经、正在或将要对公司的财务状况和经营成果产生重大影响的,公司应提供管理层对相关变化的基本判断,详细分析对公司可能的影响程度。

(2) 公司发展战略与经营计划。该部分披露公司发展战略,以及拟开展的新业务、拟开发的新产品、拟投资的新项目等。

(3) 资金需求及使用计划。该部分说明维持公司当前业务并完成在建投资项目的资金需求、未来重大的资本支出计划,以及资金来源安排等。

(4) 公司面临的风险因素。该部分遵循重要性原则,披露可能对公司未来发展战略和经营目标的实现产生不利影响的所有风险因素以及对策。

2. 主要特点

管理层的讨论与分析报告披露的信息不受会计准则的制约,其提供的信息具有以下特点:

(1) 前瞻性信息。管理层的讨论与分析披露的信息具有前瞻性,通过对公司财务报表的相关财务数据的文字解读,对公司经营中固有风险和不确定性的提示,对公司所处行业的发展趋势、公司的应对措施、发展战略和经营计划的阐述,向投资者揭示了公司管理层对于公司过去经营状况的评价分析,以及对公司未来发展趋势和发展前景的判断和预期。管理层讨论与分析通过对公司经营中面临的风险因素和不确定事项进行说明(包括宏观政策风险、市场或业务经营风险、财务风险、技术风险等),向投资者充分揭示了企业未来面临的风险。

(2) 非财务信息。管理层的讨论与分析提供的有非财务信息、预测类信息、分析性信息等财务报表和附注不能提供的信息,如生产力和经营能力、交易协议或合同、经营业务的地区分布、管理层对企业财务状况的分析等,有效弥补了财务报表信息的不足。

(3) 自愿性信息。管理层讨论与分析中的信息,有些是企业根据法规要求提供的,有些是自愿提供的,但大多数信息是自愿提供的。管理层的讨论与分析为上市公司自愿性信息披露提供了一个平台,有助于提高信息披露的针对性,让市场充分了解公司的价值。

管理层的讨论与分析对商业分析大有裨益,在商业分析过程中,企业应该给予足够的重视。

(三) 企业公布的其他信息资料

企业公布的其他公开资料较多,也较为凌乱。但与信息披露制度相关的资料,如审计报告、招股说明书和上市公告书、临时报告等,则是在商业分析过程中应该予以关注的。

1. 审计报告

审计报告是企业委托注册会计师,根据独立审计准则的要求,对企业对外编报的财务报告的合法性、公允性和一贯性作出的独立鉴证报告。它可增强财务报告的可行性,是商业分析人员判断公司会计信息真实程度的主要依据。

审计报告分为标准审计报告和非标准审计报告。标准审计报告是注册会计师出具的无保留意见的审计报告,其不附加说明段、强调事项段或任何修饰性用语。非标准审计报告是指标准审计报告以外的其他审计报告,包括带强调事项段的无保留意见的审计报告和非无保留意见的审计报告。非无保留意见的审计报告包括保留意见、否定意见和无法表示意见的审计报告。注册会计师发表非标准审计报告时,通常会在审计报告的意见段或说明段中阐述。

注册会计师能够接触到企业的原始凭证、记账凭证、账簿、经济合同等第一手资料,站在独立的角度对财务报表的合法性、公允性发表意见。因此,注册会计师出具的审计报告对报表信息使用者而言具有很大的价值,特别是当审计报告为非标准审计报告时,进行商业分析时要给予高度重视。

2. 招股说明书和上市公告书

招股说明书是股票发行人向证监会申请公开发行股票的申报材料的必备部分,是向公众发布的旨在公开募集股份的规范性文件。它是社会公众了解发起人和将要设立公司的情况、作出购买公司股份决策的重要依据。公司首次公开发行股票,必须制作招股说明书。招股说明书通常载明本次发行概况、风险因素、发行人基本情况业务和技术、同业竞争与关联交易、公司高管人员与公司治理结构、财务会计信息、业务发展目标募股资金运用、发行定价及股利分配政策等事项。招股说明书经政府授权部门批准后,即具有法律效力,由发起人通过新闻媒介予以公告,以便社会公众知晓。

上市公告书是发行人于股票上市前,向公众公告发行与上市有关事项的信息披露文件。公司股票获准在证券交易所交易之后,需公布上市公告书。上市公告书除了包括招股说明书的主要内容,还包括以下内容:发行人对公告内容的承诺;股票上市情况;发行人、股东和实际控制人情况;股票上市前已发行股票的情况;招股说明书刊登日至公告书刊登日发生的重要事项;上市保荐人及其意见。

招股说明书和上市公告书对企业各主要方面的情况披露比较充分,是进行商业分析特别是企业外部人士进行商业分析可供参考的重要资料。

3. 临时报告

临时报告是指上市公司在发生法定重大事件时对有关情况的报告。在证券交易所的交易中,有关上市公司的信息特别是一些重要事项的信息,会对股票价格产生重大影响。为了使投资者能够平等地了解上市公司的有关信息,防止造成证券交易中的不公平,《中华人民共和国证券法》规定,上市公司在发生法定的重大事件时应当制作临时报告。所谓法定的重大事件,是指可能对上市公司股票交易价格产生较大影响而投资者尚未得知的事件,包括公司的经营方针和经营范围的重大变化;公司的重大投资行为和重大的购置财产的决定;公司订立重要合同;公司发生重大债务和未能清偿到期重大债务的违约情况;公司生产经营的外部条件发生的重大变化;公司的董事、1/3以上监事或者经理发生变动;公司减资、合并分立、解散及申请破产的决定;或者依法进入破产程序被责令关闭等。

临时报告披露的内容,由于其突发性特点,往往不报告在已经公布的财务报告中。但这些事项有可能对企业未来的经营活动与财务状况产生重大影响,商业分析过程中,需要给予高度重视。

三、企业内部信息资料

企业内部资料是指企业未对外公开披露的各种生产经营活动资料,如会计核算明细资料、营业收入明细资料、成本费用资料、统计资料、业务活动资料、计划与预算资料等。企业财务活动受业务活动的影响与制约,财务报表提供的信息,只是对企业生产经营活动的综合概括。仅仅只依赖企业对外公开的信息进行分析,无法满足企业改善管理的需要。例如,会计报表反映出的存货量过大、存货周转速度慢这一现象,其原因可能是销售不畅引起的,也可能是生产技术出现问题且企业质量管理水平不高导致存货积压,还可能是仓储管理不善导致产品毁损等,或者是企业采购缺乏计划性导致采购量过多等。不论是何种情况,仅仅依靠财务报表的信息,无法对原因作出说明。外部分析者由于无法取得内部信息,也无法作出准确判断。企业管理者或企业内部分析人士,则可通过查看存货及其相关信息,作出准确判断。由于企业内部资料往往能揭示出比对外财务报表更具体、更详细的信息,并且具有针对性强、实效性强、灵活性大的特点,企业内部资料对企业管理者和企业内部分析人士显得尤为重要。

现代信息技术的发展和企业流程的再造,使得企业生产经营活动的各类信息能够迅速进入企业的信息系统,并能够方便快捷地在各部门、各系统之间传递、提取。存货的进出、材料的收发、生产进度、款项的收付、资产资料等各种详细资料,在企业内部非常容易生成和取得。这不仅使得企业内部资料数量庞大且容易获得,也使得企业的商业分析更多地与业务分析相结合,大大拓展了企业商业分析的内容。

四、行业信息与产业政策

行业信息主要指企业所处行业的相关企业产品、技术、规模、效益等方面的情况。企业的财务特点受制于企业的行业特点,对企业财务状况的优劣进行评价,要结合行业特点和横向类比进行判断。例如,房地产开发企业的资产负债率可能比一般行业高,商业企业的存货周转速度要远远高于制造业企业等。企业要关注商品供求与价格变化对企业产品或服务质量与收入的影响,劳动力供求与价格对企业人工费用的影响,技术市场供求及价格对企业无形资产规模、结构的影响,资本市场资金供求渠道及价格对企业投资、融资的影响,以便从市场环境的变化中分析企业财务变化的成因及变化趋势。

收集行业信息,要更多地收集行业标准、行业经验值、行业典型企业的财务值等。对于分析者不熟悉的行业,则应从理解行业的特点、业务流程、行业环境、发展动态等环节入手。企业要着重关注行业平均水平、先进水平以及行业发展前景的信息,以客观评价企业当时的经营现状,合理预测、把握企业财务状况、经营业绩与现金流量的发展趋势,为决策提供可靠的信息依据。

产业政策是政府为了合理调配经济资源、实现特定经济和社会目标而对特定产业实施干预的政策和措施。特定的产业政策面向特定产业,对产业内的企业发挥作用。产业政策按照其作用方向可分为产业扶植政策、产业规范政策和产业抑制政策。产业扶植政策是指运用财政、金融、价格、贸易、政府购买和行政等手段扶植和保护幼稚产业、主导特定产业发展的政策,它的功能在于倾斜性地为特定产业提供资源并扩大市场。产业规范政策是指为了环保、安全、保护战略资源等经济社会发展需要,规范产业发展方式和发展方向的产业政策。产业抑制政策是指为了供求平衡、环保、安全等原因短期性或长期性地抑制甚至禁止一定产业发展的政策。

产业政策改变社会经济资源在产业之间和产业内的分配,对企业发展和生产经营活动产生重要影响,从而改变企业的财务状况和经营成果。国家实行固定资产投资项目资本金制度,对不同行业固定资产投资资本金比例的改变,会影响到相关行业的资本结构、资产负债率,改变企业的财务风险。国家对特定行业实行淘汰落后产能的政策,会打压行业内的中小企业的生存空间,提高产业的集中度,对产业内的大企业和技术先进企业而言,则意味着扩大了市场空间。进行商业分析,必须关注产业政策的变化与调整,及其对产业内不同企业的影响。

五、宏观经济政策与信息

(一) 宏观经济政策

宏观经济政策是指政府调节宏观经济运行的政策与措施。宏观经济政策主要着眼于经济增长、稳定物价、促进就业等目标。它包括财政政策、金融政策等。宏观经济政策的变化，最终会改变企业的财务运行过程和结果。宏观经济政策从企业的行业性质、组织形式角度分析企业财务对政策法规的敏感程度，全面揭示经济政策变化及法律制度的调整对企业财务状况、经营成果和现金流量的影响。

1. 财政政策

财政政策是指政府运用支出和收入来调节总需求、控制失业和通货膨胀、实现经济稳定增长和国际收支平衡的政策。财政政策工具包括财政支出（政府购买和政府转移支付）、政府税收、国债等。在财政政策中，税收政策对企业的影响最直接。政府会根据经济运行情况和财政政策的特点不断调整国家财政政策。国家财政政策的调整，会直接或间接地影响到企业。国家实行积极财政政策时，财政支出会扩大，社会消费能力会增强，经济增长速度会加快（或经济下降速度会减缓），物价会回升。而国家实行紧缩财政政策时，则会出现相反的效应。财政政策的变化，对不同企业会产生不同的影响。

2. 金融政策

金融政策是指中央银行为实现宏观经济调控目标而采用各种方式调节货币、利率和汇率水平，进而影响宏观经济的各种方针和措施的总称。金融政策一般是稳定货币供应、维护金融秩序，进而实现经济增长、物价稳定、充分就业和国际收支平衡的政策。它主要包括货币政策、利率政策和汇率政策。

（1）货币政策是指中央银行为实现特定的经济目标而采用的各种控制和调节货币、信用及利率的方针和措施的总称。货币政策工具分为一般性货币政策工具和选择性的货币政策工具。前者包括法定存款准备金制度、再贷款、再贴现业务和公开市场操作；后者主要有消费者信用控制、证券市场信用控制、不动产信用控制、信贷配给直接信用控制等。

（2）利率政策是中央银行调整社会资本流通的手段。利率的变化会改变居民储蓄和消费，改变社会资本的流量和流向，改变企业的融资和投资策略，可以在一定程度上调节产品结构、产业结构和整个经济结构。

（3）汇率政策对于国际贸易和国际资本流动具有重要的影响，汇率变化对出口型企业和依赖进口的企业会产生不同的影响。

(二) 宏观经济信息

宏观经济信息是国民经济运行情况的信息。宏观经济信息反映了经济运行的一般状况。物价指数、社会商品零售总额、固定资产投资规模、货币供应量、贷款总额、工业品出厂价格、生产用电量、就业人数等指标，都属于宏观经济信息。宏观经济信息的主要来源渠道为宏观经济统计报告。由于商业分析的对象是针对单个企业的财务状况和经营情况，分析人士往往容易忽视宏观经济信息，忽视宏观经济数据变化对企业可能产生的影响。宏观经济数据的变化，预示着经济发展趋势的变化，如物价指数的下降或增幅的降低，有可能预示着存在经济下行的可能，对于资本结构不合理的企业，有可能在未来存在较大的财务风险。

在商业分析过程中,对企业未来发展的前景,财务风险的大小等,需要结合宏观经济信息才能作出正确的判断。

 延伸阅读1-2

现行财务分析的局限性

现行财务分析的主要依据之一来自企业的财务报告,那么由于财务报告本身缺陷而造成的财务分析的局限性也就在所难免。这种局限性一般反映在如下一些方面:

(1) 由于企业财务报告是对企业以往已经发生的经济业务事项的信息反映,是以历史成本为计价基础的,这就使得它所提供的信息缺乏一定的时效性,从而影响到财务分析对未来经济事项的预测结果。

(2) 财务报告是在企业的会计政策与会计估计的基础之上而编制的,不同会计政策与会计估计的运用在一定程度上会影响到企业财务信息的可比性,进而影响到财务分析结果的合理性与可利用性。

(3) 财务报告所反映的信息没有涵盖企业所有可利用的经济资源。一方面,会计报表中反映的是符合货币计量前提要求的可计价的经济资源;另一方面,现行会计报表附注与财务情况说明书,主要侧重的是对企业会计政策与会计估计的选择与确定及其变更,对或有事项、表后事项、关联方关系及关联方交易、重要的资产转让、出资、企业合并、分立等事项的说明,以及对盈亏、投资、融资等重大事项的解释说明等,但有关人力资源及其他一些内容却并未得以全面披露,而这些内容却对财务分析以及相关的经营与投资决策等具有重大的影响。因此,以财务报告为主要信息依据的财务分析结果,便也出现了反映内容方面的局限性。

(4) 由于财务报告在编制过程中的主观能动性和其他人为因素的影响,使得它所反映的有关信息极有可能被人为操纵或粉饰。在此基础上所进行的财务分析便不可避免地带有了人为修饰过的痕迹,无法准确评价企业现状,存在着不够客观的局限性。

(5) 在财务分析中,使用较为频繁的当属各类比率分析。然而,在比率计算中,一些数据的确定、时间上的对应与否等问题,也会影响比率所反映内容的可比性及其准确度。例如,计算各类周转率时,周转额的确定以及相关资产平均占用资金的计算便带有很大程度的估计因素,也就难免与企业的实际情况存在一定程度的脱节。

本章小结

本章主要学习了:商业分析的目的和意义;商业分析的产生与发展;从战略分析、资源状况及其构成分析、权益状况及其构成分析、资源结构与经济利益分割情况分析、偿债能力分析、盈利能力分析、营运能力分析和发展能力分析八个方面对商业分析的内容进行了分类;从企业信息资料、行业信息资料、宏观信息资料和企业内部信息资料几个方面介绍了商业分析的信息种类。

本章重要概念

商业分析　商业分析主体　商业分析对象　商业分析目的　商业分析产生与发展
商业分析体系　商业分析内容　商业分析信息来源

思考与练习

1. 为什么需要进行商业分析?

2. 商业分析的信息来源有哪些?
3. 简述商业分析的内容。

推荐阅读资料

［1］Gert H N Laursen,Jesper Thorlund.商业分析方法与案例:超越报表的商业智能[M].柯晓燕,等,译.北京:人民邮电出版社,2013.
［2］柯建杰.从入门到卓越——项目商业分析技能的进阶法则[J].项目管理评论,2016(5).
［3］美国项目管理协会.商业分析实践指南[M].于兆鹏,译.北京:中国电力出版社,2015.

1-1 第一章
绪论PPT

1-2 第一章
课后练习题

第二章 企业经济活动分析概述

> 内容简介
> 学习目标和要求
> 引例
> 第一节 企业经济活动分析的意义和作用
> 第二节 企业经济活动分析的内容
> 本章小结
> 本章重要概念
> 思考与练习
> 推荐阅读资料

内容简介

本章主要对企业经济活动分析进行概述,具体包括:企业经济活动分析的意义、作用;企业经济活动分析的具体内容、基本任务、步骤、形式,企业经济活动分析与财务分析的异同。

学习目标和要求

通过本章学习,学生应掌握企业经济活动分析的具体内容、基本任务、步骤和形式,理解企业经济活动分析的意义和作用,对企业经济活动分析有初步的认识。

引例 2020年甘肃某县级供电企业经济活动分析

近年来受燃料价格的上涨以及国内外经济形势重大变化的影响,当前热电企业经营环境面临电力需求增速加剧、资金矛盾凸显、煤炭价格持续增长、电价调整不到位等压力。随着我国建设资源节约型和环境友好型社会理念的提出,热电企业的生存和发展面临严峻的考验。而2020年甘肃某县级供电企业通过使用高效的企业经济活动分析思路、方法,再加上技术的支持,最大限度地优化资源配置、降低运营成本、掌握电力市场运行规律、作出正确的决策,实现了利润最大化等目标,并且赢得了市场。

该供电企业通过分析上半年度的各类用电增减原因来制定下半年度增供促销方面的措施。

各类用电增减原因分析:①居民生活电量1~6月份完成3 098.76万千瓦时,占总售电量的22.25%,同比增加380.70万千瓦时,增长率为14.01%。居民生活用电增幅较大的原因:一是2020年冬季属于寒冬,大多数人家除了以往的供暖方式还增加了电暖气等供暖设备,导致居民生活用电增幅较大;二是响应政府清洁能源工作安排,安装电烷6 500户用于取暖,使居民生活用电增幅较大。②一般工商业电量1~6月份完成6 575.20万千瓦时,占总售电量的47.22%,同比增加1 445.99万千瓦时,增长率为28.19%,其中,非普工业用电量1~6月份完成4 748.03万千瓦时,同比增加1 245.06万千瓦时,增长率为35.54%。非普工业电量增加的原因是根据清洁能源相关支持性政策,通过煤改电工程,电采暖电量同比增加,如百信房地产开发有限公司新增电量71.52万千瓦时,甘肃金沙食品有限公司新增电量15.79万千瓦时,第一幼儿园新增电量10.07万千瓦时,兰新铁路甘青有限公司新增电量33.45万千瓦时,职业技术教育中心新增电量27.50万千瓦时,人民法院新增电量16.54万千瓦时。商业用电1~6月份完成电量1 256.25万千瓦时,同比增加112.39万千瓦时,增长率为9.83%,产生电量区间为旅游旺季,商业门店生意兴旺,带动电量增长。③农业生产电量1~6月份完成285.43万千瓦时,占总售电量的3.40%,同比增加20.54万千瓦时,增长率为7.75%。该类用电主要用于农户家禽、牲畜饲养,用电规模较小,增长区间较小。④农业排灌电量1~6

月份完成830.39万千瓦时,占总售电量的5.96%,同比减少73.40万千瓦时,增长率为-8.12%。影响电量下降的主要原因为,上半年雨水天气较多,多数地区使用渠水灌溉,致使部分井灌变压器停用,导致电量同比减少。⑤大工业电量1~6月份完成2 824.29万千瓦时,占总售电量的20.28%,同比增加544.44万千瓦时,增长率为23.88%。其中,华瑞祺能源有限公司新增电量319.75万千瓦时,临泽宏鑫矿业公司新增电量91.84万千瓦时,究其原因,工业用电情况和工业企业发展形势对用电需求产生了影响,2019年根据清洁能源相关支持性政策,通过实施煤改电工程,电采暖电量同比增加;宏鑫矿产实业有限公司,经过对环保监测出现的隐患整治,2020年以来生产较同期有所稳定,一定程度带动公司用电量增长。

针对上半年分类电量的增减状况,下半年增供促销方面采取的措施如下:一是进一步加强同政府相关部门的沟通衔接,深入了解招商引资企业对电能的需求,变被动服务为主动服务,变滞后服务为超前服务,及时办理用电业务,第一时间产生效益;二是紧跟中小学"煤改电"电采暖项目,积极完成各单位电采暖改造增容,利用电采暖项目增加售电量;三是加强计划检修管理,提高供电可靠率,合理安排停电时间,落实零点检修、联合检修及带点作业等多种措施,避免重复停电和不必要的停电,减少停电带来的影响;四是深化优质服务,强化主动服务、亲情服务意识,积极开展服务进社区、服务入农户等活动,帮助客户进行用电设备检查,消除安全隐患,提升末端客户用电可靠性。

资料来源:https://max.book118.com/html/2021/0125/8116107077003042.shtm。

第一节 企业经济活动分析的意义和作用

一、企业经济活动分析的意义

企业经济活动分析是一门经济管理学科,它是在会计分析的基础上,根据经济管理的需要建立起来的一个学科。进行企业经济活动分析,应当从我国实际情况出发,不断总结我国现代企业管理实践经验,并吸收国外的使用经验和分析方法,不断丰富和发展企业经济活动分析学科。

企业经济活动分析是现代企业进行科学经济管理的一种重要方法,而进行科学经济学管理,就必须认识经济活动的规律。随着我国市场经济的发展,企业之间的竞争越来越激烈。现代企业必须利用一系列的科学的方法进行经济管理,才能使企业经济活动符合市场环境的要求。

分析企业经济活动,需要利用大量的数据资料和经济信息资料,对错综复杂的经济现象和经济活动过程和结果进行分析,既要从数量方面进行分析,也要从质量方面进行分析,要透过经济现象,认识经济活动的规律性,通过分析,总结经验,指导经济活动,对经济活动的未来进行预测,对经济活动过程进行控制,对经济活动的结果进行总结,以便作出最佳经营决策。

经济活动分析按其使用的范围可以分为宏观经济分析和微观经济分析,企业经济活动分析属于微观经济分析。企业经济活动分析按照不同的行业划分,可以分为工业企业经济活动分析、商业企业经济活动分析及其他企业经济活动分析等。

企业经济活动分析包括对经济活动的事前分析、事中分析和事后分析。经济活动的事前分析主要是经济活动预测分析。要进行科学的经济管理,就需要对经济活动的前景进行预测,通过预测分析,对未来的经济活动作出科学判断,为正确制定目标、制订计划和作出最佳决策提供依据。进行科学预测,对加强经济管理,提高经济效益具有重要作用。经济活动的事中分析是在经济活动过程中进行的分析,通过事中分析,企业可以及时的作出调整,对保证计划的完成,达到预期的目标,实现最佳决策具有重要作用。经济活动的事后分析是对经济活动的结果进行的分析,对目标、计划执行的结果和决策的实现进行检查和总结。通过事后分析,企业可以发现差距和问题,查明原因,挖掘潜力,总结经验,对进一步提高经营管理水平和提高企业经济效益都有重要作用。

二、企业经济活动分析的作用

企业经济活动分析的作用主要包括以下几点。

1. 促使企业全面完成生产经营计划

对计划完成情况的检查可以促使企业的各部门和职工加强计划的观念,提高执行计划的自觉性,提出保证完成计划的措施,使整个企业的生产经营计划能够顺利执行,也可以了解企业在制订和执行计划中,是否存在预测不准,计划不周,执行失控,监督不严等现象,以便从中总结经验,改进计划管理工作。

2. 督促企业的经营活动遵守国家政策法令和规章制度

分析企业的生产经营活动,必然要了解企业的生产经营活动是怎样进行的,要对企业经营活动的合理性、合法性、效益性作出评价。因此,经常性的企业经济活动分析工作,能够对企业遵守国家政策法令和规章制度起到一定的督促作用,增强企业遵纪守法的观念。

3. 推动企业健全经济责任制

企业经济活动分析工作的效果大小,同经济责任制的建立有关,通过建立经济责任制,把企业生产经营的目标(合理利用人力、物力、财力,提高经济效益),进行分解落实,成为各部门的具体目标,把经济责任的考核同经济利益的奖罚密切结合起来,有利于加强各部门的责任心,提高职工的积极性。

4. 为提高企业素质和经营管理水平提供决策资料

在分析企业的经济活动中,企业要联系企业的素质,从经营决策,指挥调度,人员设备上,研究其对取得生产经营成果和效益的影响。针对存在的问题,企业采取有效措施,以提高企业素质,提高企业管理水平。因此,企业经济活动分析可以为有关部门和领导提供这方面的决策的参考资料。

第二节 企业经济活动分析的内容

一、企业经济活动分析的具体内容

企业经济活动的内容概括起来说,就是企业经济活动过程及其结果。不同企业的经济活动既有共性又有特性。共性主要表现在它们都是市场环境再生产过程的组成部分,特性主要是由企业的职能不同、经济活动的特点不同、管理的具体要求不同而产生的,因此,不同企业的经济活动分析的具体内容也不尽相同。例如,工业企业的生产经营活动是物质资源的再生产的过程,在生产经营过程中要不断发生劳动资源的耗费,生产出具有一定数量和质量的产品。生产经营过程是产品使用价值的形成过程,也是产品价值的形成过程。工业企业经济活动分析主要是进行生产分析、成本分析和财务分析。而商业企业则不同于工业企业,商业企业的基本职能是组织商品流通,把企业产品从生产领域转移到消费领域。商业企业的经济活动主要是商品购、销、存的活动,在经济活动过程中不断发生人力、物力和财力的耗费。为组织商品流通发生的必需的经常支出,统称为商品流通成本,由实现的商品销售收入进行补偿。商业企业不仅应当以收入抵补支出,而且应当取得盈利,不断提高经济效益。由于商业企业的经济活动不同于工业企业,经济活动分析的具体内容也就有所不同。

企业经济活动分析的内容决定于企业经营的特点。企业经济活动分析一般应当包括如下一些内容。

1. 企业经营方针和经营决策

企业经营,需要有正确的经营方针和经营决策。各个时期的经营活动,取决于经营的决策,在对企业的生产经营活动进行分析时,就需要结合企业的经营方针和经营决策,了解各项经营决策的成功率,以及决策成功失误的原因,帮助企业采取改善和提高企业素质的措施。

2. 人员配备和劳动效率

在进行企业经济活动分析时,企业应对人员配备、职工队伍的素质、工作时间的利用、劳动和工作的效率进行分析,寻找以较少的人力或工作时间,完成和超额完成生产经营和管理工作任务的途径。

3. 占用资金及资金运用

在进行企业经济活动分析时,企业应对资金的占用情况、资金的使用方向和使用效果进行分析,研究企业占用资金的合理性、取得资金的合法性、使用资金的效益性,寻找减少资金占用量、提高资金使用效益的途径。

4. 生产耗费和成本升降

在进行分析时,企业应当对生产耗费和经营支出进行分析,研究生产耗费和经营支出发生成本节约或超支的原因,寻找减少生产耗费和经营支出,降低成本的途径。

5. 企业收入和经济效益

在进行分析时,企业应当对取得收入、实现利润的情况进行分析,研究影响企业收入和利润的原因,寻找增加收入和利润的有效途径。

经济活动分析包含着总结过去、指导未来的两重任务,不对过去进行认真的总结,就很难对未来作出科学的预测,而且在未来的生产经营活动中,很难避免过去已经发生过的缺点和错误的再发生。因此,是否善于运用经济活动分析这个工具总结过去,指导未来,也是衡量企业领导企业经营管理能力的标志。

经济活动分析是有效地管理企业的科学方法系统中重要的一环,也是企业前后两个经营循环的联结点,每通过这一点,企业的经营管理水平就应当有所提高。

二、企业经济活动分析的基本任务

企业经济活动分析的任务,决定于企业的基本任务,并受制于企业经济活动分析的内容,其基本任务就是帮助企业发展生产,改善经营,加强管理,寻求合理、有效地利用人力、物力、财力的途径,挖掘企业内部潜力,在优质、低耗的条件下,提高企业经济效益。企业经济活动分析的基本任务具体有以下几点:

(1) 指导企业制定正确的经营方针,提高经营决策水平。

(2) 督促企业执行国家政策、法令,完成国家计划,提高自觉执行政策和计划的水平。

(3) 促进企业完善以经济责任制为主的各项经营管理制度,提高管理水平。

(4) 帮助企业挖掘内部潜力,提高经济效益水平。

三、企业经济活动分析的步骤

企业经济活动分析一般由对比找出差距、研究查明原因、计算确定影响、总结提出建议四个步骤组成。每一步骤则贯穿运用一定的方法。现分别说明如下。

1. 对比找出差距

对比找出差距,在一般情况下,也是经济活动分析工作的起始点。对比或比较的范围是很广的,在实践中,作为对比标准的主要有:①同预定目标、同计划定额相比;②同上期或历史最好水平相比;③同国内外先进水平相比。

对比所运用的方法,通常称为比较法。比较所利用的指标数据,可以是绝对数,也可以是相对数或者是相关比例数。在运用对比找出差距方法时,我们必须注意经济现象或经济指标的可比性,即被比较的现象或指标,必须在性质上同类、范围上一致、时间上相同。

2. 研究查明原因

在对比找出差距的基础上,研究查明差距(或差异)产生的原因,是分析工作的重要一步。

每项经营活动的结果,都可能由很多的原因造成,或者说会受到多种因素的影响,这些原因或因素有些是密切联系的。因此,我们可以按照这种联系,经过逻辑判断和推理,确定经济指标间相互关系的模式,排成固定的公式,在分析中加以运用,以确定差距产生的原因。

3. 计算确定影响

计算确定影响,就是根据影响经济指标的因素或原因,计算它们的变动对经济指标的具体影响,以明确作用的方向(有利或不利)和影响程度的大小。我们可以根据因素影响的方向和程度,在进行决策和制定措施中抓住主要矛盾,有重点地解决问题。

在实践中,确定原因和计算影响,一般是同时进行的,因此,我们也可以把它们看作是一个步骤,称其为确定影响的因素。

计算因素的影响,即测定各个因素变化对某一经济指标的影响程度,通常采用"连环代替法"或者它的变形"差额计算法"。

4. 总结提出建议

根据分析的结果,总结企业的工作,提出改善企业经营管理的建议,为领导进行决策、制定措施提供参考,以充分发掘企业的潜力,不断提高生产经营的经济效益。所以,总结提出建议,是整个分析工作的重要步骤。

四、企业经济活动分析的形式

企业经济活动分析的形式多种多样,归纳起来大致有以下一些形式:

(1) 按进行分析的时间划分,企业经济活动分析有定期分析和不定期分析。定期分析包括年度分析、季度分析、月分析。

(2) 按分析包括的内容划分,企业经济活动分析有全面分析和专题分析。全面分析一般为定期分析;专题分析一般为不定期分析。

(3) 按分析资料的形式划分,企业经济活动分析有书面分析、报告式分析。

(4) 按分析的层次划分,企业经济活动分析有全厂分析和部门的分析。

不管经济活动采取何种形式,我们都要注意经济活动分析的有效性,即重实效,而不重形式。

五、企业经济活动分析与财务分析的异同

经济活动分析和财务分析的相同点在于"分析",有相同或相近的分析程序、分析方法、分析形式等。两者的区别主要如下:

(1) 对象与内容不同。经济活动分析的对象是企业的经济活动,除了财务活动,还有生产活动。财务分析的对象是企业财务活动,包括资金的筹集、投放、耗费、回收、分配等。

(2) 分析的依据不同。经济活动分析的资料包括企业内部各种会计资料、统计资料、技术或业务资料等。财务分析的依据主要是企业会计报表资料。

(3) 分析的主体不同。经济活动分析通常是一种经营分析,分析的主体是企业经营者或职工。财务分析的主体具有多元性,可以是企业的投资者、债权人、也可以是企业经营者、企业职工及其他与企业有关或对企业感兴趣的部门、单位或个人。

本 章 小 结

本章主要学习了:企业经济活动分析的意义和作用;企业经济活动分析的具体内容、基本任务、步骤、形式;企业经济活动分析与财务分析的异同。

本章重要概念

企业经济活动分析　企业经济活动分析的基本任务　企业经济活动分析的步骤

思考与练习

1. 企业经济活动分析的意义和作用是什么?
2. 企业经济活动分析的基本任务是什么?
3. 企业经济活动分析的步骤是什么?

推荐阅读资料

［1］李玉周.现代企业经济活动分析［M］.成都:西南财经大学出版社,2004.

2-1 第二章　　2-2 第二章
企业经济活动　　课后练习题
分析概述PPT

第三章 商业分析的程序和方法

> 内容简介
> 学习目标和要求
> 引例
> 第一节 商业分析的标准与程序
> 第二节 商业分析的方法体系
> 第三节 商业分析的基本方法
> 本章小结
> 本章重要概念
> 思考与练习
> 推荐阅读资料

内容简介

本章主要讲解了商业分析的程序和方法,包含进行商业分析时的比较准则、商业分析的程序以及商业分析的方法体系与基本方法等基础理论。

学习目标和要求

通过本章学习,学生应掌握商业分析的程序和方法,对商业分析的分析框架有初步的认识,并熟悉不同商业分析方法的应用场景。

引例 低于行业均值,中海物业增值服务毛利率堪忧

2020年,是物业异军突起的一年。界面新闻梳理发现,过去一年共计17家物业公司成功上市,创下历史新高。

狂欢尚未落幕,但是不少物业公司的隐忧已经初显端倪。

2021年年初,中海物业(2669.HK)先后被美银证券下调评级。美银证券发表研究报告表示,经评估中海物业前景喜忧参半,将中海物业的目标价下调11%至6.2港元,维持"跑输大市"投资评级。

据悉,中海物业的盈利状况一直低于同业,过去3年间的每股盈利年复合增长率约为28%,这个数据低于大型企业的31%。

界面新闻查看中海物业发布的2020年中期业绩报告发现,上半年中海物业整体营业额为28.5亿港元;毛利上升5.5%至5.12亿港元,毛利率同比下跌2.1个百分点至18.0%;经营溢利较2019年同期上升10.4%至3.92亿港元。

报告期内,公司管理的建筑面积较去年同期期末上升10.2%至1.58亿平方米。上半年,接获新增/续约的物业管理合约约达20.79亿港元。

不过,作为物业行业内最具想象空间以及拥有极大盈利潜能的业务,中海物业增值服务的盈利表现并不理想,仅实现约为24.4%的毛利率,同比下降9.5个百分点。从绝对金额来看,该板块上半年实现营业收入6.11亿港元,占期内总收益有所提升,达到21.4%。

一直以来,加大增值服务投入、提升其比重是行业的一个趋势,也是企业追求更好服务和更高盈利的直接途径。可以看到,自2019年对增值服务业务的重整后,中海物业的增值服务业务收入占比已经从2018年的9.9%有了较大的提升,但如今来看,盈利依然是其短板。

在2020年上半年,中海物业增值服务仅实现约为24.4%的毛利率,同比下降9.5个百分点。同时,这一水平也大幅低于行业平均水平。根据易居研究院数据显示,2019年大部分上市物业企业的增值服务的毛利率普遍达到了30%至60%的区间。同为背靠国企的保利物业,其增值服务的毛利率近3年多一直保持在43.8%以上。

资料来源:https://baijiahao.baidu.com/s?id=16892115347849766649&wfr=spider&for=pc。

第一节 商业分析的标准与程序

一、商业分析的标准

商业分析标准是商业分析过程中据以评价分析对象的基准。任何事物都必须有比较才有鉴别,才能分出优劣。商业分析的过程实质上是采用特定的方法进行比较的过程,而比较的基准就是商业分析标准。

(一)商业分析标准的种类

商业分析标准有不同的分类方式,按照标准制定级别的不同可分为国家制定标准、企业制定标准和社会公认标准;按照分析比较依据的不同可分为经验标准、行业标准、历史标准、目标标准等;按照分析者的不同可分为内部分析者使用标准和外部分析者使用标准。下面对经验标准、行业标准、历史标准和目标标准进行具体分析。

1. 经验标准

经验标准是指这个标准的形成依据大量的实践经验的检验。经验标准只是就一般情况而言,并不适用于一切领域或一切情况的绝对标准。例如,现金比率和速动比率、流动比率一样是衡量公司资产流动性的指标,现金比率一般认为20%以上为好,但各个行业不一样,商业企业往往高于传统制造业企业。

2. 行业标准

行业标准是指同行业在一定时期内的平均水平,是根据行业的有关资料通过统计的方法测算出来的。企业可以将本企业的实际数据与行业标准进行对比,了解自己与行业水平的差异,判断企业在行业水平中的优劣等级,判断企业在行业中所处的地位,为管理者决策提供依据;同时,也为制定企业的目标标准提供参考。

3. 历史标准

历史标准是以本企业过去某一时间的实际业绩为标准。历史标准可选择企业的最佳状况或最近一期的状况作为比较基准。这种标准对评价企业自身经营状况和财务状况是否改善是非常有益的。由于各企业的实际情况千差万别,企业的财务状况和经营成果必然受到各种因素的影响,用发展的眼光看待企业,将其实际数据与企业历史上的最好水平或上期水平进行对比,以判断企业的发展状况。

4. 目标标准

它是根据企业内部或外部有关背景资料和企业发展规划的要求所确定的企业预期应达到的最佳或理想标准,如计划标准、定额标准等。企业可以将实际发生数据与目标标准进行对比,了解和分析其差异,进而分析产生差异的原因,为财务管理决策提供依据。目标标准将行业标准和历史标准相结合,能比较全面地反映企业的状况。但目标标准的确定容易受人为因素影响,缺乏客观依据。

(二)商业分析标准的选择

上述分析标准的实质是从不同的侧面形成比较的参照物,在实际商业分析中,分析者可以根据分析的目的,选择恰当的分析标准。如果是分析企业的预算执行情况,则使用目标标准;如果是对企业的发展趋势进行分析,则使用历史标准;如果是外部分析者对企业进行独立分析,则应使用行业标准。在进行实际商业分析时,分析标准的选择是比较灵活的,有时只选择一种标准,有时是几种标准并用,以对企业的财务状况和经营成果进行全方位地评价。

二、商业分析的步骤

有效的商业分析必须包括以下五个相互关联的步骤:确定企业所处特定产业(或行业)的经济特征;确定企业为增强竞争优势而采取的战略;正确理解和净化企业的财务报表;运用财务比率和相关指标评估企业的盈利能力与风险;为管理决策作出相关的评价。

(一)确定企业所处特定产业(或行业)的经济特征

商业分析能不能在企业范围内完全解决,现在看来是有问题的。因为财务报表与企业财务特性之间关系的确定不能离开产业经济特征的分析。换句话说,同样的财务报表放在不同产业的企业中,它所体现的经济意义和财务特性很可能完全不同。例如,零售业、钢铁业、房地产业就有着差别很大的财务比率。又如,高科技产业与传统的产业不仅在产业经济特征上有很大的差别,而且决定其竞争地位的因素也各不相同。在商业分析时,产业经济特征是一个非常重要的分析基础,只有了解和确定一个企业所处特定产业的经济特征,商业分析人员才有可能真正理解财务报表的经济意义,并发挥商业分析在管理决策中的作用。如果缺乏对所处产业经济特征的把握,就意味着企业商业分析人员把自己孤立在一个小圈子里面,不知道企业所处的环境和产业发展前景及其影响与竞争地位。

在实际工作中,有许多认定产业(甚至企业)经济特征的模式,最常用的是五个层面的经济属性模式,这五个层面包括需求、供应、生产、营销和财务。其中,需求属性反映顾客对产品或服务价格的敏感性,产业成长率、对商业周期的敏感程度、季节性影响等都是评估需求的重要因素。供应属性是指产品或服务在提供方面的特征。在某些产业中,许多供应商提供的产品或服务是非常相似的,而在另外一些产业中,则只有非常有限的几家供应商。人们通常用产业进入的难易程度来判断供应。就生产属性而言,某些企业纯粹是劳动密集型的,而有些企业是资本密集型的,在分析生产属性时,制造过程的复杂程度也是一个重要的判断标准。产业的营销属性涉及产品和服务的消费者、分销渠道,有些产业的营销特别费劲,而另一些产业的营销则容易得多。对财务属性的认定重点是要明确与企业资产结构和产品特征相配的负债水平和类型,对那些成熟、盈利的公司来说,其对外举债一般都比新办的公司少。此外,某些产业由于产品寿命短(如个人计算机制造业)或长期发展前景令人怀疑(如传统的钢铁制造业),风险高,一般不能承受高水平的对外负债。

确定企业所处产业的经济特征是有效商业分析的第一步。透过产业经济特征的确定,一方面为理解财务报表数据的经济意义提供了一个"航标",另一方面又缩短了财务比率和相关指标与管理决策之间的距离,从而使商业分析的信息对管理决策变得更加有意义。

(二) 确定企业为增强竞争优势而采取的战略

商业分析与企业战略有着密切的联系,如果说产业经济特征是商业分析人员理解财务报表数据经济意义的"航标",企业战略就是商业分析人员在商业分析中为管理决策作出相关评价的具体指南。离开企业战略,商业分析同样会迷失方向,商业分析就不可能真正帮助管理决策作出科学的评价。因此,在有效的商业分析模式中,紧接着产业经济特征分析之后的就是要确定企业战略。

企业之所以要确立其战略并将其与竞争者区分开来,完全是出于竞争的需要。尽管一个产业的经济特征在一定程度上限制了企业在制定与同行业其他竞争者进行竞争的战略弹性,但许多企业仍然通过制定符合其特定要求的、难以被仿制的战略以创造可持续的竞争优势。影响企业战略的主要因素包括地区和产业多元化、产品和服务特征等,有效的商业分析应当建立在对企业战略的理解基础之上。也就是说,应当理解不同的企业是如何对制约发展的因素作出积极反应以及怎样维护已制定的战略的。为了理解一个企业的战略,商业分析人员不仅要认真地看其战略计划,还要考察其实施计划的各种具体行动。此外,对竞争企业之间战略的比较也是必不可少的。

(三) 正确理解和净化企业的财务报表

尽管财务报表是用于管理决策的,但财务报表编制的目的与商业分析的目的毕竟有很大的差别。商业分析人员在利用财务报表时,对财务报表本身也有一个理解和净化的过程。所谓理解,是指要了解财务报表的局限,如企业管理当局所作的"盈利管理"导致财务报表的不可靠和不公允;所谓净化,是指商业分析人员对财务报表中的关键项目(如利润额)所作的调整,以增强其可靠性和公允性。

商业分析人员在净化财务报表的过程中,应当注意以下三个方面:

(1) 不重复发生的项目或非常项目。这些项目对盈利的影响是暂时性的,在评估企业真正的经营业绩之前应重点考虑剔除。

(2) 研究与开发等支出。研究与开发、广告、人力资源培训等支出的人为安排直接影响到企业在不同会计期间的盈利。在商业分析时,对这些支出的人为安排保持一定的警惕是十分必要的。同样,在评估一个企业的持续经营业绩时,对这些人为的安排进行调整或许是需要的。

(3) 盈利管理。许许多多的实证研究表明,在企业中存在大量的盈利管理行为。例如,企业在会计方法的选择上提前确认收入和延迟确认费用;又如,在对固定资产折旧和工程完工进度等会计方法的应用和会计估计的变动、会计方法运用时点的选择以及在交易事项发生时点的控制过程中,刻意去迎合管理当局的要求,这些盈利管理都可能导致企业财务报表的偏差和不准确。在商业分析时,对它们进行调整是必不可少的。所有这些调整对商业分析人员来说都是对财务报表的净化。

令人遗憾的是,并不是所有的企业都提供了商业分析人员在对财务报表关键项目进行调整时需要的资料。在这种情况下,商业分析人员应清醒地认识到财务报表的局限性,并在解释财务报表的数据时充分考虑这些因素具有特别重要的意义。

(四) 运用财务比率和相关指标评估企业的盈利能力与风险

在商业分析中,人们比较熟悉财务比率和相关指标的计算,如流动比率、资产负债率、权益回报率等财务比率以及共同比报表、有关的增长率和完成百分比等。但是,对如何科学地运用这些比率和指标评估企业的盈利能力与风险则做得还很不够。怎样的财务比率和指标是好、怎样的财务比率和指标是差,谁也说不清。我们的教科书说流动比率等于2算是正常,但美国20世纪60年代的一项实证研究表明,正常而持续经营的企业的平均流动比率超过3,而破产企业的流动比率则平均在2~2.5。很明显,财务比率没有标准,只有将它们与产业特征、企业战略、甚至商业周期等联系起来才会有意义。因此,商业分析不仅仅是财务会计数据的分析。在商业分析中,最重要的工作应当是将某一企业的财务数据放在产业经济、证券等资本市场大环境中进行多方对比和深入分析,将财务数据与企业的战略联系起来考察现有的优势和劣势,并科学地评估企业的盈利能力和风险。

(五)为管理决策作出相关的评价

商业分析的主要目的是为管理决策作出相关的评价。管理决策是一个范围很广的概念,就商业分析而言,这里的管理决策主要包括投资决策和信贷决策,这两种决策都涉及企业估值问题;而要对企业的价值进行评定,又必须回到盈利能力和风险评估上,盈利能力和风险一个也不能少。

财务比率和指标有很多,哪些比率与管理决策更相关?怎样的比率与怎样的决策更相关?流动比率和资产负债率对评估企业的偿债能力是否很有用?美国的实证研究表明,在评估企业的偿债能力和破产风险中,资产收益率最有用,其次是现金流量与总负债的比率,最后才是营运资本与总负债的比率、资产负债率和流动比率。因此,商业分析人员必须以实际的资料为依据,进一步研究财务比率和相关指标与某一特定管理决策的相关性问题。

为了发挥商业分析在管理决策(特别是企业估价)中的作用,商业分析人员必须运用以上五个相互关联的步骤,这五个步骤构成了一个有效的商业分析模型。它不仅给商业分析人员提供了管理决策评价的合理的假设(产业经济特征、企业战略和净化了的财务报表),而且还为商业分析本身如何为管理决策服务提供了一个合乎逻辑的理性指南。

延伸阅读 3-1

《中国国家资产负债表 2020》出炉:财富增速快于名义 GDP 增速

2021年2月26日,中国社会科学院国家金融与发展实验室、中国社会科学院金融研究所和中国社会科学出版社在北京发布《中国国家资产负债表 2020》。该书编制了 2000—2019 年共计 20 年的中国国家资产负债表数据。通过这些数据可以"摸清家底"。

据课题组统计,中国社会总资产已经由 2017 年的接近 1 400 万亿元,上升到 2019 年的 1 655.6 万亿元。考虑到 2019 年的社会总负债达到 980.1 万亿元,则社会净财富为 675.5 万亿元,人均社会净财富约为 48.2 万元。其中居民部门财富为 512.6 万亿元,居民人均财富约为 36.6 万元。

经过 20 年的发展,中国 GDP 已经由 2000 年的 10 万亿元,攀升到 2019 年的接近 100 万亿元;而财富存量由 2000 年的不到 39 万亿元,上升到 2019 年的 675.5 万亿元。2000—2019 年,中国名义 GDP 的复合年均增速为 12.8%,社会净财富的复合年均增速为 16.2%。财富增速快于 GDP 增速。

课题组认为,中国近 20 年来社会净财富增速高于名义 GDP 增速,主要来自两方面的贡献:较高的储蓄率和价值重估效应。较高的储蓄率直接对应较高的固定资本形成率,各部门的固定资本形成带来了非金融资产的每期增量。在每期的总产出中,消费占比相对较小,而投资占比相对较大,促进了中国财富总量的更快增长。财富总量上涨的另一个因素是价值重估过程——土地增值、股票、房地产价格上涨等因素均促进了存量资产的市场价值上升。

"由于GDP是流量指标,财富是存量指标,从这个意义上看,中国经济的'流量赶超'已经让位于'存量赶超'。"中国社会科学院金融研究所所长、国家金融与发展实验室主任张晓晶说,财富相较GDP,在衡量一国综合实力方面无疑更具代表性。就20年的时间跨度来看,中国财富规模大幅增长,充分反映出改革开放的巨大成就。

此外,课题组对中美财富比较作了深入研究。

鉴于数据的可获得性,课题组以2018年的数据作比较(中国的数据已经更新到2019年),其中,中国的GDP占美国的65%,社会净财富占美国的80%。在21世纪第一个10年,中国GDP占美国GDP的比重,一直高于中国财富占美国财富的比重;但2009年之后,这一情况发生逆转,中国财富占美国财富的比重一直高于中国GDP占美国GDP的比重。中国相对于美国的存量赶超,除了经济快速增长还有高储蓄、高投资,也包含价值重估因素。后者除了一般资产价格变动,还有人民币汇率变动。

课题组同时指出,考虑到中国人口差不多是美国的4.3倍这一现实因素,尽管从全社会角度,中国财富占美国的80%(扣除土地价值,占比为76%),但从人均角度看,中国财富占美国财富的比重还不到20%。

资料来源:https://baijiahao.baidu.com/s?id=16930102694870559911&wfr=spider&for=pc。

第二节 商业分析的方法体系

一、商业分析方法的理念

商业分析方法理念是指构建商业分析方法时应具有的观念,这种观念不仅指导分析主体以什么原则进行分析,而且指导分析主体如何进行分析。具体来说,商业分析方法的理念主要体现为以下三个方面。

(一) 时间价值理念

这里的时间价值是就资金或货币而言的,又称为资金时间价值或货币时间价值。资金时间价值是资金所有权与使用权相分离后,资金使用者向资金所有者支付的一种报酬。由于借资金和偿还资金的时间不同而导致价值不一致,借贷关系的存在是资金时间价值产生的前提;从来源看,资金时间价值是社会资金使用效益的一种表现,是资金周转的结果,因此,企业利润是资金时间价值的来源。资金在周转使用中为什么会产生时间价值呢?因为资金使用者把资金投入生产经营以后,劳动者借以进行生产经营活动,实现价值转移和价值创造,从而带来价值增值。如果资金周转时间不变,增值能力不变,则资金周转使用的时间越长,所获得的利润或价值增值就越多。如果资金是资金使用者从资金所有者那里借来的,则资金所有者要分享一部分资金增值额。由此分析出发,我们可以认为,资金时间价值是资金周转使用中由于时间因素而形成的差额价值。它包括两部分:一是由于时间延长从而周转次数增加而带来的差额价值;二是由于上一次周转带来的利润又被重新投入周转而带来的差额价值,又称为复利。资金使用时期越长,周转次数越多,由此而带来的复利越多。时间价值作为一种理念贯彻在商业分析中,要求在商业分析中必须考虑收益或报酬和成本与时间价值相对称。也就是说,随着资金运用的时期或时间长度不同,利息率也应有所差别。时间越长,利息率也越高;反之,利息率越低。因此,在构建实际的商业分析方法中,商业分析人员考虑时间价值是把不同时期的收入和支出按一定折现率折算为同一时点上的收支,这样,在价值上就可以进行比较。

(二) 风险价值理念

上面所述的时间价值是在没有风险和没有通货膨胀条件下的价值。现实中,风险是客观存在的,它贯穿于财务活动的全过程。风险总是与收益联系在一起的,如果说企业生产经营的目的是获取价值,当然可以认为生产经营活动本身是为风险而存在的。财务活动当然也不例外。从经济角度看,风险是损失或收益的可能性。一笔经济业务可能会带来收益,但也可能无法实现其预期目标,这事实上已表明风险的客观存在。西方财务管理理论在衡量收益和损失的可能性程度时,主张使用的两个相关概念是风险与不确定性。从程度上看,风险是对可能结果的描述,即决策者一般能预测各种可能结果,但不能确定具体会发生哪种结果,因此是一个概率分布问题;而不确定性是决策者没有任何可供依据的资料和历史数据以此来对可能发生的结果做出预测,因此不可能对未来最终结果做出准确判断。可见这两者间的差别主要在于程度不同,不确定性比风险更难以预测。在实际中,大多数情况下,人们视其相同。风险价值理念贯彻在商业分析中就要求在进行构建商业分析时必须针对每一项具体的财务活动全面分析其收益性和安全性,按照收益和风险适当均衡的要求来决定如何评价某项财务活动的成败,同时在财务实践中趋利避害,争取获得较多的收益。如在分析赊销活动时,既要对赊销政策带来的销售收入增加进行收益分析,也要看到赊销可能导致的销售款项无法收回的风险,进行相应的风险分析,并按照收益和风险适当均衡的标准来评价某项赊销政策的成败。

(三) 机会成本理念

在财务活动中有许多机会可供选择,或者说财务活动过程就是在多种可能方案或机会中作出最优选择的过程。如果在财务活动中抓住或捕捉了最有利的机会,就会得到一种有利的收益;反之,在财务活动中没有抓住或捕捉到最有利的机会,企业就得不到最有利的收益。事实上,在财务活动中,在每个特定的项目中,企业只可能选择一个方案来实际实行。这里不仅存在是否选择了最优方案的问题,而且也涉及一个最优方案比之其他方案到底取得了多大的益处。为了衡量这种益处,在构建商业分析方法时必然使用机会成本的概念。在财务活动中,企业必须从各个可行方案选择最优方案,当选择了某一方案作为最优方案时,企业就必然要放弃其他次优方案。次优方案也会提高收益或者导致成本节约或损失减少,一般称之为潜在利益。我们把这种因采用最优方案而放弃次优方案所丧失的潜在利益或造成的收益损失称为机会成本。显然,这里的机会成本是相对所选择的方案而言,不被选择方案的潜在利益相对于被选择方案来说就是一种成本或损失。因而在确定已选方案所带来的比较利益或收益时,企业必须以已选方案的收益扣除放弃方案的潜在利益(或成本与损失)。因此,在使用不同的商业分析方法时,企业应贯彻机会成本的理念,要求在确定任何一个项目的收益时,不能只考虑总收益水平的高低,而且要考虑扣除机会成本后的相对收益水平。

二、商业分析的方法论

为了保证商业分析达到预定的目标,企业经营者在进行商业分析时应注意以下几点。

(一) 定性分析与定量分析相结合

定性分析一般由分析者从某种认识论和方法论出发,根据以往经验和个人的思维方法,对分析对象进行综合评判,从而作出基于个人认识的分析结论。对那些不容易或不可能用数量表示的指标的分析,如政治经济形势、政策因素、文化因素等,只能根据实践经验、统计分析推理和主观判断来解决。而定量分析则由预测、决策者依据历史或现实的有关统计数据,通过建立数学模型,通用预测技术、模拟技术和最优化数学理论等,对研究对象进行量的测算,并根据量值做出结论。

现代企业面临复杂而多变的外部环境,这些外部环境有时很难定量,但其对企业的发展、投资目标实现以及销售情况等具有重要影响。因此,在定量分析的同时,企业需要作出定性的判断,在定性判断的基础上,再进一步进行定量分析和判断。定量分析能较准确地反映企业经济活动的特性及其运动变化规律,但往往容易注重影响企业发展变化的一个或少数几个数量方面的因素,却对更多的其他因素作了假定或舍弃。由于企业经营活动的复杂性,定量分析如果运用不当,会影响分析结论的准确性和实用性。定性分析能较好地刻画企业经济活动的性质、特点和要求,但缺少对事物发展变化的量的计算,这也就难免影响定性分析结论的准确性和实用性。因此,在进行商业分析时,综合运用定性分析和定量分析方法,遵循"定性—定量—定性"这一循环往复的过程,使两者取长补短,相互补充,做到相互渗透,结合进行,充分发挥人的丰富经验和量的精密计算两方面的作用,才能使商业分析达到最优化目的。

(二) 静态分析与动态分析相结合

静态分析是指对企业过去某一时点或时期的状况进行的分析。它依据的往往是企业过去的资料,不考虑当前和未来各种影响因素可能发生的变化。而动态分析则是指考虑到各种影响因素可能发生的变化,对企业现在和未来的状况进行的分析。

企业的生产经营业务和财务活动是一个动态的发展过程。人们所能得到的信息资料,特别是财务报表资料,一般是过去情况的反映。在新的形势下,同样的投入,可能会有不同的产出。因此,我们要时刻注意数值的时效性,在弄清过去情况的基础上,分析在当前情况下的可能结果;要联系企业和投资者、决策者的实际情况,先将静态分析和动态分析相结合,然后对指标的含义作出判断,以便为决策服务。

(三) 结果分析与原因分析相结合

结果分析是对企业财务活动运行的最终状态所进行的分析,是一种全局分析、总量分析、整体分析;而原因分析则是结果分析的不断衍生,是按照事物的因果关系链,由果溯因,是为了找出结果形成的具体原因而进行的分析。

财务报表通常只能说明企业财务运行结果和经营成果,而不能详尽说明企业财务运作的过程及经济效益实现过程。以资产负债表为例,它所反映的只是某一时点上的资产、负债和所有者权益状况,并不能明确反映企业经营者在企业生产经营过程中是如何筹措资金,对筹措来的资金又是如何具体运用的,以及是否及时偿还了债务等。又如,通过利润表我们只能了解到企业所取得的收入是多少,至于收入是如何具体取得的却很难了解到,这些都给企业经营者带来了不便,这是因为财务决策是具体的,它涉及的往往是对某个商品、某次融资行为、某项投资的决策,经营者可能会由于对财务过程不了解或对财务报表结果误解而导致决策失误。因此,商业分析不能够仅仅停留在结果分析对整体状况的系统把握上,而应着力于对财务结果形成过程的揭示,充分挖掘企业财务状况的本质特征,并延续形成过程对企业的发展趋势作出正确的判断分析。

(四) 总量分析与结构分析相结合

总量分析着眼于对企业财务状况和经营状况的综合评估和整体评估,以便向报表使用者提供一个对企业的整体和结论性印象,其分析趋势是越来越综合、概括和抽象。但也正因如此,总量分析不能反映企业经营和财务活动中出现的一些例外和特殊事项,而它们可能隐含着未来经营状况和财务状况的重大变化。如尽管企业的利润总额是上升的,但从盈利的产品结构看,企业过去的拳头产品的盈利可能下降,这可能意味着企业经营结构必须调整,而这在总量分析中是不能发现的。所以,伴随着总量分析的综合、概括和抽象趋势,财务报表的结构分析则越来越具体、深入。结构分析能够揭示企业财务状况和经营成果总量的形成原因,与总量分析相反的各种例外和特殊事项,能够从财务报表各项目或者说经营和财务活动各方面的储存关系来说明某项或整个经营和财务活动的状况。因此,在进行商业分析时,我们应注意把总量分析和结构分析结合起来。

(五) 整体分析与局部分析相结合

整体分析是指对企业总的财务状况和经营成果进行综合分析评价。局部分析是指对单项财务业务进行分析,如对某一项资产的周转速度进行分析或对某项融资业务的成本进行分析等。局部是构成整体的一部分,局部的好坏会直接影响到整体状况,进而整体状况的优劣可以通过对局部进行分析来找出原因。因此,企业经营者在进行商业分析时,不仅要进行整体分析,以获取有关企业整体运营状况的信息,还需要进行局部分析,从而找出整体状况的形成原因,并进一步为财务决策服务。

第三节 商业分析的基本方法

商业分析的基本方法是指在发挥商业分析功能时经常使用的具有普遍适用性的方法。商业分析最常用的基本方法有比较分析法、趋势分析法、比率分析法和因素分析法等。

一、比较分析法

比较分析法又称对比分析法,是商业分析中最基本的方法,它是指通过主要项目或指标数值的对比,计算差异额,分析和判断企业财务状况及经营成果的一种方法。通过比较分析,企业可以发现差距,找出产生差异的原因,进一步判定企业的财务状况和经营成果;通过比较分析,可以确定企业生产经营活动的收益性和资金投向的安全性。

(一) 比较分析法的具体形式

在进行比较分析时,企业除了可以针对单个项目研究其趋势,还可以针对特定项目之间的关系进行分析,以揭示出隐藏的问题。比较分析法按照比较标准不同分为以下几种方式。

1. 根据比较的参照物不同

(1) 实际数与预算数相比较。预算数又称计划数,是企业事先所作出的目标,通过将实际指标与计划指标进行比较,可以考核计划完成程度,找出差异,以便进一步分析,保证计划的实现。如果制订的计划本身缺乏科学性,则应在今后的工作中加以改进和完善;如果是执行计划的实际操作出了问题,则应抓好日常的经营管理工作。

(2) 本期水平与历史同期指标相比较。这是以本期实际指标与上年同期或上期以及历史上某年同期、历史先进水平期的实际数比较,借以观察考核有关指标在不同时期的增减升降。这种比较主要是分析其变动趋势或发展速度,以逐渐探索其发展的规律性。

(3) 本企业与国内外同行业平均或先进水平相比较。这是本企业与国内外的先进水平或同行业之间进行同类型指标的比较。这种分析有利于发现自己的问题,促进企业学习先进和挖掘潜力,以更好地完成各项任务。

2. 根据指标数据形式的不同

(1) 绝对数指标分析。这是利用财务报表中两个或两个以上的绝对数进行比较,以揭示其数量差异。例如,今年的净利润为 80 万元,上年的净利润为 60 万元,则今年与上年的净利润差异为 20 万元。

(2) 相对数比较分析。这是利用财务报表中有相关关系的数据的相对数进行对比,将绝对数指标换算成相对数指标(如百分比、结构比及比率)进行分析,以揭示其之间的差异。例如,某企业上年固定资产占总资产的比例为 45%,今年为 50%,则今年比上年增加了 5 个百分点。

3. 根据具体比较方法不同

(1) 水平分析法。水平分析法又称横向对比法,是指将会计报表信息资料与反映企业前期或历史某一时期财务状况的信息进行对比,研究企业各项经营业绩或财务状况的发展变动情况的一种商业分析方法。水平分析法的基本要点是将报表资源中不同时期的同项数据进行对比。一般而言,水平分析法所进行的对比不是单指标对比,而是对反映某方面情况的报表的全面和综合对比分析。

变动数量的计算主要有以下两种方法。

一是绝对变动数量,其计算公式为:

$$绝对变动数量=分析期某项指标实际数-前期同项指标实际数 \tag{3.1}$$

二是相对变动率,其计算公式为:

$$相对变动率=\frac{变动数量}{前期实际数量}\times 100\% \tag{3.2}$$

式(3.1)和式(3.2)所说的前期,既可指上年度,也可指以前某一年度。

按上述方法编制的报表形式称为比较会计报表。比较会计报表也可以同时选取多期会计数据进行比较,称为长期比较会计报表。长期比较会计报表的优点是:可以提醒使用者排除各年份非常或偶然事项的影响,将企业若干年的会计报表按时间序列加以分析,能更准确地看出企业发展的总体趋势,有助于更好地预测未来。在使用水平分析法进行分析时,报表使用者还应特别关注相关指标的可比性,看看是否存在因会计政策或会计处理方法变动而影响了报表中某些项目前后的可比性,同时也应了解各项目相对比例的变化。

(2) 垂直分析法。垂直分析法又称共同比分析法,是指在一张财务报表中,用表中各项目的数据与总体(或称报表合计数)相比较,以得出该项目在总体中的位置、重要性与变化情况。通过垂直分析,报表使用者可以了解企业的经营是否有发展进步及其发展进步的程度和速度。因此,我们必须把水平分析法与垂直分析法结合起来,才能充分发挥报表分析的积极作用。垂直分析法的主要用法和步骤如下：

第一，确定相关财务报表中各项目占总额的比例或百分比，其计算公式是：

$$某项目的比例 = \frac{该项目金额}{各项目总金额} \times 100\%$$

第二，通过各项目的比例，分析各项目在企业经营中的重要性。一般而言，项目比例越大，说明其重要程度越高，对总体的影响越大。

第三，与水平分析法相结合，将分析期各项目的比例与前期同项目比例对比，研究各项目的比例变动情况，为进一步优化各项目的比例提供思路。也可将本企业报告期项目比例与同类企业的可比项目比例进行对比，研究本企业与同类企业相比还存在哪些优势或差距，据以考察其在同行业中的工作水平和地位的高低。

（二）运用比较分析法应注意的问题

在运用比较分析法时，应注意相关指标的可比性，因为比较分析法只适用于具有可比性之间的比较，具体来说有以下几点。

1. 指标内容、范围和计算方法的一致性

例如，在运用比较分析法时，需要大量运用资产负债表、利润表、现金流量表等财务报表中的项目数据，必须注意这些项目的内容、范围以及使用这些项目数据计算出来的经济指标的内容、范围和计算方法的一致性，只有一致才具有可比性。

2. 会计计量标准、会计政策和会计处理方法的一致性

财务报表中的数据来自账簿记录，而在会计核算中，会计计量标准、会计政策和会计处理方法都有变动的可能，若有变动，则必然要影响到数据的可比性。因此，在运用比较分析法时，对由于会计计量标准、会计政策和会计处理方法的变动而不具可比性的会计数据，就必须进行调整，使之具有可比性才可以进行比较。

3. 时间单位和长度的一致性

在采用比较分析法时，不管是实际与实际的对比、实际与预定目标或计划的对比还是本企业与先进企业的对比，都必须注意所使用数据的时间及其长度的一致，包括月度、季度、年度的对比以及不同年度的同期对比，特别是本企业的数期对比或本企业与先进企业的对比，所选择的时间长度和所选择的年份都必须具有可比性，以保证通过比较分析所作出的判断和评价具有可靠性和准确性。

4. 企业类型、经营规模和财务规模以及目标大体一致

这主要是指本企业与其他企业对比时应当注意之处。只有大体一致，企业之间的数据才具有可比性，比较的结果也才具有实用性。

二、趋势分析法

趋势分析法是指用若干个连续期间的财务报告的资料进行对比，得出它们的增减变动方向、数额和幅度，以说明企业经营活动和财务状况的变化过程及发展趋向的分析方法。采用趋势分析法通常要编制比较财务报表。企业的经济现象是复杂的，受多方面因素变化的影响，如果只从某一个时期或某一时点很难看出它的发展趋势和规律，因此我们有必要把连续期间内的数据按时点或时期的先后顺序整理为数列，并计算它们的发展速度及增长速度，用发展的思路分析问题。

(一) 趋势分析法的具体运用

1. 重要财务指标的比较

它是将不同时期财务报表中的相同指标或比率进行比较,直接观察其增减变动情况及变动幅度,考察其发展趋势,预测其发展前景。对不同时期财务指标的比较,可以有以下两种方法:

(1) 定基动态比率。它是以某一时期的数额为固定的基期数额而计算出来的动态比率。其计算公式为:

$$定基动态比率 = \frac{分析期数额}{固定基期数额}$$

(2) 环比动态比率。它是以每一分析期的前期数额为基期数额而计算出来的动态比率。其计算公式为:

$$环比动态比率 = \frac{分析期数额}{前期数额}$$

上述两种分析比率的实质是一致的,只是分别侧重于从不同的角度对财务趋势进行分析,在实际商业分析中,分析者可以根据实际情况选择其中一种分析方法或将两种方法结合使用。例如,以 2019 年为固定基期,分析 2020 年、2021 年利润增长比率,假设某企业 2019 年的净利润为 100 万元,2020 年的净利润为 120 万元,2021 年的净利润为 150 万元。则:

$$2020 年的定基动态比率 = \frac{120}{100} \times 100\% = 120\%$$

$$2021 年的定基动态比率 = \frac{150}{100} \times 100\% = 150\%$$

$$2020 年的环比动态比率 = \frac{120}{100} \times 100\% = 120\%$$

$$2021 年的环比动态比率 = \frac{150}{120} \times 100\% = 125\%$$

2. 财务报表的比较

财务报表的比较是将连续数期的会计报表的金额并列起来,比较其相同指标的增减变动金额和幅度,据以判断企业财务状况和经营成果发展变化的一种方法,实质上是按绝对比率编制的比较财务报表的趋势分析。例如,某企业利润表中反映 2018 年的主营业务收入为 50 万元,2019 年的主营业务收入为 100 万元,2020 年的主营业务收入为 160 万元。通过环比动态绝对值分析,2019 年较 2018 年的主营业务收入增长了 50 万元;2020 年较 2019 年的主营业务收入增长了 60 万元,说明 2020 年的效益增长好于 2019 年。而通过环比相对值分析,2019 年较 2018 年相比的主营业务收入增长率为 100%[(100-50)÷50× 100%];2020 年较 2019 年相比的主营业务收入增长率为 60%[(160-100)÷100×100%],则说明 2020 年的效益增长明显不及 2019 年。

3. 会计报表项目构成的比较

这种方式是在会计报表比较的基础上发展而来的,它是以会计报表中的某个总体指标为100%,计算出其各组成项目占该总体指标的百分比,从而来比较各个项目百分比的增减变动,以此来判断有关财务活动的变化趋势。这种方式较前两种更能准确地分析企业财务活动的发展趋势。它既可用于同一企业不同时期财务状况的纵向比较,也可用于不同企业之间的横向比较。同时,这种方法还能消除不同时期以及不同企业之间业务规模差异的影响,有利于分析企业的耗费和盈利水平。

(二) 使用趋势分析法应注意的问题

(1) 当基期的某个项目为零或负数时,是不能计算趋势百分比的。

(2) 用于进行对比的各个时期的指标在计算口径上必须一致。例如,在计算固定资产项目趋势百分比时,如果上个期间的固定资产折旧采用直线法折旧,而本期改用了双倍余额递减法计提折旧,两个期间的计算口径不一致,则计算趋势百分比就失去意义。

(3) 必须剔除偶发性项目的影响,使作为分析的数据能反映正常的经营状况。例如,如果不同时期的物价水平发生比较大的波动,则在趋势分析前应先剔除物价水平波动对企业财务分析信息的影响,否则会削弱趋势分析的意义。

(4) 应用例外原则,对某项有显著变动的指标作重点分析,研究其产生的原因,以便采取对策,趋利避害。

三、比率分析法

比率分析法是利用两个指标之间的某种关联关系,通过计算比率来考察、计量和评价财务活动状况的分析方法。比率分析法其实也是比较分析法的一种形式,因其在商业分析中具有特殊意义,因而把它单独作为一种分析法来加以说明。

(一) 比率分析法的定义

比率分析法是商业分析的最基本、最重要方法。比率分析法实质上是将影响财务状况的两个相关因素联系起来,通过计算比率,反映它们之间的关系,借以评价企业财务状况和经营状况的一种商业分析方法。比率分析的形式有:第一,百分率,如流动比率为200%;第二,小数,比如总资产报酬率为0.3;第三,分数,如负债为总资产的1/2。比率分析法以其简单、明了、可比性强等优点在商业分析实践中被广泛采用。

(二) 财务比率的类型

由于商业分析的目的和分析的角度不同,比率分析法中的比率有许多分类形式。有的根据财务报表的种类来划分比率,有的根据分析主体来划分比率,有的从反映财务状况的角度来划分比率。下面对几种主要的比率划分方法加以说明。

1. 构成比率

构成比率又称结构比率,是某项财务指标的各组成部分数值占总体数值的百分比,反映部分与总体的关系。利用构成比率,我们可以考察总体中某个部分的形成和安排是否合理,以便协调各项财务活动。其计算公式为:

$$构成比率 = \frac{某个组成部分数额}{总体数额}$$

商业分析中常用的构成比率主要有以下几种:

(1) 各资产项目占总资产的比例。

(2) 各类存货占存货总额的比例、各类固定资产占资产总额的比例等。
(3) 负债、所有者权益占总资产的比例。
(4) 各负债占总负债的比例。
(5) 各项利润占总利润的比例、各项收入占总收入的比例、各项费用占总费用的比例。

2. 效率比率

效率比率是某项经济活动中所费与所得的比率,反映投入与产出的关系。利用效率比率指标,可以进行得失比较、考察经营成果和评价经济效益。常用的效率比率有如下几种:
(1) 资金占用额与销售收入之间的比率。
(2) 资金占用额与净收益之间的比率。
(3) 净收益与所有者权益之间的比率。
(4) 成本费用与销售收入之间的比率。

3. 相关比率

它是根据经济活动客观存在的相互依存、相互联系的关系,以某个项目和与其有关但又不同的项目加以对比所得的比率,反映有关经济活动的相互关系。企业常用的相关指标有如下三种:
(1) 盈利能力指标,如净资产利润率、总资产报酬率、营业成本利润率等。
(2) 营运能力指标,如存货周转率、应收账款周转率、流动资产周转率等。
(3) 偿债能力指标,如流动比率、速动比率、资产负债率等。

(三) 使用比率分析法应注意的问题

比率分析法的优点是计算简便,计算结果容易判断,而且可以使某些指标在不同规模的企业之间进行比较,甚至也能在一定程度上超越行业间的差别进行比较。但采用这一方法时对比率指标的使用应该注意以下几点:
(1) 对比项目的相关性。计算比率的子项和母项必须具有相关性,把不相关的项目进行对比是没有意义的。
(2) 对比口径的一致性。计算比率的子项和母项必须在计算时间、范围等方面保持口径一致。
(3) 衡量标准的科学性。运用比率分析,需要选用一定的标准与之对比,以便对企业的财务状况作出评价。

四、因素分析法

应用比较分析法和比率分析法,可以确定财务报表中各项经济指标变动而产生的差异。至于差异形成的原因及各种原因对差异形成的影响程度,则需要进一步应用因素分析法来进行具体分析。

(一) 因素分析法的定义

因素分析法也称因素替换法,它是用来确定几个相互联系的因素对某个分析对象(即综合财务指标或经济指标)的影响程度的一种分析方法。采用这种方法的出发点在于,当有若干因素对分析对象发生作用时,假定其他因素都无变化,顺序确定每一个因素单独变化所产生的影响。因素分析是通过分析影响财务指标的各项因素,并计算其对指标的影响程度,用以说明本期实际与计划或基期相比财务指标发生变动或差异产生原因的一种分析方法。因素分析法适用于多种因素构成的综合性指标的分析。

(二) 因素分析法的运用要点

企业的财务活动是复杂的,如企业利润的多少受商品销售额、费用、税金等因素的影响和制约。也就是说,任何一项综合性财务指标,都是受许多因素影响的,而各因素之间的组合和排列又有多种形式,这些因素的不同变动方向、不同变动程度对综合指标的变动具有重要影响。因此,分析人员要想在错综复杂的、相互起作用的诸多因素中分别测算出各个因素对综合性财务指标变动的影响程度,就必须运用因素分析法,即在假定其他因素不变而只有其中某一因素变动的情况下来测定这一因素变化的影响程度。

1. 连环替代法

连环替代法是因素分析法的基本形式,有人甚至将它与因素分析法看成同一概念,即连环替代法就是因素分析法。连环替代法的名称是由其分析程序的特点决定的,为正确理解连环替代法,先应明确连环替代法的一般程序或步骤。

连环替代法的程序由以下几个步骤组成:

(1) 确定分析指标与其影响因素之间的关系。通常用指标分解法确定分析指标与其影响因素之间的关系,即将经济指标在计算公式的基础上进行分解,从而得出各影响因素与分析指标之间的关系式。例如,要确定总资产报酬率指标与影响因素之间的关系,可按式(3.3)进行分解:

$$\text{总资产报酬率} = \frac{\text{息税前利润}}{\text{平均资产总额}} \times 100\%$$

$$= \frac{\text{总产值}}{\text{平均资产总额}} \times \frac{\text{营业收入}}{\text{总产值}} \times \frac{\text{息税前利润}}{\text{营业收入}} \times 100\%$$

$$= \text{总资产产值率} \times \text{产品销售率} \times \text{销售利润率} \quad (3.3)$$

分析指标与影响因素之间的关系式,既说明哪些因素影响分析指标,又说明这些因素与分析指标之间的关系及顺序。如式(3.3)中影响总资产报酬率的有总资产产值率、产品销售率和销售利润率三个因素;它们都与总资产报酬率成正比例关系;它们的排列顺序首先是总资产产值率,其次是产品销售率,最后是销售利润率。

(2) 根据分析指标的报告期数值与基期数值列出的两个关系式或指标体系,确定分析对象。例如,对总资产报酬率而言,两个指标体系是:

基期总资产报酬率=基期总资产产值率×基期产品销售率×基期销售利润率

实际总资产报酬率=实际总资产产值率×实际产品销售率×实际销售利润率

分析对象=实际总资产报酬率-基期总资产报酬率

(3) 连环顺序替代,计算替代结果。所谓连环顺序替代,就是以基期指标体系为计算基础,用实际指标体系中的每一个因素的实际数顺序地替代其相应的基期数,每次替代一个因素,替代后的因素被保留下来。计算替代结果,就是在每次替代后,按关系式计算其结果。有几个因素就替代几次,并相应确定计算结果。

(4) 比较各因素的替代结果,确定各因素对分析指标的影响程度。比较替代结果是连环进行的,即将每次替代所计算的结果与这一因素被替代前的结果进行对比,两者的差额就是替代因素对分析对象的影响程度。

（5）检验分析结果。检验分析结果将各因素对分析指标的影响额相加，其代数和应等于分析对象。如果两者相等，说明分析结果可能是正确的；如果两者不相等，则说明分析结果一定是错误的。

下面举例说明连环替代法的步骤和应用。

某企业 2019 年和 2020 年有关总资产产值率、产品销售率、销售利润率和总资产报酬率的资料见表 3-1。

表 3-1　　　　　　　　　　　　　　财务指标表

指标	2020 年	2019 年（基期）
总资产产值率	70%	75%
产品销售率	86%	84%
销售利润率	40%	32%
总资产报酬率	24.08%	20.16%

要求：分析各因素变动对总资产报酬率的影响程度。

根据连环替代法的程序和上述总资产报酬率的因素分解式，可得出：

实际指标体系：$70\% \times 86\% \times 40\% = 24.08\%$

基期指标体系：$75\% \times 84\% \times 32\% = 20.16\%$

分析对象：$24.08\% - 20.16\% = 3.92\%$

首先，在此基础上，按照第三步骤的做法进行连环顺序替代，并计算每次替代后的结果：

基期指标体系：$75\% \times 84\% \times 32\% = 20.16\%$

替代第一因素：$70\% \times 84\% \times 32\% = 18.82\%$

替代第二因素：$70\% \times 86\% \times 32\% = 19.26\%$

替代第三因素：$70\% \times 86\% \times 40\% = 24.08\%$

其次，确定各因素对总资产报酬率的影响程度：

总资产产值率的影响：$18.82\% - 20.16\% = -1.34\%$

产品销售率的影响：$19.26\% - 18.82\% = 0.44\%$

销售利润率的影响：$24.08\% - 19.26\% = 4.82\%$

最后，检验分析结果：$-1.34\% + 0.44\% + 4.82\% = 3.92\%$

可以看出，企业的总资产报酬率受到总资产产值率、产品销售率、销售利润率三个因素的影响，并且这三个因素与总资产报酬率具有正相关关系。2020 年与 2019 年相比，总资产报酬率增加了 3.92%，其中，总资产产值率的降低导致总资产报酬率降低了 1.34%，产品销售率的上升使总资产报酬率上升了 0.44%，销售利润率的提高也使总资产报酬率提高了 4.82%。

2. 差额计算法

差额计算法也是因素分析法的一种形式，它是连环替代法的一种简化形式。差额计算法作为连环替代法的简化形式，其因素分析的原理与连环替代法是相同的，区别只在于分析程序上。差额计算法比连环替代法简单，即它可直接利用各影响因素的实际数与基期数的差额,在其他因素不变的假定条件下,计算各因素对分析指标的影响程度。或者说差额计算法是将连环替代法的第三步骤和第四步骤合并为一个步骤进行。

这个步骤的基本点就是:确定各因素实际数与基期数之间的差额,并在此基础上乘以排列在该因素前面各因素的实际数和排列在该因素后面各因素的基期数,得出的结果就是该因素变动对分析指标的影响数。

3-1 视频 连环替代法思路讲解

下面根据表 3-1 提供的数据,运用差额计算法分析各因素变动对总资产报酬率的影响程度。

分析对象:24.08%−20.16%=3.92%

因素分析:

(1) 总资产产值率的影响:(70%−75%)×84%×32%=−1.34%
(2) 产品销售率的影响:70%×(86%−84%)×32%=0.44%
(3) 销售利润率的影响:70%×86%×(40%−32%)=4.82%

最后检验分析结果:−1.34%+0.44%+4.82%=3.92%

应用连环替代法应注意的问题在应用差额计算法时同样要注意。除此之外,并非所有连环替代法都可按上述差额计算法的方式进行简化,特别是在各影响因素之间不是连乘的情况下,运用差额计算法必须慎重。

例如,某企业有关产量及成本的资料见表 3-2。

表 3-2　　　　　　　　　　　　产量及成本资料表

项目	2020 年	2019 年
产品产量(件)	1 400	1 200
单位变动成本(元)	12	14
固定总成本(元)	12 000	8 000
产品总成本(元)	28 800	24 800

要求:确定各因素变动对产品总成本的影响程度。

产品总成本与其影响因素之间的关系式是:

产品总成本=产品产量×单位变动成本+固定总成本

运用连环替代法进行分析如下:

分析对象:28 800 元−24 800 元=4 000(元)

因素分析:

2019 年:1 200 件×14 元+8000 元=24 800(元)

替代第一因素:1 400 件×14 元+8000 元=27 600(元)

替代第二因素:1 400 件×12 元+8000 元=24 800(元)

2020 年:1 400 件×12 元+12 000 元=28 800(元)

产品产量变动影响:27 600 元−24 800 元=2 800(元)

单位变动成本影响:24 800 元−27 600 元=−2 800(元)

固定总成本影响:28 800 元−24 800 元=4000(元)

各因素影响之和为:2 800元－2 800元＋4 000元＝4 000(元),与分析对象相同。
如果直接运用差额计算法,则得到:
产品产量变动影响:(1 400件－1 200件)×14元＋8 000元＝10 800元
单位变动成本的影响:1 400件×(12元－14元)＋8 000元＝5 200元
固定总成本变动影响:1 400件×12元＋(12 000元－8 000元)＝20 800元
各因素影响之和为:10 800元＋5200元＋20 800元＝36 800元

可见,运用差额计算法的各因素分析结果之和不等于4 000元的分析对象,显然是错误的。产生错误的原因在于产品总成本的因素分解式中各因素之间不是纯粹相乘的关系,而是相加的关系。

(三) 使用因素分析法应注意的问题

1. 计算条件的假定性

因素分析的任务在于确定事物内部各种因素的影响程度,以便更深刻地认识事物运动的过程及其规律性。而为了研究某一因素的影响,必须排除其他因素的变动影响,这种科学的抽象分析方法在研究复杂的经济活动时是必不可少的。应用连环替代法测定某一因素变化的影响程度时,是以假定其他因素不变为条件的。因此,计算结果只能说明在某种假定条件下的结果。

3-2 视频 差额分析法思路讲解

2. 因素替换的顺序性

应用因素分析法时,要正确规定各个因素的替换顺序,以保证分析计算结果的可比性。如果改变替换顺序,要正确规定各个因素的影响程度,所依据的其他因素的条件不同,计算结果也会发生变化,分析的结论也会有所不同。确定因素的替换顺序必须根据分析的目的,使分析结果有助于企业加强管理和正确区分经济责任,并根据各因素的依据关系和重要程度确定替换的先后顺序。根据因素之间的相互依存关系,一般的替换顺序是:基本因素在前,从属因素在后;数量因素在前,质量因素在后;实物量指标在前,货币指标在后。也就是在分析的因素中,如果既有基本的因素,又有从属的因素,一般先替换基本因素,然后再替换从属因素;如果既有数量指标,又有价值量指标,一般先替换实物量指标,再替换价值量指标。

3. 计算程序的连环性

应用因素分析法计算各因素变动影响程度时,是按规定的因素替换顺序,逐次以一个因素的实际数替换基数,而且每次替换都是在前一次因素替换的基础上进行。由于每次比较的基础是不固定的,这就形成了计算程序的连环性。

在因素分析中使用连环替代法既有优点,也有不足之处。连环替代法的优点是:通过这一方法计算所得的各因素变动影响程度的合计数与财务指标变动的总差异一致,用这些数据来论证分析的结论较有说服力。连环替代法的不足是:若改变因素的排列和替换顺序,将会得出不同的计算结果,只要改变各因素的排列顺序和替换顺序,虽然求出的各因素影响程度的合计数仍与财务指标变动的差异相符合,但各个因素的影响可能完全不同,在有些情况下,甚至会发生影响方向上的改变。

本 章 小 结

本章主要学习了:商业分析的标准;商业分析的步骤;商业分析方法论;商业分析的基本方法。

本章重要概念

比较分析　水平分析法　垂直分析法　趋势分析　比率分析　因素分析　连环替代法　差额计算法

思考与练习

1. 构建商业分析方法体系所遵循的理念有哪些?
2. 如何对引起总体指标变动的相关因素进行分析?
3. 不同商业分析方法的分析目的是什么?

推荐阅读资料

[1] Gert H N Laursen, Jesper Thorlund.商业分析方法与案例:超越报表的商业智能[M]. 柯晓燕,等,译.北京:人民邮电出版社,2013.

[2] 王涵,孔晶,闫骏,等.一种商业分析管理推荐预测模型的方法及系统,CN109801094A [P].2019.

[3] 赵团结,徐开磊,查燕云.借助商业模式画布分析公司财务绩效——以北京石头世纪科技股份有限公司为例[J].国际商务财会,2020(06).

3-3 商业分析的程序和方法PPT

3-4 第三章课后练习题

第四章　外部环境分析

> 内容简介
> 学习目标和要求
> 引例
> 第一节　宏观环境分析
> 第二节　产业环境分析
> 第三节　竞争环境分析
> 本章小结
> 本章重要概念
> 思考与练习
> 推荐阅读资料

内容简介

本章主要对企业所处的外部环境进行分析，具体包含宏观环境分析、产业环境分析和竞争环境分析三方面，重点学习分析方法以及对企业产生的影响。

学习目标和要求

通过本章学习，学生应掌握外部环境分析的各种方法，理解外部环境分析对企业商业分析的意义，能够通过外部环境分析对企业面临的外部环境作出正确的判断。

引例　东南亚疫情反弹经济欠佳，工厂关闭或影响全球供应链

根据2021年5月20日界面新闻的报道，随着若干东南亚国家新增新冠肺炎确诊病例数出现明显上升，英国投资管理公司IMA亚洲区董事总经理理查德·马丁（Richard Martin）认为，亚洲几大制造业中心爆发的新冠肺炎疫情可能会冲击全球供应链，进一步导致美国的通胀上升得更快，美联储可能被迫比预期更早加息。

理查德·马丁在CNBC的节目中表示，新冠肺炎感染人数在东南亚国家出现大幅增加的同时，世界上最大的两个经济体——美国和中国——对商品的需求也推动了东南亚工业品出厂价格真正的"快速上涨"。

如果亚洲各大制造业中心生产受到影响，进而影响全球供应链，那么美国通胀也会大幅上升。2021年4月，美国CPI同比上涨4.2%，为2008年9月以来最大涨幅。美联储此前暗示将保持宽松的货币政策。但理查德·马丁认为到2021年年底，美联储就将不得不上调利率。

5月18日，越南北部的北江省已下令关闭四个工业园区，直到另行通知为止。受影响公司的包括为苹果公司生产电脑和手机的富士康。

6月1日再次进入全国封锁状态的马来西亚也是重要的半导体出口国，在全球半导体后端封装市场中占据8%的份额，尤其在微电子组装、封装和测试方面处于世界领先地位。

马来西亚卫生部5月19日通报称，截至当日12时，该国过去24小时新增新冠肺炎确诊病例6 075例，这是疫情以来马来西亚单日新增确诊病例首度超过6 000例。

受在家办公产品和医疗器械的半导体出货需求推动，马来西亚第一季度出口同比跃升18.2%。但凯投宏观亚洲经济学家亚历克斯·霍姆斯（Alex Holmes）在报告中称："最近（经济）前景再次恶化，新冠肺炎病例有所反弹导致重新实施限制措施。因此，本季度私人消费可能仍将处于低迷状态。"

在第二季度受到疫情冲击的同时,主要东南亚国家近期公布的一季度经济数据也不尽如人意。

泰国5月17日(周一)宣布,2021年第一季度GDP同比萎缩2.6%。该国还调低了2021年的GDP预期至增长1.5%至2.5%之间。2020年,泰国GDP萎缩6.1%,创1998年亚洲金融危机以来最大萎缩幅度。

周一当日,泰国还宣布单日新增新冠肺炎确诊病例9 635例,创疫情暴发以来最高值。其中6 853例为监狱聚集性感染病例,占比高达71%。在5月20日报告的最新数据中,泰国单日新增新冠肺炎确诊病例2 636例,累计确诊119 585例。

除了泰国,菲律宾(-4.2%)、印度尼西亚(-0.7%)和马来西亚(-0.5%)都在2021年一季度出现经济萎缩。

新加坡(0.2%)和越南(4.5%)是仅有的在2021年一季度实现经济增长的东南亚主要经济体。牛津经济研究院经济学家Sung Eun Jung表示,这两个国家都受益于强劲的制造业产出,以及批发零售领域的扩张。两国对新冠肺炎疫情的控制也比较好,有助于维持国内需求的持续复苏。

然而由于新冠肺炎病毒在上述地区卷土重来,未来仍笼罩在不确定性之中。5月16日起,新加坡开始实施史上最严的限制措施,并再次推迟"航空旅游气泡"的启动日期。世界经济论坛也宣布取消了原定于2021年晚些时候在该国举行的年会。

资料来源:https://baijiahao.baidu.com/s?id=1700262245361440244&wfr=spider&for=pc。

第一节 宏观环境分析

一般说来,宏观环境因素可以概括为以下四类,即政治和法律因素;经济因素;社会和文化因素;技术因素。这4个因素的英文第一个字母组合起来是PEST,所以宏观环境分析也被称为PEST分析。

一、政治和法律环境

政治和法律环境是指那些制约和影响企业的政治要素和法律系统,以及其运行状态。政治环境包括国家的政治制度、权力机构、颁布的方针政策、政治团体和政治形势等因素。法律环境包括国家制定的法律、法规、法令以及国家的执法机构等因素。政治和法律因素是保障企业生产经营活动的基本条件。在一个稳定的法治环境中,企业能够真正通过公平竞争,获取自己正当的权益,并得以长期稳定地发展。国家的政策和法规对企业的生产经营活动具有控制、调节作用,同一个政策或法规,可能会给不同的企业带来不同的机会或制约。

(一) 政治环境分析

具体来讲,政治环境分析一般包括以下四个方面:

(1) 企业所在国家和地区的政局稳定状况。

(2) 政府行为对企业的影响。政府如何拥有国家土地、自然资源(如森林、矿山、土地等)及其储备都会影响一些企业的战略。

(3) 执政党所持的态度和推行的基本政策(如产业政策、税收政策、进出口限制等),以及这些政策的连续性和稳定性。政府要制定各种政策,并采取多种措施来推行政策。

(4) 各政治利益集团对企业活动产生的影响。一方面,这些集团通过议员或代表来发挥自己的影响,政府的决策会去适应这些力量;另一方面,这些集团也可以对企业施加影响,例如诉诸法律、利用传播媒介等。

(二) 法律环境分析

法律是国家管理企业的一种手段。一些政治因素对企业行为有直接的影响,但一般来说,国家主要是通过制定法律法规来间接影响企业的活动。这些法律法规的存在有以下四大目的:

(1) 保护企业,反对不正当竞争。

(2) 保护消费者,这包括许多涵盖商品包装、商标、食品卫生、广告及其他方面的消费者保护的法律法规。

(3) 保护员工,这包括涉及员工招聘和对工作条件进行控制的健康与安全方面的法律法规。

(4) 保护公众权益免受不合理企业行为的损害。

二、经济环境

经济环境是指构成企业生存和发展的社会经济状况及国家的经济政策,包括社会经济结构、经济发展水平与状况、经济体制、宏观经济政策和其他经济条件等要素。与政治法律环境相比,经济环境对企业生产经营的影响更直接、更具体。

(一) 社会经济结构

社会经济结构是指国民经济中不同的经济成分、不同的产业部门及社会再生产各方面在组成国民经济整体时相互的适应性、量的比例以及排列关联的状况。社会经济结构一般包括产业结构、分配结构、交换结构、消费结构和技术结构等。

(二) 经济发展水平与状况

经济发展水平是指一个国家经济发展的规模、速度和所达到的水平,反映一个国家经济发展水平的常用指标有国内生产总值(GDP)、人均 GDP 和经济增长速度等。经济发展状况会影响一个企业的财务业绩。经济的增长率取决于商品和服务需求的总体变化。其他经济影响因素包括税收水平、通货膨胀率、贸易差额和汇率、失业率、利率、信贷投放以及政府补助等。

(三) 经济体制

经济体制是指在一定区域内(通常为一个国家)制定并执行经济决策以各种机制的总和。它通常指国家经济组织的形式,它规定了国家与企业、企业与企业、企业与各经济部门之间的关系,并通过一定的管理手段和方法来调控或影响社会经济流动的范围、内容和方式等。

(四) 宏观经济政策

宏观经济政策是指政府有意识有计划地运用一定的政策工具,调节控制宏观经济的运行,以达到一定的政策目标。严格地说,宏观经济政策是指财政政策和货币政策,以及收入分配政策和对外经济政策。

(五) 其他经济条件

其他经济条件及其发展趋势对一个企业的成功也很重要。如工资水平、供应商及竞争对手的价格变化等经济因素,可能会影响行业内竞争的激烈程度,也可能会延长产品生命周期、鼓励企业用自动化取代人工、促进外商投资或引入本土投资、使强劲的市场变弱或使安全的市场变得具有风险等。

三、社会和文化环境

社会和文化环境是指企业所处的社会结构、社会风俗和习惯、信仰和价值观念、行为规范、生活方式、文化传统、人口规模与地理分布等因素的形成和变动。社会和文化环境对企业生产经营的影响也是不言而喻的。例如，人口规模、社会人口年龄结构、家庭人口结构、社会风俗对消费者消费偏好的影响是企业在确定投资方向、产品改进与革新等重大经营决策时必须考虑的因素。

社会和文化环境因素的范围甚广，主要包括人口因素、社会流动性、消费心理、生活方式变化、文化传统和价值观等。

(一) 人口因素

人口因素包括企业所在地居民的地理分布及密度、年龄、教育水平、国籍等。大型企业通常会利用人口统计数据来进行客户定位，并用于研究应如何开发产品。人口因素对企业战略的制定具有重大影响。例如，人口总数直接影响着社会生产总规模；人口的地理分布影响着企业的厂址选择；人口的性别比例和年龄结构在一定程度上决定了社会的需求结构，进而影响社会供给结构和企业生产结构；人口的教育文化水平直接影响着企业的人力资源状况；家庭户数及其结构的变化与耐用消费品的需求和变化趋势密切相关，因而也就影响到耐用消费品的生产规模等。

对人口因素的分析可以使用以下一些变量：结婚率、离婚率、出生率和死亡率、人口的平均寿命、人口的年龄和地区分布、人口在民族和性别上的比例、地区人口在教育水平和生活方式上的差异等。

(二) 社会流动性

社会流动性主要涉及社会的分层情况、各阶层之间的差异以及人们是否可在各阶层之间转换、人口内部各群体的规模、财富及其构成的变化以及不同区域（城市、郊区及农村地区）的人口分布等。

社会流动性的研究对于企业产品定位与调整、市场细分等策略的制定是非常重要的。

(三) 消费心理

消费心理对企业战略的制定也会产生影响。例如，一部分顾客的消费心理是在购物过程中追求有新鲜感的产品多于满足其实际需要的产品，因此，企业应有不同的产品类型以满足不同顾客的心理需求。

(四) 生活方式变化

随着社会经济发展和对外交流程度的不断增强，人们的生活方式也会随之发生变化。人们对物质需求会越来越高，对社交、自尊、求知、审美等精神需求也会越来越强烈。这将会给企业带来诸多新的机遇与挑战。

(五) 文化传统

文化传统是一个国家或地区在较长历史时期内形成的一种社会习惯，它是影响经济活动的一个重要因素。例如，中国的春节、西方的圣诞节就为某些行业带来商机。

(六) 价值观

价值观是指社会公众评价各种行为的观念和标准。不同的国家和地区人们的价值观存在差异,例如,西方国家的个人主义较强,而日本的企业则注重内部关系融洽等。

四、技术环境

技术环境是指企业所处环境中的科技要素及与该要素直接相关的各种社会现象的集合,包括国家科技体制、科技政策、科技水平和科技发展趋势等。在科学技术迅速发展变化的今天,技术环境对企业的影响可能是创造性的,也可能是破坏性的,企业必须要预见这些新技术带来的变化,并在战略管理上做出相应的战略决策,以获得新的竞争优势。

市场或行业内部和外部的技术趋势与事件会对企业战略产生重大影响。某个特定行业内的技术水平在很大程度上决定了企业应生产哪种产品或提供哪种服务、应使用哪些设备以及应如何进行经营管理。

技术环境对战略所产生的影响包括:

(1) 技术进步使企业能对市场及客户进行更有效的分析。例如,使用数据库或自动化系统来获取数据,能够更加准确地进行分析。

(2) 新技术的出现使社会对本行业产品和服务的需求增加,从而使企业可以扩大经营范围或开辟新的市场。

(3) 技术进步可创造竞争优势。例如,技术进步可促使企业利用新的生产方法,在不增加成本的情况下,提供更优质和更高性能的产品和服务。

(4) 技术进步可导致现有产品被淘汰,或大大缩短产品的生命周期。

(5) 新技术的发展使企业可更多关注环境保护、企业的社会责任及可持续成长等问题。

【例 4-1】

XD 公司战略决策中的 PEST 分析

从 2012 年开始,XD 公司的总经理刘涛就开始为公司寻找转型的出路。一次他出国旅游,在下榻的酒店中第一次接触到了德国 B 滤水壶,这个外形简单、可以方便过滤自来水的产品一下子就吸引了他。

经过 40 多年的发展,德国 B 滤水壶已经是壶式滤水器领域里的世界第一品牌。B 滤水壶产品的核心在于独有的双重滤芯技术,这种技术不仅被用于 B 滤水壶,众多家用电器厂商均采用 B 滤水壶滤芯技术过滤水质。其采用的材质如椰壳活性碳、无钠离子交换树脂等均是世界级的自有专利技术,从材质到技术在业内均有非常高的认可度。

刘涛看到,滤水器产品在中国具备巨大的潜在需求。一方面,我国城市自来水处理的工艺及技术标准还处于一个相对不高的水平上。2009 年,有关部门组织的水质调查发现,有 1 000 余家的城市自来水在出厂时水质不合格,农村饮用水水质状况更加令人担忧,水环境问题已经到了一个非常严重的地步。有关部门宣布,自 2012 年的 7 月 1 日开始,《生活饮用水卫生标准》将在中国国内强制性实施,饮用水的监测指标也将从过去的 35 项提升到 106 项。然而,由于技术原因,自来水厂供水管道的二次污染问题尚未得到解决,实现标准落实还需要一个比较长的时间。另一方面,经过长期的改革开放,中国经济得到了迅速发展,人民生活的质量大大提高,普通消费者的生活已经从追求温饱过渡到寻求健康的新阶段,在当前的商业领域中,能够满足人民群众日益增长的对健康和品质生活追求的产品通常都会有较好的市场表现。

2013年,XD公司与B滤水壶中国区总代理签订了B滤水壶产品的独家代理协议。

本案例中,XD公司总经理刘涛的战略决策主要依据PEST分析:

(1) 政治和法律因素。"有关部门宣布,自2012年的7月1日开始,《生活饮用水卫生标准》将在中国国内强制性实施,饮用水的监测指标也将从过去的35项提升到106项"。

(2) 经济因素。"经过长期的改革开放,中国经济得到了迅速发展……在当前的商业领域中,能够满足人民群众日益增长的对健康和品质生活追求的产品通常都会有较好的市场表现"。

(3) 社会和文化因素。"人民生活的质量大大提高,普通消费者的生活已经从追求温饱过渡到寻求健康的新阶段"。

(4) 技术因素。"我国城市自来水处理的工艺及技术标准还处于一个相对不高的水平上";"由于技术原因,自来水厂供水管道的二次污染问题尚未得到解决,实现标准还需要一个比较长的时间";"B滤水壶产品的核心在于独有的双重滤芯技术,这种技术不仅是用于B滤水壶,众多家用电器厂商均采用B滤水壶滤芯技术过滤水质。其采用的材质如椰壳活性碳、无钠离子交换树脂等均是世界级的自有专利技术,从材质到技术在业内均有非常高的认可度"。

第二节 产业环境分析

波特在《竞争战略》一书中指出:"形成竞争战略的实质就是将一个公司与其环境建立联系。尽管相关环境的范围广阔,包括社会的,也包括经济的因素,但公司环境的最关键部分就是公司投入竞争的一个或几个产业。"波特采用了一种关于产业的常用定义:"一个产业是由一群生产相似替代品的公司组成的。"

一、产品生命周期

波特认为:"预测产业演变过程的鼻祖是我们熟知的产品生命周期。""关于生命周期是只适于用个别产品还是适用于整个产业存在着争论。这里概括了认为适用于产业的观点。"

产业发展要经过4个阶段:导入期、成长期、成熟期和衰退期。这些阶段是以产业销售额增长率曲线的拐点划分。产业的增长与衰退由于新产品的创新和推广过程而呈"S"形。

当产业走过它的生命周期时,竞争的性质将会变化。波特总结了常见的关于产业在其生命周期中如何变化以及它如何影响战略的预测。

(一) 导入期

导入期的产品用户很少,只有高收入用户会尝试新的产品。产品虽然设计新颖,但质量有待提高,尤其是可靠性。由于产品刚刚出现,前途未卜,产品类型、特点、性能和目标市场等方面尚在不断发展变化当中。

只有很少的竞争对手。为了说服客户购买,导入期的产品营销成本高,广告费用大,而且销量小,产能过剩,生产成本高。

产品的独特性和客户的高收入使得价格弹性较小,可以采用高价格、高毛利的政策,但是销量小使得净利润较低。

企业的规模可能会非常小,企业的战略目标是扩大市场份额,争取成为"领头羊"。

这个时期的主要战略路径是投资于研究开发和技术改进,提高产品质量。导入期的经营风险非常高。研制的产品能否成功,研制成功的产品能否被顾客接受,被顾客接受的产品能否达到经济生产规模,可以规模生产的产品能否取得相应的市场份额等,都存在很大不确定性。通常,新产品只有成功和失败两种可能,成功则进入成长期,失败则无法收回前期投入的研发、设备投资和市场开拓等成本。

(二)成长期

成长期的标志是产品销量节节攀升,产品的销售群已经扩大。此时消费者会接受参差不齐的质量,并对质量的要求不高。各厂家的产品在技术和性能方面有较大差异。广告费用较高,但是每单位销售收入分担的广告费在下降。生产能力不足,需要向大批量生产转换,并建立大宗分销渠道。由于市场扩大,竞争者涌入,企业之间开始争夺人才和资源,会出现兼并等意外事件,引起市场动荡。由于需求大于供应,此时产品价格最高,单位产品净利润也最高。

企业的战略目标是争取最大市场份额,并坚持到成熟期的到来。如果以较小的市场份额进入成熟期,则在开拓市场方面的投资很难得到补偿。成长期的主要战略路径是市场营销,此时是改变价格形象和质量形象的好时机。

成长期的经营风险有所下降,主要是产品本身的不确定性在降低。但是,经营风险仍然维持在较高水平,原因是竞争激烈了,导致市场的不确定性增加。这些风险主要与产品的市场份额以及该份额能否保持到成熟期有关。

(三)成熟期

成熟期开始的标志是竞争者之间出现挑衅性的价格竞争。成熟期虽然市场巨大,但是已经基本饱和。新的客户减少,主要靠老客户的重复购买支撑。产品逐步标准化,差异不明显,技术和质量改进缓慢。生产稳定,局部生产能力过剩。产品价格开始下降,毛利率和净利润率均下降,利润空间适中。

由于整个产业销售额达到前所未有的规模,并且比较稳定,任何竞争者想要扩大市场份额,都会遇到对手的顽强抵抗,并引发价格竞争。既然扩大市场份额已经变得很困难,经营战略的重点就会转向在巩固市场份额的同时提高投资报酬率。成熟期的主要战略路径是提高效率,降低成本。

成熟期的经营风险进一步降低,达到中等水平。因为创业期和成长期的高风险因素已经消失,销售额和市场份额、盈利水平都比较稳定,现金流量变得比较容易预测。经营风险主要是稳定的销售额可以持续多长时间,以及总盈利水平的高低。企业和股东希望长期停留在能产生大量现金流入的成熟期,但是价格战随时会出现,衰退期迟早会到来。

(四)衰退期

衰退期产品的客户大多很精明,对性价比要求很高。各企业的产品差别小,因此价格差异也会缩小。为降低成本,产品质量可能会出现问题。产能严重过剩,只有大批量生产并有自己销售渠道的企业才具有竞争力。有些竞争者先于产品退出市场。产品的价格、毛利都很低。只有到后期,多数企业退出后,价格才有望上扬。

企业在衰退期的经营战略目标是防御,获取最后的现金流。战略途径是控制成本,以求能维持正的现金流量。如果缺乏成本控制的优势,就应采用退却战略,尽早退出。进入衰退期后,经营风险会进一步降低,主要的悬念是在什么时间节点产品将完全退出市场。

产品生命周期理论也受到一些批评:

(1) 各阶段的持续时间随着产业的不同而显著不同,并且一个产业究竟处于生命周期的哪一阶段通常不清楚。这就削弱了此概念作为规划工具的有用之处。

(2) 产业的增长并不总是呈"S"形。有时产业跳过成熟阶段,直接从成长走向衰亡;有的产业在经历一段时间衰退之后又重新上升;还有的产业似乎完全跳过了导入期这个缓慢的起始阶段。

(3) 企业可以通过产品创新和产品的重新定位,来影响增长曲线的形状。如果企业认定所给的生命周期一成不变,那么它就成为一种没有意义的自我臆想。

(4) 与生命周期每一阶段相联系的竞争属性随着产业的不同而不同。例如,有些产业开始集中,后来仍然集中;而有些产业集中了一段后就不那么集中了。

基于上述种种合理的批评,运用产品生命周期理论就不能仅仅停留在预测产业的演变,而应深入研究演变的过程本身,以了解是什么因素真正推进这种演变过程。

【例 4-2】

YC 白药进入牙膏市场改变了产品生产周期曲线的形状

2004 年,具有传奇配方的 YC 白药开始尝试进军日化行业。而此时的日化行业竞争已经异常激烈。国际巨头们运用其规模经济、品牌、技术、渠道和服务等竞争优势,在中国日化行业高端市场占据了大片市场,树立起绝对的优势地位;本土的日化企业由于普遍存在产品特色不突出,品牌记忆度弱的问题,加上自身实力的不足,多是在区域市场的中低端档次生存。整个日化行业销售额达到前所未有的规模,且基本饱和。想要扩大市场份额,都会遇到竞争对手的顽强抵抗,每年都有相当数量的日化企业淡出市场。由于价格竞争开始成为市场竞争的主要手段,定位在高端市场的国际巨头们也面临着市场发展的瓶颈,市场份额、增长速度、盈利能力都面临着新的考验,国际巨头们的产品价格开始向下移动。

YC 白药进入日化行业时是先从牙膏市场开始的。YC 白药没有重蹈本土企业的中低端路线,而是反其道而行之。通过市场调研,YC 白药了解到广大消费者对口腔健康日益重视,用牙膏来解决口腔健康问题,是存在巨大潜在需求的,而当时市场上的牙膏产品大多专注于美白、防蛀等基础功能,解决口腔健康问题的药物牙膏还是市场"空白点"。于是,YC 白药开创了一个独特的日化界药物牙膏 YC 白药牙膏,综合解决消费者口腔健康问题,并以此树立起高价值、高价格、高端的"三高"形象。

YC 白药牙膏进入日化市场,几年时间内表现突出,不仅打破本土品牌低端化的现状,还提升了整个牙膏行业的价格体系。随着 YC 白药推出功能化的高端产品,国际品牌也纷纷凭借自身竞争优势推出功能化的高端牙膏抢占市场。这些解决口腔健康问题功能很强的牙膏定价都与 YC 白药牙膏不相上下。这些功能化的高端牙膏产品出现后,整个市场显现出"销售额增长大于销量增长"的新特点,牙膏消费区间也逐渐向中高端移动。

本案例中 YC 白药进军日化行业时,日化行业呈现出成熟期的典型特征:

(1) 竞争者之间出现挑衅性的价格竞争。"价格竞争开始成为市场竞争的主要手段";"国际巨头们的产品价格开始向下移动"。

(2) 成熟期虽然市场巨大,但是已经基本饱和。"整个日化行业销售额达到前所未有的规模,且基本饱和。想要扩大市场份额,都会遇到竞争对手的顽强抵抗,每年都有相当数量的日化企业淡出市场。"

(3) 产品差异不明显。"当时市场上的牙膏产品大多专注于美白、防蛀等基础功能。"

(4) 局部生产能力过剩。"定位在高端市场国际巨头们也面临着市场发展的瓶颈。"

案例显示,"YC白药牙膏进入日化市场……随着YC白药推出功能化的高端产品,国际品牌也纷纷凭借自身竞争优势推出功能化的高端牙膏抢占市场……这些功能化的高端牙膏产品出现后,整个市场显现出'销售额增长大于销量增长'的新特点,牙膏消费区间也逐渐向中高端移动",说明YC白药牙膏的进入,改变了中国牙膏产业生命周期曲线的形状,"产业在衰退一段时间之后又重新上升"。

二、产业五种竞争力

波特在《竞争战略》一书中,从产业组织理论的角度,提出了产业结构分析的基本框架——五种竞争力分析。波特认为,在每一个产业中都存在五种基本竞争力量,即潜在进入者、替代品、购买者、供应者和产业内现有企业。

在一个产业中,这五种力量共同决定产业竞争的强度以及产业利润率,最强的一种或几种力量占据着统治地位并且从战略形成角度来看起着关键性作用。产业中众多经济技术特征对于每种竞争力的强弱都是至关重要的。

(一) 五种竞争力分析

1. 潜在进入者的进入威胁

利润是对投资者的一个信号,并能够经常导致潜在进入者的进入。潜在进入者将在两个方面减少现有厂商的利润:第一,进入者会瓜分原有的市场份额,获得一些业务;第二,进入者减少了市场集中,从而激发现有企业间的竞争,减少价格成本差。对于一个产业来说,进入威胁的大小取决于呈现的进入障碍与准备进入者可能遇到的现有在位者的反击。它们统称为进入障碍。前者称为结构性障碍,后者称为行为性障碍。

进入障碍是指那些允许现有企业赚取正的经济利润,却使产业的新进入者无利可图的因素。

(1) 结构性障碍。波特指出,存在的7种主要障碍为规模经济、产品差异、资金需求、转换成本、分销渠道、其他优势及政府政策。如果按照贝恩(Bain)的分类,这7种主要障碍又可归纳为3种主要进入障碍:规模经济、现有企业对关键资源的控制以及现有企业的市场优势。

规模经济是指在一定时期内,企业所生产的产品或劳务的绝对量增加时,其单位成本趋于下降。当产业规模经济很显著时,处于最小有效规模或者超过最小有效规模经营的老企业对于较小的新进入者就有成本优势,从而构成进入障碍。

现有企业对关键资源的控制一般表现为对资金、专利或专有技术、原材料供应、分销渠道、学习曲线等资源及资源使用方法的积累与控制。如果现有企业控制了生产经营所必需的某种资源，那么它就会受到保护而不被进入者所侵犯。

上面所提到的"学习曲线"（又称"经验曲线"），是指反映当某一产品累积生产量增加时，由于经验和专有技术的积累所带来的产品单位成本的下降的曲线。它与规模经济往往交叉地影响产品成本的下降水平。区分由于学习曲线所产生的学习经济和由于规模而产生的规模经济是很必要的。规模经济使得当经济活动处于一个比较大的规模时，能够以较低的单位成本进行生产；学习经济是由于累积经验而导致的单位成本的减少。即使是学习经济很小的情况下，规模经济也可能是很大的，这在诸如铝罐制造这样的简单资本密集型的生产中通常能够产生；同样地，在规模经济很小时，学习经济也可以是很大的，这存在于诸如计算机软件开发等复杂的劳动密集型产业中。

现有企业的市场优势主要表现在品牌优势上。这是产品差异化的结果。产品差异化是指由于顾客或用户对企业产品的质量或商标信誉的忠实程度不同，而形成的产品之间的差别。此外，现有企业的优势还表现在政府政策上。政府的政策、法规和法令都会在某些产业中限制新的加入者或者清除一些不合格者，这就为在位企业造就了强有力的进入障碍。

（2）行为性障碍。行为性障碍（或战略性障碍）是指现有企业对进入者实施报复手段所形成的进入障碍。报复手段主要有限制进入定价和进入对方领域两类。

限制进入定价往往是在位的大企业报复进入者的一个重要武器，特别是在那些技术优势正在削弱、投资正在增加的市场上，情况更是如此。在限制价格的背后包含有一种假定，即从长期看，在一种足以阻止进入的较低价格条件下所取得的收益，将比在一种会吸引进入的较高价格条件下取得的收益要大。在位企业试图通过实施低价来告诉进入者自己是低成本的，进入将是无利可图的。

进入对方领域是寡头垄断市场上常见的一种报复行为，其目的在于抵消进入者首先采取行动可能带来的优势，避免对方的行动给自己带来的风险。

2. 替代品的替代威胁

研究替代品的替代威胁，需要澄清"产品替代"的两种概念。

产品替代有两类：一类是直接产品替代；另一类是间接产品替代。

（1）直接产品替代，即某一种产品直接取代另一种产品，如苹果计算机取代微软计算机。前面所引用的波特关于产业的定义中的替代品，是指直接替代品。

（2）间接产品替代，即由能起到相同作用的产品非直接地取代另外一些产品，如人工合成纤维取代天然布料。波特在这里所提及的对某一产业而言的替代品的威胁，是指间接替代品。

直接替代品与间接替代品的界限并不一定十分清晰，取决于对产业边界的界定。因而，直接产品替代与间接产品替代只能是一个相对的概念。

替代品往往是新技术与社会新需求的产物。对于现有产业来说，这种"替代"威胁的严重性是不言而喻的。

老产品能否被新产品替代，或者反过来说，新产品能否替代老产品，主要取决于两种产品的性能-价格比的比较。如果新产品的性能-价格比高于老产品，新产品对老产品的替代就具有必然性，如果新产品的性能-价格比一时还低于老产品，那么，新产品还不具备足够的实力与老产品竞争。这里"性能—价格比"的概念事实上就是价值工程中"价值"的概念。

价值工程中的一个基本公式:价值＝功能÷成本,贯穿于价值分析的整个过程,而价值工程就起源于寻找物美价廉的替代品。

由于老产品和新产品处于不同的产品生命周期,提高新老产品价值的途径不同。在这里,我们着重讨论老产品提高价值的途径。

对于老产品来说,当替代品的威胁日益严重时,老产品往往已处于成熟期或衰退期。此时,产品的设计和生产标准化程度较高,技术已相当成熟。因此,老产品提高产品价值的主要途径是降低成本与价格。

替代品的替代威胁并不一定意味着新产品对老产品最终的取代,几种替代品长期共存也是很常见的情况。例如,在运输工具中,汽车、火车、飞机、轮船长期共存,城市交通中,公共汽车、地铁、出租汽车长期共存等。但是,替代品之间的竞争规律仍然是不变的,那就是,价值高的产品获得竞争优势。

3. 供应者、购买者讨价还价的能力

五种竞争力模型的水平方向是对产业价值链(value chain)的描述。它反映的是产品(或服务)从获取原材料开始到最终产品的分配和销售的过程。企业战略分析的一个中心问题就是如何组织纵向链条。产业价值链描述了厂商之间为生产最终交易的产品或服务,所经过的价值增值的活动过程。因此,产业价值链上的每一个环节都具有双重身份,对其上游单位,它是购买者,对其下游单位,它是供应者。购买者和供应者讨价还价的主要内容围绕价值增值的两个方面——功能与成本。讨价还价的双方都力求在交易中使自己获得更多的价值增值。因此,对购买者来说,其希望购买到的产品物美而价廉;而对供应者来说,其希望提供的产品质次而价高。购买者和供应者讨价还价的能力大小,取决于他们各自以下几个方面的实力。

(1) 买方(或卖方)的集中程度或业务量的大小。当购买者的购买力集中,或者对卖方来说交易很可观时,该购买者讨价还价的能力就会增加。对应地,当少数几家公司控制着供应者集团,在其将产品销售给较为零散的购买者时,供应者通常能够在价格、质量等条件上对购买者施加很大的压力。

(2) 产品差异化程度与资产专用性程度。当供应者的产品存在着差异,因而替代品不能与供应者所销售的产品相竞争时,供应者讨价还价的能力就会增强;反之,如果供应者的产品是标准的,或者没有差别,又会增加购买者讨价还价的能力。因为在产品无差异的条件下,购买者总可以寻找到最低的价格。与产品差异化程度相联系的是资产专用化程度,当上游的供应者的产品是高度专用化的,它们的顾客将紧紧地与它们联系在一起,在这种情况下,投入品供应商就能够影响产业利润。

(3) 纵向一体化程度。如果购买者实行了部分一体化或存在后向一体化的现实威胁,在讨价还价中就处于能迫使对方让步的有利地位。在这种情况下,购买者对供应者不仅形成进一步一体化的威胁,而且由于购买者自己生产一部分零件从而使其具有详尽的成本知识,这对于谈判也极有帮助。同样,当供应者表现出前向一体化的现实威胁,也会提高其讨价还价能力。

(4) 信息掌握的程度。当购买者充分了解需求、实际市场价格甚至供应商的成本等方面信息时,要比在信息贫乏的情况下掌握更多的讨价还价的筹码,保证自己从供应者那里得到最优惠的价格,并可以在供应者声称它们的经营受到威胁时予以回击。同样,如果供应者充分地掌握了购买者的有关信息,了解购买者的转换成本(即从一个供应者转换到另一个供应者的成本),也会增加其讨价还价的能力,并能够在购买者盈利水平还能承受的情况下,拒绝提供更优惠的供货条件。

需要注意的是,劳动力也是供应者的一部分,他们可能对许多产业施加压力。经验表明,短缺的、高技能雇员以及紧密团结起来的劳工可以与雇主或劳动力购买者讨价还价而削减相当一部分产业利润潜力。

4. 产业内现有企业的竞争

产业内现有企业的竞争是指一个产业内的企业为市场占有率而进行的竞争。产业内现有企业的竞争是通常意义上的竞争,这种竞争通常是以价格竞争、广告战、产品引进以及增加对消费者的服务等方式表现出来。

产业内现有企业的竞争在下面几种情况下可能是很激烈的:

(1) 产业内有众多的或势均力敌的竞争对手。
(2) 产业发展缓慢。
(3) 顾客认为所有的商品都是同质的。
(4) 产业中存在过剩的生产能力。
(5) 产业进入障碍低而退出障碍高。

(二) 对付五种竞争力的战略

五种竞争力分析表明了产业中的所有企业都必须面对产业利润的威胁力量。企业必须寻求几种战略来对抗这些竞争力量。

首先,企业必须自我定位,通过利用成本优势或差异优势把公司与五种竞争力相隔离,从而能够超过它们的竞争对手。其次,企业必须识别在产业的哪一个细分市场中,五种竞争力的影响更少一点,这就是波特提出的"集中战略"。最后,企业必须努力去改变这五种竞争力。企业可以通过与供应者或购买者建立长期战略联盟,以减少相互之间的讨价还价;企业还必须寻求进入阻绝战略来减少潜在进入者的威胁等。

(三) 五力模型的局限性

波特的五力模型在分析企业所面临的外部环境时是有效的,但它也存在着局限性,具体如下:

(1) 该分析模型基本上是静态的。然而,在现实中竞争环境始终在变化。这些变化可能从高变低,也可能从低变高,其变化速度比模型所显示的要快得多。

(2) 该模型能够确定行业的盈利能力,但是对于非营利机构,有关获利能力的假设可能是错误的。

(3) 该模型基于这样的假设:一旦进行了这种分析,企业就可以制定企业战略来处理分析结果,但这只是一种理想的方式。

(4) 该模型假设战略制定者可以了解整个行业(包括所有潜在的进入者和替代产品)的信息,但这一假设在现实中并不一定存在。对于任何企业来讲,在制定战略时掌握整个行业信息的可能性不大。

(5) 该模型低估了企业与供应商、客户或分销商、合资企业之间可能建立长期合作关系以减轻相互之间威胁的可能性。在现实的商业世界中,同行之间、企业与上下游企业之间不一定完全是你死我活的关系。强强联手,或强弱联手,有时可以创造更大的价值。

(6) 该模型对产业竞争力的构成要素考虑不够全面。哈佛商学院教授大卫·亚非(David Yoffe)在波特教授研究的基础上,根据企业全球化经营的特点,提出了第六个要素,即互动互补作用力,进一步丰富了五种竞争力理论框架。

大卫·亚非认为,任何一个产业内部都存在不同程度的互补互动(是指互相配合一起使用)的产品或服务业务。例如,对于房地产业来说,交通、家具、电器、学校、汽车、物业管理、银行贷款、有关保险、社区、家庭服务等会对住房建设产生影响,进而影响到整个房地产业的结构。企业认真识别具有战略意义的互补互动品,并采取适当的战略,会使企业获得重要的竞争优势。

根据大卫·亚非教授提出的互补互动作用力理论,在产业发展初期阶段,企业在对其经营战略定位时,可以考虑控制部分互补品的供应,这样有助于改善整个行业结构,包括提高行业、企业、产品、服务的整体形象,提高行业进入壁垒,降低现有企业之间的竞争程度。随着行业的发展,企业应有意识地帮助和促进互补行业的健康发展,如为中介代理行业提供培训、共享信息等,还可考虑采用捆绑式经营或交叉补贴销售等策略。

【例 4-3】

中国调味品产业五种竞争力分析

受益于调味品行业生产技术的不断提高以及下游需求市场的不断扩大,调味品行业在中国国内和国际市场上发展形势都十分被看好,但国内调味品生产企业却面临着日益激烈的竞争压力。其一,海外调味品企业纷纷通过收购国内老品牌或用其原有品牌在国内建厂这两种方式进入中国市场。其二,生产用原辅料成本、用工成本不断上涨已成为调味品企业面临的共性问题,而由于国内生产企业众多,产品差异较小,用户有充分的选择,加上国内居民人均收入水平不高,消费者总是千方百计为获得优惠价格进行有选择性的购买,致使生产厂家受到双重挤压,利润微薄。其三,随着产品市场细分程度提升以及消费者对于保健需求和养生食品的增加,具有美味和天然营养的综合型调料品层出不穷,对传统的调味品形成部分替代。

在激烈的竞争环境中,天地、开达、锦豪等几个老字号的调味品公司却始终保持着优势地位。天地公司注重构建企业的规模优势,目前达到了世界最大的调味品生产规模,包揽了国内调味品行业"规模最大、品类最多、技术最好"等多项第一。开达公司以产品创新在行业中著称,其开达牌味极鲜酱油是公司的"拳头产品",属国内首创,其高利润的产品线是公司竞争的主要优势。锦豪公司则专注于国内餐饮业调味品细分市场,成为餐饮市场调味品企业的领头羊,并与许多餐饮企业建立了长期的合作关系。

这些老字号调味品公司凭借建立起来的竞争优势,逐步淘汰了国内调味品市场实力弱小的企业,改变着市场竞争格局,也对包括外资企业在内的潜在进入者形成很强的进入障碍。

本案例运用五种竞争力模型,分析国内调味品生产企业面对的竞争压力如下:

(1) 潜在进入者的进入威胁。"海外调味品企业纷纷通过收购国内老品牌或用其原有品牌在国内建厂这两种方式进入中国市场。"

(2) 替代品的替代威胁。"随着产品市场细分程度提升以及人民对于保健需求和养生食品的增加,具有美味和天然营养的综合型调料品层出不穷,对传统的调味品形成部分替代。"

(3) 供应者讨价还价。"生产用原辅料成本、用工成本不断上涨已成为调味品企业面临的共性问题。"

(4) 购买者讨价还价。"用户有充分的选择,加上国内居民人均收入水平不高,消费者总是千方百计为获得优惠价格进行有选择性的购买。"

(5) 产业内现有企业的竞争。"国内生产企业众多,产品差异较小。"

本案例中,天地、开达、锦豪等几个老字号的调味品公司应对五种竞争力的战略措施如下:

(1) 通过利用成本优势或差异优势把公司与五种竞争力相隔离,从而能够超过它们的竞争对手。天地公司树立成本优势,"注重构建企业的规模优势,目前达到了世界最大的调味品生产规模,包揽了国内调味品行业'规模最大、品类最多、技术最好'等多项第一";开达公司树立差异优势,"开达公司以产品创新在行业中著称,其开达牌味极鲜酱油是公司的'拳头产品',属国内首创,其高利润的产品线是公司竞争的主要优势"。

(2) 实施波特提出的"集中战略"。"锦豪公司则专注于国内餐饮业调味品细分市场,成为餐饮市场调味品企业的领头羊。"

(3) 努力改变五种竞争力。企业可以通过与供应者或购买者建立长期战略联盟,以减少相互之间的讨价还价;企业还必须寻求进入阻绝战略来减少潜在进入者的威胁。"锦豪公司专注于国内餐饮业调味品细分市场,与许多餐饮业企业建立了长期的合作关系";"这些老字号调味品企业凭借建立起来的竞争优势……改变着市场竞争格局,也对包括外资企业在内的潜在进入者形成很强的进入障碍"。

本案例从结构性障碍角度,阐述了天地、开达、锦豪等几个老字号的调味品公司凭借建立起来的竞争优势对潜在进入者形成进入障碍的主要表现:

(1) 规模经济。"天地公司注重构建企业的规模优势,目前达到了世界最大的调味品生产规模,包揽了国内调味品行业'规模最大、品类最多、技术最好'等多项第一。"

(2) 现有企业对关键资源的控制。"锦豪公司与许多餐饮业企业建立了长期的合作关系。"

(3) 现有企业的市场优势。"开达公司以产品创新在行业中著称,其开达牌味极鲜酱油是公司的拳头产品,属国内首创。"

三、成功关键因素分析

成功关键因素是指企业在特定市场获得盈利必须拥有的技能和资产。成功关键因素所涉及的是每一个产业成员所必须擅长的东西,或者说企业要取得竞争和财务成功所必须集中精力搞好的一些因素。

成功关键因素是企业取得产业成功的前提条件。下面三个问题是确认产业的成功关键因素必须考虑的:

(1) 顾客在各个竞争品牌之间进行选择的基础是什么?

(2) 产业中的一个卖方厂商要取得竞争成功需要什么样的资源和竞争能力?

(3) 产业中的一个卖方厂商获取持久的竞争优势必须采取什么样的措施？

在啤酒行业，成功关键因素是得到充分利用的酿酒能力（以使制造成本保持在较低的水平上）、强大的批发分销商网络（以尽可能多地进入零售渠道）、上乘的广告（以吸引饮用人购买某一特定品牌的啤酒）；在服装生产行业，其成功关键因素是吸引人的设计和色彩组合（以引起购买者的兴趣）以及低成本制造效率（以便制定吸引人的零售价格和获得很高的利润率）；在铝罐行业，由于空罐的装运成本很大，成功关键因素之一就是将生产工厂置于最终用户的近处，从而使得工厂生产出来的产品可在经济的范围之内进行销售（区域性市场份额远远比全国性的市场份额重要）。表4-1列出了几种最常见的成功关键因素清单。

表 4-1　　　　　　　　　　　　常见的几种成功关键因素

相关点	成功关键因素
与技术相关的成功关键因素	科学研究技能（在这些领域中尤为重要：制药产业、空间探测以及其他一些高科技产业）； 在产品生产工艺和过程中进行有创造性的改进的技术能力； 产品革新能力； 在既定技术上的专有技能； 运用互联网发布信息、承接订单、送货或提供服务的能力
与制造相关的成功关键因素	低成本生产效率（获得规模经济，取得经验曲线效应）； 固定资产很高的利用率（在资本密集型或高固定成本的产业中尤为重要）； 低成本的生产工厂定位； 能够获得足够的娴熟劳动力； 劳动生产率很高（对于劳动力成本很高的商品来说尤为重要）； 成本低的产品设计和产品工程（降低制造成本）； 能够灵活地生产一系列的模型和规格的产品照顾顾客的订单
与分销相关的成功关键因素	强大的批发分销商特约经销商网络（或者拥有通过互联网建立起来的电子化的分销能力）； 能够在零售商的货架上获得充足的空间； 拥有公司自己的分销渠道和网点； 分销成本低； 送货很快
与市场营销相关的成功关键因素	快速准确的技术支持； 礼貌的客户服务； 顾客订单的准确满足（订单返回很少或者没有出现错误）； 产品线和可供选择的产品很宽； 商品推销技巧； 有吸引力的款式/包装； 顾客保修和保险（对于邮购零售、大批量购买以及新推出的产品来说尤为重要）； 精明的广告
与技能相关的成功关键因素	劳动力拥有卓越的才能（对于专业型的服务，如会计和投资银行，这一点尤为重要）； 质量控制诀窍； 设计方面的专有技能（在时装和服装产业尤为重要，对于低成本的制造也是一个关键的成功因素）； 在某一项具体的技术上的专有技能； 能够开发出创造性的产品和取得创造性的产品改进； 能够使最近构想出来的产品快速地经过研究与开发阶段到达市场上的组织能力； 卓越的信息系统（对于航空旅游业、汽车出租业、信用卡行业和住宿业来说是很重要的）； 能够快速地对变化的市场环境作出反应（简捷的决策过程，将新产品推向市场的时间很短）； 能够娴熟地运用互联网和电子商务的其他侧面来做生意； 拥有比较多的经验和诀窍

（续表）

相关点	成功关键因素
其他类型的成功关键因素	在购买者中间拥有有利的公司形象/声誉； 总成本很低(不仅仅是在制造中)； 便利的设施选址(对于很多的零售业务都很重要)； 公司的职员在与所有顾客打交道的时候都很礼貌、态度和蔼可亲； 能够获得财务资本(对那些最新出现的有着高商业风险的新兴产业和资本密集型产业来说是很重要的)； 专利保护

　　成功关键因素随着产业的不同而不同，甚至在相同的产业中，也会因产业驱动因素和竞争环境的变化而变化。对于某个特定的行业来说，在某一特定时期，极少有超过三四个关键成功因素。甚至在这三四个成功关键因素之中，也只有一两个占据较重要的地位。如表4-2所示，原料资源是石油工业的关键因素，决定了石油生产者的利润；在纯碱工业中，生产技术是关键因素。企业要获得同样质量的纯碱，汞制作法的效益要比半透膜法高两倍以上，利用后一种方法的企业，无论做了多大的努力来减少额外成本，也不可能在经营上取得成功。

表4-2　　　　　　　　　　不同产业中的成功关键因素

工业部门类别	成功关键因素
铀、石油	原料资源
船舶制造、炼钢	生产设施
航空、高保真音响	设计能力
纯碱、半导体	生产技术
百货商场、零部件	产品范围、花色品种
大规模集成电路、微机	工程设计和技术能力
电梯、汽车	销售能力、售后服务
啤酒、家电、胶卷	销售网络

　　随着产品生命周期的演变，成功关键因素也发生变化，如表4-3所示。

表4-3　　　　　　　　产品生命周期的不同阶段的成功关键因素

因素	阶段			
	投入期	成长期	成熟期	衰退期
市场	广告宣传，争取被了解，开辟销售渠道	建立商标信誉，开拓新销售渠道	保护现有市场，渗入别人的市场	选择市场区域，改善企业形象
生产经营	提高生产效率，开发产品标准	改进产品质量，增加花色品种	加强和顾客的关系，降低成本	缩减生产能力，保持价格优势
财力	利用金融杠杆	集聚资源以支持生产	控制成本	提高管理控制系统的效率
人事	使员工适应新的生产和市场	发展生产和技术能力	提高生产效率	面向新的增长领域
研究开发	掌握技术秘诀	提高产品的质量和功能	降低成本，开发新品种	面向新的增长领域

即使是处于同一产业中的各个企业,也可能对该产业的成功关键因素有不同的侧重。例如,在零售业中,沃尔玛是全球500强之一,且是全球零售业"老大",但在中国零售业中家乐福却是老大。两家企业对零售业的成功关键因素各有侧重。沃尔玛侧重于卫星定位系统支持下的系统、高效、完善的物流配送体系,以及在此基础上与供应商的良好发展关系;而家乐福则侧重于鲜明的市场布局策略、兼有廉价性和综合性的大卖场的业态选择以及对消费者心理的准确把握等。

第三节 竞争环境分析

作为产业环境分析的补充,竞争环境分析的重点集中在与企业直接竞争的每一个企业。竞争环境分析又包括两个方面:一是从个别企业视角去观察分析竞争对手的实力;二是从产业竞争结构视角观察分析企业所面对的竞争格局。

一、竞争对手分析

对竞争对手的分析有四个方面的主要内容,即竞争对手的未来目标、假设、现行战略和能力。

(一)竞争对手的未来目标

对竞争对手未来目标的分析与了解,有利于预测竞争对手对其目前的市场地位以及财务状况的满意程度,从而推断其改变现行战略的可能性以及对其他企业战略行为的敏感性。

对竞争对手未来目标分析从以下三个方面展开:一是竞争对手目标分析对本公司制定竞争战略的作用;二是竞争对手业务单位目标分析;三是母公司对其业务单位未来目标的影响分析。

1. 竞争对手目标分析对本公司制定竞争战略的作用

制定战略的一种方法是在市场中找到既能达到目的又不威胁竞争对手的位置。了解竞争对手的目标,就有可能找到每个公司都相对满意的位置。当然这种位置不会永远存在,特别是要考虑到新进入者可能会尝试进入一个每家公司都经营良好的产业。大多数情况下,公司不得不迫使竞争对手让步以实现其目标。为此,公司需要找到一种战略,使其通过明显的优势抵御现有竞争对手和新进入者。

竞争对手的目标分析非常关键,因为这能帮助公司避免那些可能威胁到竞争对手达到其主要目标从而引发激烈战争的战略行动。例如,竞争对手业务组合分析中如果能将竞争对手的母公司正努力建立的业务与其准备收缩的业务区别出来,这时只要不威胁到母公司的现金流,占领其准备收缩的阵地通常有很大可能性。但是企图占领竞争对手的母公司打算建立的业务阵地(或者对母公司来说有深厚感情的业务阵地),那将有爆炸性结果。

2. 竞争对手业务单位目标分析

波特认为,分析竞争对手业务单位目标可以考虑以下11个方面的因素。

(1)竞争对手公开表示的与未公开表示的财务目标是什么?

(2)竞争对手对风险持何种态度?

(3)竞争对手是否有对其目标有重大影响的经济性或非经济性组织价值观或信念?

（4）竞争对手组织结构如何（职能结构情况，是否设置产品经理，是否设置独立的研究开发部门，等等）？

（5）现有何种控制与激励系统？主管人员报酬如何？

（6）现有何种会计系统和规范？

（7）竞争对手的领导阶层由哪些人构成？

（8）领导阶层对未来发展方向表现出多大的一致性？

（9）董事会成分如何？

（10）什么样的合同义务可能限制公司的选择余地？

（11）对公司的行为是否存在任何条例、反托拉斯法案或其他政府或社会限制？

3. 母公司对其业务单位未来目标的影响分析

竞争对手分析适用于公司的二级战略——业务战略（竞争战略），但是如果竞争对手是某个较大公司的一个单位，其母公司很可能对这个单位有所限制或要求。这种限制或要求对预测它的行为非常关键。因此，波特认为，竞争对手分析除以上所讨论的问题以外，还需回答下列问题：

（1）母公司当前经营情况（销售增长、回报率等）如何？

（2）母公司的总目标是什么？

（3）一个业务单位在母公司的总战略中有何重要的战略意义？

（4）母公司为何要经营这项业务（因为剩余生产能力、纵向整合需要或为了开发分销渠道以及为了加强市场营销的力量）？

（5）该业务在母公司业务组合中与其他业务的经济关系如何（纵向整合、相互补偿、分担、分享研究开发）？

（6）整个公司高级领导层持何种价值观或信念？

（7）母公司是否在其他众多业务中应用了一种基本战略并将同样用于这一业务？

（8）假定母公司的总战略及其他部门的经营状况和要求已知，竞争对手的业务部门所面临的销售目标、投资收益障碍以及资金限制如何？

（9）母公司的多元化计划如何？

（10）母公司的组织结构中提供了何种关于该业务单位在母公司眼中的相对状况、地位和目标等方面的线索？

（11）在母公司的总体架构中，是如何对部门管理层进行控制和奖惩的？

（12）母公司奖励了哪些类型的经理？

（13）母公司管理层从何处招聘？

（14）是否存在对母公司整体的反托拉斯法案、法规或社会敏感因素从而波及和影响到它的业务部门？

（15）母公司或组织中个别高层经理是否对这个部门具有感情？

此外，当竞争对手是多元化公司的一个部分时，母公司的业务组合分析对于解答上述一些问题有很大启发。

（二）竞争对手的假设

竞争对手的假设包括竞争对手对自身企业的评价和对所处产业以及其他企业的评价。

假设往往是企业各种行为取向的最根本动因,所以了解竞争对手的假设有利于正确判断竞争对手的战略意图。

1. 竞争对手假设分析对公司制定竞争战略的作用

竞争对手的假设分为两类:一是竞争对手对自己的假设;二是竞争对手对产业及产业中其他公司的假设。

每个公司都对自己的情形有所假设。例如,它可能把自己看成社会上知名的公司、产业领袖、低成本生产者、具有最优秀的销售队伍等。这些假设将指导它的行动方式和对事物的反应方式。例如,如果它自视为低成本的生产者,它可能以自己的降价行动来惩罚某一降价者。

竞争对手关于其公司情形的假设可能正确也可能不正确。不正确的假设可造成令他人感兴趣的战略契机。例如,假如某竞争对手相信它的产品拥有市场上最高的顾客忠诚度,而事实上并非如此的话,则刺激性降价就可能是抢占市场的好方法。这个竞争对手很可能拒绝作相应降价,因为它相信该行动并不会影响它的市场占有率。只有在发现已丢失了一大片市场时,它可能才认识到其假设是错误的。

正如竞争对手对它自己持一定假设一样,每个公司对产业及其竞争对手也持一定假设。同样,这可能正确也可能不正确。

对各种类型假设的检验能发现在管理人员认识其环境的方法中所存在的偏见及盲点。竞争对手的盲点可能是根本看不到事件(如战略行动)的重要性,没有正确认识它们,或者可能只是很慢地才觉察到。根除这些盲点可帮助公司辨识立即遭报复的可能性,并有针对性地采用行动以使竞争对手的报复失灵。

  相关案例 4-1

百事"追风"气泡水,bubly 距离"10 亿美元品牌"有多远

继可口可乐在中国市场推出气泡水后,百事也向中国气泡水市场发起了"进攻"。

近日,百事在中国市场上线首款气泡水——bubly 微笑趣泡,有白桃、百香果、蜜柚三大口味,是一款主打"0 糖 0 卡 0 脂"的气泡水,广告语为"零糖零卡,微笑打卡"。

据了解,百事本次推出 bubly 气泡水白桃、百香果、蜜柚三种口味是本土市场独享,百事围绕中国市场、贴近中国新生代消费者的本土化工作越发明显。百事对 bubly 寄予厚望,预测其会是下一个"10 亿美元品牌"之一。

bubly 并非百事推出的新品牌。早在 2018 年 2 月,百事就已正式推出 bubly 无糖气泡水品牌,并投入北美市场。数据显示,百事旗下 bubly 的增长率为 216%,在美国的销售额为 1.94 亿美元,稳居 2019 年美国市场苏打水品牌榜第一。

近几年,气泡水行业风头渐起,新老品牌纷纷入局。据欧睿国际数据显示,2022 年气泡水整体市场预计将达到 31 亿美元。在气泡水风靡的欧美,知名品牌已有 LaCroix、芙丝、巴黎水 Perrier 等,国内的元气森林、农夫山泉、蒙牛、娃哈哈等品牌也已经入局。

中国食品产业分析师朱丹蓬表示,气泡水是这两年比较火爆的一个品类,从整个新生代的关注度以及如何与新生代建立起强关系的角度来说,百事布局气泡水这个风口品类是有必要的。但是现在行业整体发展速度比较慢,未来百事的气泡水品牌如何能够脱颖而出,是一个非常大的挑战。

香颂资本董事沈萌认为,中国是最主要的消费市场之一,也是仅次于美国的单一大市场,加上年轻人逐渐成为消费主流,因此需要加大整个市场营销,这也符合百事的最大利益。

对于百事气泡水"bubly 微笑趣泡",业界有种说法是对标可口可乐推出的 AHA。对此,《北京商报》记者联系采访了百事相关负责人,但对方并未予以回复。

据悉,AHA 是可口可乐于 2019 年 11 月宣布的一个新的气泡水品牌,主打不含钠且低热量的气泡水。AHA 的品牌总监 Julie Siwemuke 说:"这是一个充满活力、生动活泼、好玩的品牌。这是我们听到的消费者的声音,很清楚他们正在寻找这样的产品。"可口可乐北美公司水务副总裁 Celina Li 曾表示:"作为水务业务中规模最大、增长最快的部分,主流风味气泡水会是我们必须加倍努力的细分市场。"

根据产品外观来看,AHA 与 bubly 都采用了颜色鲜艳的外观、简单明显的字母名称,旨在吸引年轻消费群体。在销售方面,AHA 也与 bubly 类似,可口可乐方面曾表示:"会率先在美国上市,之后会推广到其他市场。"

尽管百事与可口可乐之间的竞争长期在业内存在争议,但沈萌认为,百事与可口可乐是纠缠百年的竞争对手,相互之间也可以说是"心意相通",但是作为成熟的跨国企业,除对标主要竞争对手之外,也会综合考虑注意目标市场等更多因素,并不会刻板地亦步亦趋。

资料来源:http://m.bbtnews.com.cn/article/232569。

2. 分析竞争对手假设的主要因素

波特指出,下列问题的研究可以弄清竞争对手的假设以及他们不完全冷静或不完全现实之处:

(1) 从竞争对手的公开言论、领导层和销售队伍的宣称及其他暗示中,竞争对手表现出对其在成本、产品质量、技术的尖端性及产品的其他主要方面相对地位的何种认识?把什么看成优势?把什么看成劣势?这些看法正确吗?

(2) 竞争对手在某些特定产品、某些特定职能性方针政策上是否有很强的历史或感情上的渊源?在诸如产品设计方法、产品质量要求、制造场所、推销方法、分销渠道等方面,他们强烈坚持哪些方面?

(3) 是否存在影响竞争对手对事物认识程度和重视程度的文化性、地区性和国家性差别?例如,德国公司常常非常重视生产和产品质量,不惜以单位成本和市场营销为代价。

(4) 是否存在已根深蒂固的或影响观察事物方法的组织价值观或准则?公司奠基人十分相信的某些方针是否仍旧影响该公司?

(5) 竞争对手表现出的对产品未来需求和产业趋势显著性的看法是怎样的?它是否因毫无根据地对需求缺乏信心而不愿增加生产能力,抑或因为相反的原因过度增强了生产能力?它是否容易错误估计某种趋势的重要性?例如,它是否以为产业正在集中而事实并非如此?这些都是可围绕之制定战略的契机。

(6) 竞争对手表现出来的对其竞争者们的目标和能力的看法如何?它是否会高估或低估它们?

(7) 竞争对手是否表现出相信产业"传统思路"或相信历史经验以及产业中流行的方式,而这些却没有反映新的市场情况?

(8) 竞争对手的假设可能反映在现行战略里并受到现行战略的微妙影响。它可能从过去和当前环境出发看待产业中的新事物,而这并不一定客观。

(三) 竞争对手的现行战略

对竞争对手现行战略的分析,目的在于揭示竞争对手正在做什么、能够做什么。

在对竞争对手目标与假设分析的基础上,判断竞争对手的现行战略就变得相对容易了。

非常有用的一种方法是,把竞争对手的战略看成业务中各职能领域的关键性经营方针以及了解它如何寻求各项职能的相互联系。

(四)竞争对手的潜在能力

对竞争对手能力实事求是地评估是竞争对手分析中最后的步骤。竞争对手的目标、假设和现行战略会影响其反击的可能性、时间、性质及强烈程度。而其优势与劣势将决定其发起或反击战略行动的能力以及处理所处环境或产业中事件的能力。表4-4给出竞争对手在关键业务领域中的优势和劣势的概括性框架。

表4-4　　　　　　　　　　竞争对手优势劣势分析框架

业务领域	竞争对手优势劣势分析
产品	每个细分市场中,用户眼中产品的地位; 产品系列的宽度和深度
代理商/分销渠道	渠道的覆盖面和质量; 渠道关系网的实力; 为销售渠道服务的能力
营销与销售	营销组合诸方面要素的技能水平; 市场调查与新产品开发的技能; 销售队伍的培训及其技能
运作	生产成本情况——规模经济性、经验曲线、设备新旧情况等; 设施与设备的先进性; 设施与设备的灵活性; 专有技术和专利或成本优势; 生产能力扩充、质量控制、设备安装等方面的技能; 工厂所在地,包括当地劳动力和运输的成本; 劳动力状况,工会情况; 原材料的来源和成本; 纵向整合程度
研究和工程能力	专利及版权; 企业内的研究与开发能力(产品研究、工艺研究、基础研究、开发、仿造等); 研究及开发人员在创造性、简化能力、素质、可靠性等方面的技能; 与外部研究和工程技术的接触(如供方、客户、承包商)
总成本	总相对成本; 与其他业务单位分担的成本或活动; 竞争对手在何处正形成规模或其他对其成本状况至关重要的因素
财务实力	现金流; 短期和长期借贷能力(相对债务/权益比例); 在可预见的将来获取新增权益资本的能力; 财务管理能力,包括谈判、融资、信贷、库存以及应收账目等
组织	组织中价值观的统一性和目标的明确性; 对组织的近期要求所带来的负担; 组织安排与战略的一致性
综合管理能力	首席执行官的领导素质和激励能力; 协调具体职能部门或职能集团间关系的能力(如生产制造与研究部门间的协调); 管理阶层的年龄、所受培训及职能方向; 管理深度; 管理的灵活性和适应性

(续表)

业务领域	竞争对手优势劣势分析
公司业务组合	公司在财务和其他资源方面对所有业务单位的有计划变动提供支持的能力； 公司补充或加强业务单位的能力
其他	政府部门的特惠待遇及其获取的途径； 人员流动

在具体分析竞争对手能力时，我们要依据表 4-4 给出的这一框架，分析竞争对手以下几方面的能力。

1. 核心能力

(1) 竞争对手在各职能领域中能力如何？最强之处是什么？最弱之处在哪里？

(2) 竞争对手在其战略一致性检测方面表现怎样？

(3) 随着竞争对手的成熟，这些方面的能力是否可能发生变化？随时间的延长是增强还是减弱？

2. 成长能力

(1) 如果竞争对手有所成长，其能力是增大还是减小？在哪些领域？

(2) 在人员、技能和生产能力方面竞争对手发展壮大的能力如何？

(3) 从财务角度看，竞争对手在哪方面能持续增长？它能够随着产业的增长而增长吗？

3. 快速反应能力

竞争对手对其他公司的行动迅速作出反应的能力如何？或立即发动进攻的能力如何？这将由下述因素决定：自由现金储备、留存借贷能力、厂房设备的余力、定型的但尚未推出的新产品。

4. 适应变化的能力

(1) 竞争对手的固定成本对可变成本的情况如何？这些将影响其对变化的可能反应。

(2) 竞争对手适应各职能领域条件变化和对之作出反应的能力如何？例如，竞争对手是否能适应：成本竞争、管理更复杂的产品系列、增加新产品和服务方面的竞争、营销活动的升级？

(3) 竞争对手能否对外部事件作出反应，诸如：持续的高通货膨胀、技术革命引起对现有厂房设备的淘汰、经济衰退、工资率上升、最有可能出现的会影响该业务的政府条例、竞争对手是否面临退出壁垒？这将促使它避免削减规模或对该业务进行收缩。

(4) 竞争对手是否与母公司的其他业务单位共用生产设施、销售队伍，或其他设备或人员？

5. 持久力

竞争对手支撑可能对收入或现金流造成压力的持久战的能力有多大？这将由如下因素决定：现金储备、管理人员的协调统一、财务目标上的长远眼光、较少受股票市场的压力。

虽然上述介绍的各类分析问题都与竞争对手有关，但是其思想同样可用于企业的自我分析。同样的概念为企业提供了识别自己在产业环境中所处位置的模式，除此之外，通过这种考察也能使公司知道其竞争对手会对本公司做出何种结论。

二、产业内的战略群组

竞争环境分析的一个重要方面是要确定产业内所有主要竞争对手的战略诸方面的特征。波特用"战略群组"的划分来研究这些特征。一个战略群组是指某一个产业中在某一战略方面采用相同或相似战略,或具有相同战略特征的各公司组成的集团。如果产业中所有的公司基本认同了相同的战略,则该产业中就只有一个战略群组;就另一极端而言,每一个公司也可能成为一个不同的战略群组。一般来说,在一个产业中仅有几个群组,它们采用特征完全不同的战略。

(一) 战略群组的特征

尽管公司在许多方面会有差异,但并非所有差异都有利于区分战略群组。在识别战略群组的特征时可以考虑使用以下一些变量:

(1) 产品(或服务)差异化(多样化)的程度。
(2) 各地区交叉的程度。
(3) 细分市场的数目。
(4) 所使用的分销渠道。
(5) 品牌的数量。
(6) 营销的力度(如广告覆盖面、销售人员的数目等)。
(7) 纵向一体化程度。
(8) 产品的服务质量。
(9) 技术领先程度(是技术领先者还是技术追随者)。
(10) 研究开发能力(生产过程或产品的革新程度)。
(11) 成本定位(如为降低成本而作的投资大小等)。
(12) 能力的利用率。
(13) 价格水平。
(14) 装备水平。
(15) 所有者结构(独立公司或者母公司的关系)。
(16) 与政府、金融界等外部利益相关者的关系。
(17) 组织的规模。

为了识别战略群组,必须选择这些特征中的两三项特征,并且将该产业的每个公司在"战略群组分析图"上标出来。选择划分产业内战略群组的特征要避免选择同一产业中所有公司都相同的特征。例如,很少有饭店被看作 R&D 的领先者,也很少有航空公司会涉及其他商品和服务的多样化。因而,这两个特征都不宜作为饭店或航空公司划分战略群组的特征。

图 4-1(a) 列示了 20 世纪 80 年代欧洲食品工业的战略群组图,该图用营销力度和地区覆盖两个战略特征将 4 个群组清楚地区分开来。A1 是具有著名品牌、在全世界范围内进行经营的跨国公司;A3 是具有较强品牌和较高的营销能力的国内公司,比 A1 的范围要小得多;B2 在国内经营但通常不是市场领导者;C3 在地区覆盖很小的范围内专门经营自己的低成本品牌。

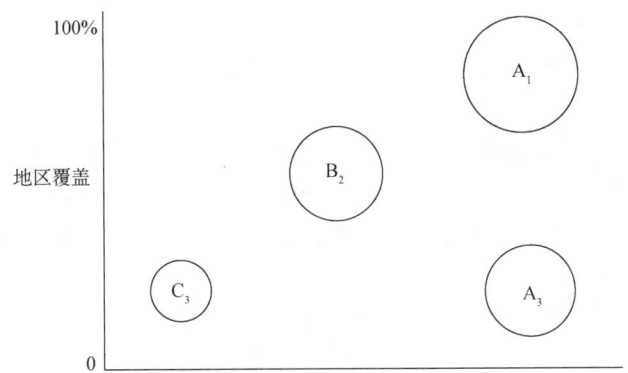

(a) 战略群组：20世纪80年代的欧洲食品工业

		A_1 顾客品牌认定； 专有的方法知识； 研究开发能力； 合适的经济规模； 营销和组织能力
本地覆盖	B_2 生产成本低； 总成本低； 技术先进； 有一些专有的方法知识； 零售商转移成本	
	C_3 低成本生产； 专有方法； 零售商转移成本； 本地知识和制度	A_3 制造过程的有关知识； 对品牌的忠实性； 本地知识； 营销能力

营销力度（营销成本占销售额的百分比）
(b) 移动障碍汇总

	C_1 跨欧洲自有品牌供应商	B_1 跨欧洲品牌	A_1 跨国著名品牌
地区覆盖	C_2 地区性自有标志供应商	B_2 地区性自有标志供应商	A_2 地区主要品牌
	C_3 国家自有品牌供应商	B_3 国内较小的品牌	A_3 国内主要品牌

营销力度（营销成本占销售额的百分比）
(c) 战略区间分析

图 4-1 战略群组分析

（二）战略群组分析

战略群组分析有助于企业了解相对于其他企业而言本企业的战略地位以及企业战略的变化可能引起的对竞争的影响：

（1）有助于很好地了解战略群组间的竞争状况，主动地发现近处和远处的竞争者，也可以很好地了解某一群组与其他群组间的不同。例如，从图4-1(a)中可以看到，跨国公司A1主要致力于营销（尤其是品牌的推广）及各国家之间生产资源的控制；而自有品牌的供应商C3特别注意保持低成本。

（2）有助于了解各战略群组之间的"移动障碍"。移动障碍即一个群组转向另一个群组的障碍。图4-1(b)中列示了欧洲食品工业中企业在各群组间转移的各种障碍。进入A1的市场阻力是很大的，在国内品牌不太知名、市场覆盖面较小的企业，很难保证其在国际市场中的地位，也很容易受到著名国际品牌和由规模经济导致的低价竞争的影响。

（3）有助于了解战略群组内企业竞争的主要着眼点。同一战略群组内的企业虽然采用了相同的或类似的战略，但由于群组内各个企业的优势不同会形成各企业在实施战略的能力上的不同，因而导致实施同样战略而效果不同。战略群组分析可以帮助企业了解其所在战略群组的战略特征以及群组中其他竞争对手的战略实力，以选择本企业的竞争战略与战略开发方向。

（4）利用战略群组图还可以预测市场变化或发现战略机会。如图4-1(c)显示，在欧洲食品产业中已存在着"空缺"，这些领域能为新战略或新的战略群组提供机会。当然，重要的是要了解这些领域所能提供的战略机会的可行性。如B1（著名的欧洲品牌）就很有吸引力，因为它能在跨市场中实现规模经济，难度也远远小于进入A1群组。事实上，在20世纪90年代，一些欧洲食品企业已经开始瞄准类似战略了。2005年，欧洲工商管理学院W·钱·金和勒妮·莫博涅两位教授撰写《蓝海战略》（Blue Ocean Strategy）一书，进一步延伸了这一思路。他们认为，过去的战略思维立足于当前业已存在的行业和市场，采取常规的竞争方式与同行业中的企业展开针锋相对的竞争，那是一种"红海战略"，而"蓝海战略"是指不局限于现有产业边界，而是极力打破这样的边界条件，通过提供创新产品和服务，开辟并占领新的市场空间的战略。

【例4-4】

国内房地产行业战略群组分析

国内房地产行业发展历程短，企业数量多，呈现出多样性的竞争态势。

KD公司、LH公司等企业在全国范围内经营，专注房地产业，规模大，资金雄厚，品牌知名度高。

TD公司、WC公司等企业在全国重点城市经营，专注房地产业，规模较大，具有较强的资金实力，品牌影响力较大。

QJ公司、JA公司等是在单一区域经营且专注房地产业，规模较小，品牌知名度不高。

HG公司、HC公司等企业规模有大有小，在全国多区域多元化经营，房产业占比不大，品牌知名度较低。

ZG公司、HS公司等企业规模小，在单一区域多元化经营，房产业占比不大，品牌知名度低。

HG公司近年来发展迅猛,规模日益扩大。公司旗下业务除了房地产外,还渗透到金融、科技领域。HG公司在资本市场的运作更可谓可圈可点,其最出色的表现就在于善于利用资本杠杆。对于HG公司下一步的发展方向,有专家建议,房地产行业竞争激烈,与KD公司、LH公司等龙头企业正面抗衡难度太大,HG公司应当发挥其多元化经营的优势,尽快在全国市场布局,提高品牌知名度。

本案例中,运用"专业化程度"和"地理分布程度"两个战略特征,按照"专业化程度"分为"高""低"两个档次,"地理分布程度"分为"高""中""低"3个档次,可将案例中所提及的国内房地产企业进行如下的战略群组划分:

(1)"专业化程度"高、"地理分布程度"高的群组A:包括KD公司、LH公司。
(2)"专业化程度"高、"地理分布程度"中的群组B:包括TD公司、WC公司。
(3)"专业化程度"高、"地理分布程度"低的群组C:包括QJ公司、JA公司。
(4)"专业化程度"低、"地理分布程度"中的群组D:包括HG公司、HC公司。
(5)"专业化程度"低、"地理分布程度"低的群组E:包括ZG公司、HS公司。

案例中专家对HG公司下一步发展战略的建议体现了战略群组分析的思想:"房地产行业竞争激烈",反映战略群组间和战略群组内的竞争状况;"与KD公司、LH公司龙头企业正面抗衡难度太大",说明进入群组A的移动障碍大;"HG公司应当发挥其多元化经营的优势,尽快在全国市场布局,提高品牌知名度",是建议HG公司进入"专业化程度"低、"地理分布程度"高的群组,这是一片蓝海,是利用战略群组图发现的战略机会。

本 章 小 结

本章主要学习了:宏观环境分析;产业环境分析;竞争环境分析;竞争对手分析。

本章重要概念

PEST分析　生命周期　五种竞争力　成功关键因素　竞争对手　战略群组

思考与练习

1. 宏观环境分析的内容有哪些?
2. 产品生命周期对产业发展带来哪些影响?
3. 影响产业内竞争激烈程度的因素有哪些?
4. 划分战略群组的要点有哪些?

推荐阅读资料

[1] 鄢志娟,王姗.企业战略差异度会影响分析师盈余预测吗?[J].南京审计学院学报,

2019(1).

[2] 段霄,金占明.战略特征,移动互联业务与企业绩效:战略群组作为一个必要分析层次的证据[J].管理工程学报,2020(5).

[3] 何震,陈娟.大数据战略对上市公司公允价值相关性影响分析——以金融业为例[J].财会通讯,2020(1).

4-1 第四章　　4-2 第四章
外部环境　　　课后练习题
分析PPT

第五章　内部环境分析

> ➤ 内容简介
> ➤ 学习目标和要求
> ➤ 引例
> ➤ 第一节　企业资源与能力分析
> ➤ 第二节　价值链分析
> ➤ 第三节　业务组合分析
> ➤ 第四节　SWOT 分析
> ➤ 本章小结
> ➤ 本章重要概念
> ➤ 思考与练习
> ➤ 推荐阅读资料

内容简介

本章主要讲解了企业内部环境分析的目的和内容；企业资源与能力分析，包括企业资源分析、企业能力分析和企业核心能力分析；价值链分析，包括价值链的两类活动与价值链的确定；业务组合分析，包括波士顿矩阵分析、通用矩阵分析；SWOT 分析等。

学习目标和要求

通过本章学习，学生应了解内部环境分析的目的，掌握企业核心能力分析、价值链分析、业务组合分析和 SWOT 分析等的分析方法；理解企业资源和能力分析。

引例　美图披露 2020 年全年财报：业务组合优化，总营收毛利双增长

2021 年 3 月 25 日，美图公司发布 2020 年全年财报。美图公司董事长蔡文胜介绍，2020 年美图公司首次实现自创立以来的全年盈利，2020 年持续经营业务实现总收入人民币 11.94 亿元，毛利达到人民币 7.94 亿元，同比 2019 年分别增长了 22.1% 和 13.5%。美图公司未来将持续深化"变美战略"，为化妆品、医美行业提供全方位 SAAS 的服务和数字化的解决方案，为商业伙伴多维度赋能。

业务组合多样化，高级订阅服务增长达 140.1%

美图公司在线广告收入为 6.807 亿元，收入占比第一。但受新冠肺炎疫情和公司战略的影响，同比下降 9.5%。报告期内，在线广告的收入占总体的占比从 2019 年的 76.9% 下降到 57%。美图公司创始人兼 CEO 吴欣鸿表示，在未来 To B 业务的占比还将持续提升，将继续深化"变美战略"，为化妆品行业提供全方位的 SAAS 服务，分别是营销、AI 技术、供应链管理、渠道四大服务。

美图公司积极克服新冠肺炎疫情带来的不利影响，全力推进多元化的业务增长。报告期内，美图公司高级订阅服务及应用内购买表现亮眼，2020 年同比 2019 年增长 140.1%。高级订阅服务及应用内购买业务营收从 2019 年的人民币 8 598.7 万元增加到人民币 2.065 亿元，成为其收入第二位。此外，2020 年 12 月当月，活跃高级订阅会员数超 170 万。

报告期内，美图公司其他业务收入大幅增长，其他业务营收从 2019 年的人民币 9 439.5 万元激增至人民币 2.616 亿元，同比增长 177%。其中，全网 KOL、KOC 内容营销解决方案（IMS）的业务收入占比最高，达到 71.1%。

美图公司首席财务官颜劲良表示,美图公司首次实现全年的盈利,调整后归属母公司的净利润达到6 090万元人民币,延续了2019年四季度盈利的状态,不仅与毛利率大幅增长有关,费用成本优化起了很大作用,销售费用、管理费用在2020年各自下降11.9%和17.9%,公司对费用成本进行了持续的优化。

持续构建竞争优势　聚焦"变美"的SAAS服务

美图聚焦"变美"战略,加快产品创新和升级。报告期内,美图推出"美图配方"功能,帮助用户能够省略所有影像编辑过程,快速完成影像美化,并在社交圈分享,实现传播裂变。2021年春节期间,美图秀秀DAU超过3 100万,比2020年峰值高出13%,创历史新高。仅除夕当天,美图秀秀影像保存量超1.2亿,"美图配方"保存量比平日增长9倍,美图秀秀社区使用人数同比增长98%。此外,美图针对新的市场机会,有效提升产品竞争力。美图于2020年新推出了美图创意平台(MCP),实现将PGC与UGC生态贯通,促进美团生态社区的内容整合,打破商业品牌与内容服务的壁垒。据介绍,目前众多广告商已经有意向与设计师合作。

资料来源:https://new.qq.com/omn/20210329/20210329A03Q2L00.html。

第一节 企业资源与能力分析

一、企业资源分析

企业资源分析的目的在于识别企业的资源状况、企业资源方面所表现出来的优势和劣势及其对未来战略目标制定和实施的影响。

企业资源是指企业所拥有或控制的有效因素的总和。按照竞争优势的资源基础理论,企业的资源禀赋是其获得持续竞争优势的重要基础。

(一)企业资源的主要类型

企业资源主要分为有形资源、无形资源和人力资源三种。

1. 有形资源

有形资源是指可见的、能用货币直接计量的资源,主要包括物质资源和财务资源。物质资源包括企业的土地、厂房、生产设备、原材料等,是企业的实物资源。财务资源是企业可以用于投资或生产的资金,包括应收账款、有价证券等。有形资源一般都反映在企业的资产当中。但是,由于会计核算的要求,资产负债表所记录的账面价值并不能完全代表有形资源的战略价值。

有些有形资源可以被竞争对手轻易地取得,因此,这些资源便不能成为企业竞争优势的来源。但是,具有稀缺性的有形资源能使公司获得竞争优势。例如,在中国香港地区的五星级观光酒店中,半岛酒店因为位于九龙半岛的天星码头旁,占有有利的地理位置,游客可以遥望对岸香港岛和维多利亚港。美不胜收的海景和夜景,是它的一大特色,构成其竞争优势的一个来源。

2. 无形资源

无形资源是指企业长期积累的、没有实物形态的,甚至无法用货币精确度量的资源,通常包括品牌、商誉、技术、专利、商标、企业文化及组织经验等。尽管无形资源难以精确度量,但由于无形资源一般都难以被竞争对手了解、购买、模仿或替代,因此,无形资源是一种十分重要的企业核心竞争力的来源。

例如，技术资源就是一种重要的无形资源，它主要是指专利、版权和商业秘密等。技术资源具有先进性、独创性和独占性等特点，企业可以据此建立自己的竞争优势。

商誉也是一种关键的无形资源。商誉是指企业由于管理卓越、顾客信任或其他特殊优势而具有的企业形象，它能给企业带来超额利润。对于产品质量差异较小的行业，如软饮料行业，商誉可以说是最重要的企业资源。

需要注意的是，由于会计核算的原因，资产负债表中的无形资产并不能代表企业的全部无形资源，甚至可以说，有相当一部分无形资源是游离在企业资产负债表之外的。

3. 人力资源

人力资源是指组织成员向组织提供的技能、知识以及推理和决策能力。大量研究发现，那些能够有效开发和利用人力资源的企业比那些忽视人力资源的企业发展得更好、更快。是人掌握的技能、知识创造了企业的繁荣，而不是其他资源。在技术飞速发展和信息化加快的新经济时代，人力资源在企业中的作用越来越突出。

（二）决定企业竞争优势的企业资源判断标准

在分析一个企业拥有的资源时，我们必须知道哪些资源是有价值的，可以使企业获得竞争优势。其主要的判断标准如下。

1. 资源的稀缺性

如果一种资源是所有竞争者都能轻易取得的，那么，这种资源便不能成为企业竞争优势的来源。如果企业掌握了处于短缺供应状态的资源，而其他的竞争对手又不能获取这种资源，那么，拥有这种稀缺性资源的企业便能获得竞争优势。如果企业能够持久地拥有这种稀缺性资源，则企业从这种稀缺性资源获得的竞争优势也将是可持续的。

2. 资源的不可模仿性

资源的不可模仿性是竞争优势的来源，也是价值创造的核心。资源的不可模仿性主要有以下四种形式：

（1）物理上独特的资源。有些资源的不可模仿性是物质本身的特性所决定的。例如，企业所拥有的房地产处于极佳的地理位置，拥有矿物开采权或是拥有法律保护的专利生产技术等。这些资源都有它的物理上的特殊性，是不可能被模仿的。

（2）具有路径依赖性的资源。这是指那些必须经过长期的积累才能获得的资源。例如，中国海尔公司在售后服务环节的竞争优势并不是仅仅在于有一支训练有素的售后服务人员队伍，更重要的是由于海尔公司多年来不断完善营销体制建设，能够为这支队伍健康运作提供坚实的基础和保障。其他公司想要模仿海尔公司售后服务的资源优势，同样需要花费大量时间完善自身的营销体制，这在短期内是不可能实现的。

（3）具有因果含糊性的资源。企业对有些资源的形成原因并不能给出清晰的解释。例如，企业文化常常是一种因果含糊性的资源。美国西南航空公司以拥有"家庭式愉快，节俭而投入"的企业文化著称，这种文化成为企业的重要资源，竞争对手难以对其进行模仿。其原因就是没有人可以明确地解释出形成这种文化的真实原因。具有因果含糊性的资源，是组织中最常见的一种资源，难以被竞争对手模仿。

（4）具有经济制约性的资源。这是指企业的竞争对手已经具有复制其资源的能力，但因市场空间有限不能与其竞争的情况。例如，企业在市场上处于领导者的地位，其战略是在特定的市场上投入大量资本。这个特定市场可能会由于空间太小,不能支撑两个竞争者同时盈利,在这种情况下,企业的竞争对手即使有很强的能力,也只好放弃竞争。这种资源便是具有经济制约性的资源。

3. 资源的不可替代性

波特的五力模型指出了替代产品的威胁力量,同样,企业的资源如果能够很容易地被替代,那么即使竞争者不能拥有或模仿企业的资源,它们也仍然可以通过获取替代资源而改变自己的竞争地位。例如,一些旅游景点的独特优势就很难被其他景点的资源所替代。

4. 资源的持久性

资源的贬值速度越慢,就越有利于形成核心竞争力。一般来说,有形资源往往都有自己的损耗周期,而无形资源和人力资源则很难确定其贬值速度。例如,一些品牌资源随着时代的发展实际上在不断地升值;反之,通信技术和计算机技术迅速地更新换代会对建立在这些技术之上的企业竞争优势构成严峻挑战。

【例5-1】

绿梦公司企业资源分析的主要优势

绿梦公司有机茶园位于西南边陲的山麓中,平均海拔1 300米(这是最适合茶树生长的高度),远离化工业、矿业、城市、公路,空气质量全年达到优秀。

1998年,绿梦公司的创始人祖先生将2 000亩次生林开垦为茶园。这片土地无农业种植史,土壤洁净肥沃。绿梦有机茶园拥有国家核发的这片土地清晰完整的林权证,保证了实施大规模投入可以获取长期的回报。

在祖先生执着的理念指引下,绿梦公司自成立以来一直坚持严格的有机种植管理,从未使用任何化学药肥。茶园依靠物理和生物技术,通过饲养茶园鸡、种树引鸟、引存蜘蛛和蚂蚁,恢复茶园生物多样性来控制虫害;辅助使用粘虫板、灭虫灯将害虫种群控制在平衡的生态环境中;当虫害集中性爆发时,组织人工捉虫。除草完全依靠人工。绿梦公司按农时组织茶农用手工机械除草回填茶园。绿梦公司有机肥的主原料只用山区放养的羊粪,不含任何激素抗生素,加上山林腐殖土、塘泥、枯叶等同样达到有机要求的原料来发酵,再以8倍于化肥的施用重量,将有机肥料施满每一寸土地。绿梦公司斥巨资在茶园上游修建水库,水源来自地下山泉。水库杜绝一切养殖,通过滴灌管道灌溉茶园。

绿梦公司投资建设茶园农舍,将很多高寒山区的贫穷山民转移下来,给他们一个安稳的家,彻底解决工作、生活、教育等问题,并利用科学的有机管理理念帮助他们更合理地利用土地创造未来。

2014年,绿梦公司投资9 800万元人民币,按食品生产标准建设全新厂房、仓储库房,引进全新的生产设备,在茶叶加工和存储环节实现了现代化管理与传统工艺的完美融合。

2010年起绿梦公司连续通过中国、欧盟、美国、日本的有机认证,后三种认证中最严格的指标均超过600项,覆盖了国内所有可见的农药化肥和重金属标准,是可以通行全球的有机认证。

有了世界市场的通行证,绿梦公司有机优质茶叶实现了90%的出口,销往世界各地,为绿梦公司带来了稳定丰厚的收益。

本案例中,依据企业资源的主要类型,简要分析绿梦公司生产和出口有机优质茶叶的主要优势如下:

(1) 有形资源。"绿梦公司有机茶园位于西南边陲的山麓中,平均海拔 1 300 米(这是最适合茶树生长的高度),远离化工业、矿业、城市、公路,空气质量全年达到优秀。";"1998 年,绿梦公司的创始人祖先生将 2 000 亩次生林开垦为茶园。这片土地无农业种植史,土壤洁净肥沃。绿梦有机茶园拥有国家核发的这片土地清晰完整的林权证,保证了实施大规模投入可以获取长期的回报";"绿梦公司投巨资在茶园上游修建水库,水源来自地下山泉。水库杜绝一切养殖,通过滴灌管道灌溉茶园";"2014 年绿梦公司投资 9 800 万元人民币,按食品生产标准建设全新厂房、仓储库房,引进全新的生产设备,在茶叶加工和存储环节实现了现代化管理与传统工艺的完美融合"。

(2) 无形资源。"2010 年起绿梦公司连续通过中国、欧盟、美国、日本的有机认证,后三种认证中最严格的指标均超过 600 项,覆盖了国内所有可见的农药化肥和重金属标准,是可以通行全球的有机认证";"有了世界市场的通行证,绿梦公司有机优质茶叶实现了 90% 的出口,销往世界各地,为绿梦公司带来了稳定丰厚的收益"。

(3) 人力资源。"绿梦公司投资建设茶园农舍,将很多高寒山区的贫穷山民转移下来,给他们一个安稳的家,彻底解决工作、生活、教育等问题,并利用科学的有机管理理念帮助他们更合理地利用土地创造未来。"

二、企业能力分析

企业能力是指企业配置资源,发挥其生产和竞争作用的能力。企业能力来源于企业有形资源、无形资源和人力资源的整合,是企业各种资源有机组合的结果。

企业能力主要由研发能力、生产管理能力、营销能力、财务能力和组织管理能力等组成。

(一) 研发能力

随着市场需求的不断变化和科学技术的持续进步,研发能力已成为保持企业竞争活力的关键因素。企业的研发活动能够加快产品的更新换代,不断提高产品质量,降低产品成本,更好地满足消费者的需求。企业的研发能力主要从研发计划、研发组织、研发过程和研发效果几个方面进行衡量。

(二) 生产管理能力

生产是指将投入(原材料、资本、劳动等)转化为产品或服务并为消费者创造效用的活动。生产活动是企业最基本的活动。生产管理能力主要涉及五个方面,即生产过程、生产能力、库存管理、人力资源管理和质量管理。

(三) 营销能力

企业的营销能力是指企业引导消费以占领市场、获取利润的产品竞争能力、销售活动能力和市场决策能力。

1. 产品竞争能力

产品竞争能力主要可从产品的市场地位、收益性、成长性等方面来分析。产品的市场地位可以通过市场占有率、市场覆盖率等指标来衡量。产品的收益性可能通过利润空间和量本利进行分析。产品的成长性可以通过销售增长率、市场扩大率等指标进行比较分析。

2. 销售活动能力

销售活动能力是对企业销售组织、销售绩效、销售渠道、销售计划等方面的综合考察。销售组织分析主要包括对销售机构、销售人员和销售管理等基础数据的评估。销售绩效分析是以销售计划完成率和销售活动效率分析为主要内容。销售渠道分析则主要分析销售渠道结构(如直接销售和间接销售的比例)、中间商评价和销售渠道管理。

3. 市场决策能力

市场决策能力是以产品竞争能力、销售活动能力的分析结果为依据的,是领导者对企业市场进行决策的能力。

(四)财务能力

企业的财务能力主要涉及两个方面:一是筹集资金的能力;二是使用和管理资金的能力。筹集资金的能力可以用资产负债率、流动比率和已获利息倍数等指标来衡量;使用和管理资金的能力可以用投资报酬率、销售利润率和资产周转率等指标来衡量。

(五)组织管理能力

组织管理能力主要从以下几个方面进行衡量:

(1)职能管理体系的任务分工。
(2)岗位责任。
(3)集权和分权的情况。
(4)组织结构(直线职能、事业部等)。
(5)管理层次和管理范围的匹配。

【例5-2】

海浪水泥企业资源与能力分析

海浪水泥公司成立于1997年,主要从事水泥及其熟料的生产和销售。2002年2月,海浪水泥成功上市。

海浪水泥总部坐落于A省,A省是全国水泥生产主要原材料石灰石储量第二大的省份,且石灰石质量较高。海浪水泥凭借先天优势坐拥原材料成本和质量优势。

水泥产品体积大、单位重量价值低,而且其资源点和消费点的空间不匹配,这些是造成水泥行业运输成本居高不下的主要原因。海浪水泥利用自身位居长江附近的地理位置优势,积极推行其他水泥企业难以复制的"T"形战略布局。海浪水泥在拥有丰富石灰石资源的区域建立大规模生产的熟料基地,利用长江的低成本水运物流,在长江沿岸拥有大容量水泥消费的城市群建立粉磨厂,形成"竖端"熟料基地+长江水运,"横端"粉磨厂深入江、浙、沪等地的"T"形生产和物流格局,改变了之前通过"中小规模水泥工厂+公路运输+工地"的生产物流模式,解决了长江沿岸城市石灰石短缺与当地水泥消耗量大之间的矛盾。

海浪水泥不断完善"T"形战略布局。公司率先在国内新型干法水泥生产线的低投资、国产化方面的研发取得突破性进展,标志着中国水泥制造业的技术水平跨入世界先进行列,确保公司为市场提供规模可观的低价高质的产品;公司在沿江、沿海建造了多个万吨级装卸水泥和熟料的专用码头,着力建设或租赁中转库等水路上岸通道;集团下设物流公司,在集团总部设立了物流调度中心;公司强化终端销售市场的开拓,推行中心城市一体化销售模式,在各区域市场建立贸易平台;公司物流体系实现了工业化和信息化的深度融合,以 GPS 和 GIS 为核心的物流调度信息系统实现了一体化、可视化的管理。通过"T"形战略的实施,海浪水泥进一步巩固了其"资源—生产—物流—市场"的产业链优势。

2018年,海浪水泥年报显示:公司营收同比大幅增长70.50%,净利润同步增长88.05%,净利润增长幅度超过营收增长幅度。

本案例中,从企业资源角度,简要分析海浪水泥所展示的竞争优势如下:

(1) 海浪水泥有形资源所展示的竞争优势。"海浪水泥凭借着先天优势坐拥原材料成本和质量优势";"海浪水泥利用自身位居长江入水口的地理位置优势,积极推行别家水泥企业难以复制的'T'形战略布局";"公司率先在国内新型干法水泥生产线的……方面取得突破性进展";"公司在沿江、沿海建造了多个万吨级装卸水泥和熟料的专用码头,着力建设或租赁中转库等水路上岸通道;集团下设物流公司,在集团总部建设了物流调度中心"。

(2) 海浪水泥无形资源所展示的竞争优势。"公司率先在国内新型干法水泥生产线的低投资、国产化方面的研发取得突破性进展,标志着中国水泥制造业的技术水平已经跨入世界先进行列";"公司强化终端销售市场,推行中心城市一体化销售模式,在各区域市场建立贸易平台;公司物流体系实现了工业化和信息化的深度融合,以 GPS 和 GIS 为核心的物流调度信息系统实现了一体化、可视化的管理"。

本案例中,海浪水泥资源"不可模仿性"的主要形式如下:

(1) 物理上独特的资源。"海浪水泥凭借着先天优势坐拥原材料成本和质量优势";"海浪水泥利用自身位居长江入水口的地理位置优势,积极推行别家水泥企业难以复制的'T'形战略布局"。

(2) 具有路径依赖性的资源。"通过'T'形战略的实施,海浪进一步巩固了其'资源—生产—物流—市场'的产业链优势"。

本案例中,简要分析海浪水泥企业能力如下:

(1) 研发能力。"公司率先在国内新型干法水泥生产线的低投资、国产化方面的研发取得突破性进展,标志着中国水泥制造业的技术水平已经跨入世界先进行列,确保公司为市场提供规模可观的低价高质的产品"。

(2) 生产管理能力。"'T'形生产和物流格局,改变了之前通过'中小规模工厂+公路运输+工地'的生产物流模式,解决了长江沿岸城市石灰石短缺与当地水泥消耗量大之间的矛盾";"通过'T'形战略的实施,海浪进一步巩固了其'资源—生产—物流—市场'的产业链优势"。

(3) 营销能力。其具体包括:①产品竞争能力。"海浪水泥凭借着先天优势坐拥原材料成本和质量优势";"确保公司为市场提供规模可观的低价高质的产品"。②销售活动能力。"公司强化终端销售市场,推行中心城市一体化销售模式,在各区域市场建立贸易平台;公司物流体系实现了工业化和信息化的深度融合,以 GPS 和 CIS 为核心的物流调度信息系统实现了一体化、可视化的管理"。

(4) 市场决策能力。"积极推行别家水泥企业难以复制的'T'形战略布局";"公司率先在国内新型干法水泥生产线的低投资、国产化方面的研发取得突破性进展";"海浪水泥不断完善'T'形战略布局"。

三、企业核心能力分析

20世纪80年代,库尔(Cool)和申德尔(Schendel)通过对制药业若干个企业的研究,确定了企业的特殊能力是造成它们业绩差异的重要原因。1990年,美国学者普雷哈拉德(Prahald)和英国学者哈梅尔(Hamel)合作在《哈佛商业评论》上发表了《公司核心能力》一文,在对世界上优秀公司的经验进行研究的基础上提出,竞争优势的真正源泉在于"管理层将公司范围内的技术和生产技能合并为使各业务可以迅速适应变化机会的能力。"1994年哈梅尔与普雷哈拉德又发表专著《竞争未来》。由此在西方管理学界掀起关于核心能力的研究与讨论的高潮,对企业界也产生了很大影响。作为竞争优势的源泉,企业独特的资源与能力日益受到人们的关注,"核心能力""核心业务"也成为流行的术语。

核心能力的概念打破了以往企业的管理人员把企业看成是各项业务组合的思维模式,重新认识到企业是一种能力的组合。核心能力就是企业中有价值的资源,它可以使企业获得竞争优势,并且不会随着使用而递减。

(一) 核心能力的概念

所谓核心能力,是指企业在具有重要竞争意义的经营活动中能够比其竞争对手做得更好的能力。企业的核心能力可以是完成某项活动所需的优秀技能,也可以是在一定范围和深度上的企业的技术诀窍,或者是那些能够形成很大竞争价值的一系列具体生产技能的组合。从总体上讲,核心能力的产生是企业中各个不同部分有效合作的结果,也就是各种单个资源整合的结果。这种核心能力深深地根植于企业的各种技巧、知识和人的能力之中,对企业的竞争力起着至关重要的作用。

(二) 核心能力的辨别

根据核心能力的概念,辨别企业能力是否属于核心能力的三个关键性测试是:
(1) 它对顾客是否有价值?
(2) 它与企业竞争对手相比是否有优势?
(3) 它是否很难被模仿或复制?

但是,企业的核心能力就其本质来讲非常地复杂和微妙,有时很难满足上述三个关键性测试,在这种情况下,企业还需要运用其他识别方法,包括功能分析、资源分析以及过程系统分析。

(1) 功能分析。考察企业功能是识别企业核心竞争力常用的方法,这种方法虽然比较有效,但是它只能识别出具有特定功能的核心能力。

(2) 资源分析。分析实物资源比较容易,例如,企业商厦所处的区域、生产设备以及机器的质量等,而分析像商标或者商誉这类无形资源则比较困难。

(3) 过程系统分析。过程涉及企业多种活动从而形成系统。过程和系统通常都会涉及企业的多种功能,因而过程和系统本身是比较复杂的。对企业整个过程和系统进行分析能够很好地判断企业的经营状况和核心能力。

(三) 核心能力的评价

1. 评价的基础与方法

企业的核心能力不仅仅是企业的优势(如产品或服务的质量超越大多数的竞争对手),

而只有当这种能力很难被竞争对手模仿时,这种优势才具有战略价值。然而,企业如何才能知道自己的能力是否强于竞争对手?以下是可以用来比较的几种方法:

(1)企业的自我评价。一种既快速又经济的办法就是企业在自己内部收集信息,例如,通过绩效趋势分析来判断与竞争对手相比企业经营是在改善还是在恶化;企业的内部人员根据自己的行业经验来判断企业是否在某一特定方面强于竞争对手。

(2)产业内部比较。产业专家通常会收集这个产业内企业的某些数据并进行企业间的比较,所收集的数据包括市场份额、成本结构、关键成本以及顾客满意度等。这类信息可以告诉企业自己是否强于竞争对手,但是并没有告诉其导致该结果的原因。

(3)基准分析。基准分析是企业比较自己和竞争对手的业绩,包括单个或多种具体活动、系统或过程的比较。最理想的方法是企业把自己和一流企业相比较,无论它们是否处在同一个产业。另一种方法是把企业与产业内的国内外其他企业进行比较,通常跨国企业会把自己的子公司设在好几个不同的国家,因而可以把企业与跨国公司在该国家设立的子公司进行比较,因为它们具有共同的经营环境与成本结构,特别是信息之间具有很强的可比性。

(4)成本驱动力和作业成本法。企业使用作业成本法以找出企业的成本驱动力,这与传统的成本会计方法相比能提供更有用的信息。然而,找出成本驱动力并非易事,因为作业一般不只是某项具体的活动,而是由一系列活动形成的系统。为了简便,我们可以找出对顾客没有什么价值但投入较多,以及对顾客有价值但投入不够的活动。

(5)收集竞争对手的信息。企业有多种收集其竞争对手信息的方式,主要包括:与顾客进行沟通;与供应商、代理人、发行人以及产业分析师进行沟通;对竞争对手进行实地考察;分析竞争对手的产品;通过私下沟通、电话交谈以及网上交谈的方式询问对方的产品;雇用竞争对手的员工等。

2. 基准分析概述

基准分析是企业之间进行业绩比较的一种重要方法,其目的是发现竞争对手的优点和不足,针对其优点,补己之短;根据其不足,选择突破口,从而帮助企业从竞争对手的表现中获得思路和经验,冲出竞争者的包围,超越竞争对手。

(1)基准对象。一般来说,能够衡量业绩的活动都可以成为基准对象。当然,把企业的每一项活动都作为基准对象是不切实际的,企业可以主要关注以下几个领域:占用较多资金的活动;能显著改善与顾客关系的活动;能最终影响企业结果的活动等。

(2)基准类型。基准对象的不同决定了基准类型的不同。基准类型主要包括内部基准、竞争性基准、过程或活动基准、一般基准、顾客基准五种类型。

一是内部基准。即企业内部各个部门之间互为基准进行学习与比较。企业内部由于存在着处于不同地理区域的部门,它们之间有着不同的历史和文化、不同的业务类型以及管理层与职员之间不同程度的融洽关系,因此可互为基准进行比较。

二是竞争性基准。即直接以竞争对手为基准进行比较。企业需要收集关于竞争对手的产品、经营过程以及业绩方面的具体信息,与企业自身的情况进行比较。由于有些在商业上比较敏感的信息不容易获取,因而有时还需要借助第三方的帮助。

三是过程或活动基准。即以具有类似核心经营的企业为基准进行比较,但是两者之间的产品和服务不存在直接竞争的关系。这类基准分析的目的在于找出企业做得最突出的方面，例如，生产制造、市场营销、产品工艺、存货管理以及人力资源管理等方面。

四是一般基准。即以具有相同业务功能的企业为基准进行比较。

五是顾客基准。即以顾客的预期为基准进行比较。

越来越多的企业选择过程或活动基准进行分析比较。由于过程或活动基准的对象不是直接的竞争对手，企业更容易获取相关的信息，从而更有利于企业发现不足之处或创新点。例如，一家致力提高质量、降低成本的酒店需要确定能为酒店带来最大收益的客户，并着重满足这些客户的需求。酒店如果从客户满意度调查中发现其并未完全满足有利可图的商务旅行者的需求，就可运用过程或活动基准分析方法，了解其他企业如何满足这类客户的需求。这些企业可能包括诸如航空业、餐饮业等其他产业的企业。

(3) 基准分析实践。一个企业进行基准分析的成败主要取决于高层管理人员的行为，他们必须清楚地认识到企业需要改革的地方。企业实施基准分析的具体步骤如下：

第一步是选择基准对象。管理人员在明确基准对象时应尽可能地精确。例如，企业如果考察的是顾客服务质量，那么管理人员就需要对与顾客服务相关的具体活动或领域非常熟悉。顾客服务包含相当多的活动，如订单管理、咨询回应、顾客投诉的处理、开立信用证以及货品计价等，这些活动之间都是相互独立的，它们有各自的技术与管理控制且属于不同的过程。

第二步是建立工作小组，小组成员需要包括涉及每项活动的战略上、功能上及战术上的代表成员。如果企业需要减少货品的返回率，那么这个基准分析小组成员就需要包括顾客服务代表、收货员、装载人员以及质量控制管理人员。

第三步是决定进行基准分析的问题，并决定对哪家企业作这样的分析。借助专家顾问、产业协会以及产业新闻媒介的力量，企业可以作出正确的决定。

一旦确认了最优分析和比较对象，基准分析小组就可以收集对方的数据进行分析，把本企业的业绩与对方的业绩进行比较，以帮助自己找到可以改进的地方。工作小组通过衡量消除自身与对方差距的收益与成本来决定企业所要付出的努力水平。

3. 竞争对手分析。

与竞争对手进行比较所得出的企业竞争优势能为企业带来有用的战略信息。关于竞争对手的未来目标、假设、现行战略和潜在能力的分析都是企业自身核心能力识别和评价不可或缺的步骤和内容。

（四）企业核心能力与成功关键因素

企业核心能力与成功关键因素是两类不同的概念。成功关键因素应被看作是产业和市场层次的特征，而不是针对某个别企业。拥有成功关键因素是获得竞争优势的必要条件，而不是充分条件。比如，一个企业要成为成功的体育运动鞋的供应商，它就必须有发展新款式、管理供应商和分销商网络以及进行营销活动的能力。但只有这些还不够，所有大型运动鞋企业都有产品发展部门、供应商和销售网络以及很大的营销预算，只有少数企业如耐克，才能将这些活动做得很出色，从而创造出高于竞争对手的价值。

企业核心能力和成功关键因素的共同之处在于它们都是企业盈利能力的指示器。虽然它们在概念上的区别是清楚的，但在特定的环境中区分它们并不容易。例如，一个成功关键因素可能是某产业所有企业要成功都必须具备的,但它也可能是特定公司所具备的独特能力。

【例 5-3】

广源天药集团的核心能力分析

广源天药集团是一家专门生产医药产品,并且拥有独一无二的国家级保密配方和百年老字号品牌的医药企业,其核心产品广源天药在治疗出血、消炎等方面有非常好的疗效,在国内外享有很高声誉。

广源天药集团最初生产销售的粉剂产品,产品结构较为单一。随着人们经济生活水平逐渐提高,医药企业竞争日趋激烈,消费者对医药产品功能的要求也日益多样化。广源天药集团顺应时代发展对药品剂型、便捷性、准确性等多方面的需求,从 1975 年开始,在广源天药秘方原有剂型的基础上研制出系列新剂型、新品种。广源天药集团公司坚持稳老扶新,循序渐进的优化产品群结构,将自身独特的技术优势与多变的市场需求相结合,不断开发出新的高品质药品,赢得了消费者的信赖。

广源天药新产品开发最具有代表性的产品是广源天药创可贴。2000 年,创可贴市场领先者国际品牌 BD 创可贴仅仅是一种卫生消毒材料,没有对伤口的止血和愈合的功效。而广源天药的创可贴药性具有很强的止血和愈合功效。2001 年 3 月,广源天药投资成立专业透皮研究部门,主要对创可贴进行研究开发,引进日本先进的生产透皮技术,委托国内企业加工生产 8 000 多万张,产量比 2000 年增长了近 100 倍。随后投资 300 万元建立广源天药创可贴生产线,并投资 2 000 多万元组建医药电子商务公司,完善创可贴销售网络。2004 年,广源天药创可贴年销售额合计达到 4 000 万元。2006 年,广源天药继续加大宣传攻势,着重宣传广源天药创可贴弥补了其他同类产品只能护理不能治疗的缺陷,彻底打破了 BD 独霸创可贴天下的局面。随后广源天药集团成立主要生产经营透皮产品的事业部,并于 2011 年收购国内一家制药厂,作为与透皮事业部相配套的生产企业,2012 年广源天药创可贴销售额再创新高,达到 4 亿元,到目前为止,广源天药仍然是创可贴行业的翘楚。

早在 2002 年,广源天药集团就开始进军日化产业。先从牙膏产品入手。一般传统牙膏的主要功能是解决牙齿防蛀和清洁问题,而 80% 左右的成年人或多或少都有口腔溃疡或者牙龈萎缩出血等问题。广源天药集团开始研发天药牙膏,开发出一种能帮助消费者减轻牙龈出血等口腔问题的药物牙膏。广源天药牙膏运用公司的关键资源——广源天药粉的神奇功效,使得广源天药牙膏具有独特的治疗功能。广源天药牙膏首先采用药品的销售渠道即医院和药房、网络销售渠道,随后才进入超市等渠道,这样有利于在产品问世时显现出药企的背景,让消费者觉得质量有保障,并且巧妙避开了与行业龙头的直接竞争,还可降低前期的销售费用。2004 年,广源天药牙膏开始投放市场,市场反应良好。2005 年,天药牙膏销售收入接近 8 000 万元。在此基础上,广源天药集团又对产品进行不断改进和完善,2014 年广源天药牙膏销售额突破 19 亿元,在国内所有牙膏品牌中的市场份额位列第三。

运用辨别企业核心能力的三个关键性测试,简要分析广源天药集团在医药板块和牙膏两个领域是否具备核心能力。

(1) 医药板块。它对顾客是否有价值。"核心产品广源天药在治疗出血、消炎等方面有非常好的疗效,在国内外享有很高声誉";"不断开发创造出新的高品质药品,赢得了消费者的信赖"。

它与企业竞争对手相比是否有优势?"拥有独一无二的国家级保密配方和百年老字号品牌的医药企业";"创可贴市场领先者国际品牌 BD 创可贴仅仅是一种卫生消毒材料,没有对伤口的止血和愈合的功效";"到目前仍然是创可贴行业的翘楚"。

它是否很难被模仿或复制?"拥有独一无二的国家级保密配方";"将自身独特的技术优势与多变的市场需求相结合,不断开发创造出新的高品质药品";"广源天药创可贴弥补了其他同类产品只能护理不能治疗的缺陷"。

广源天药集团医药板块同时满足三个关键测试,具备核心能力。

(2)广源天药牙膏。它对顾客是否有价值。"80%左右的成年人或多或少都有的口腔溃疡或者牙龈萎缩出血等问题。广源天药集团开始研发天药牙膏,开发出一种能帮助消费者减轻牙龈出血等口腔问题的药物牙膏……广源天药集团又对产品进行不断改进和完善。"

它与企业竞争对手相比是否有优势?"一般传统牙膏的主要功能是解决牙齿防蛀和清洁问题";"开发出一种能帮助消费者减轻牙龈出血等口腔问题的独特的药物牙膏";"广源天药牙膏具有独特的治疗功能";"广源天药牙膏首先采用药品的销售渠道是医院和药房、网络销售渠道,随后才逐步利用超商渠道。这样有利于在产品问世时显现出药企的背景,让消费者觉得质量有保障,并且巧妙避开了与行业龙头的直接竞争,还可降低前期的销售费用"。

它是否很难被模仿或复制?"广源天药牙膏运用公司的关键资源广源天药粉的神奇功效,使得广源天药牙膏具有独特的治疗功能"。

广源天药集团牙膏产品同时满足三个关键测试,具备核心能力。

第二节 价值链分析

波特在《竞争优势》一书中引入了"价值链"的概念。波特认为,企业每项生产经营活动都是其创造价值的经济活动。那么,企业所有的互不相同但又相互关联的生产经营活动,便构成了创造价值的一个动态过程,即价值链。

价值链最初是为了在企业复杂的制造程序中分清各步骤的"利润率"而采用的一种会计分析方法,其目的在于确定在哪一步可以削减成本或提高产品的功能特性。波特认为,应该将会计分析中确定每一步骤新增价值与对组织竞争优势的分析结合起来,了解企业资源的使用与控制状况必须从发现这些独立的创造价值的活动开始。

价值链日益成为分析公司资源与能力有用的理论框架。价值链分析把企业活动进行分解,通过考虑这些单个活动本身及其相互关系来确定企业的竞争优势。

一、价值链的两类活动

价值链分析将企业的生产经营活动分为基本活动和支持活动两大类(见图 5-1)。

(一) 基本活动

基本活动又称主体活动,是指生产经营的实质性活动,一般可以分为内部后勤、生产经营、外部后勤、市场销售和服务五种活动。这些活动与商品实体的加工流转直接有关,是企

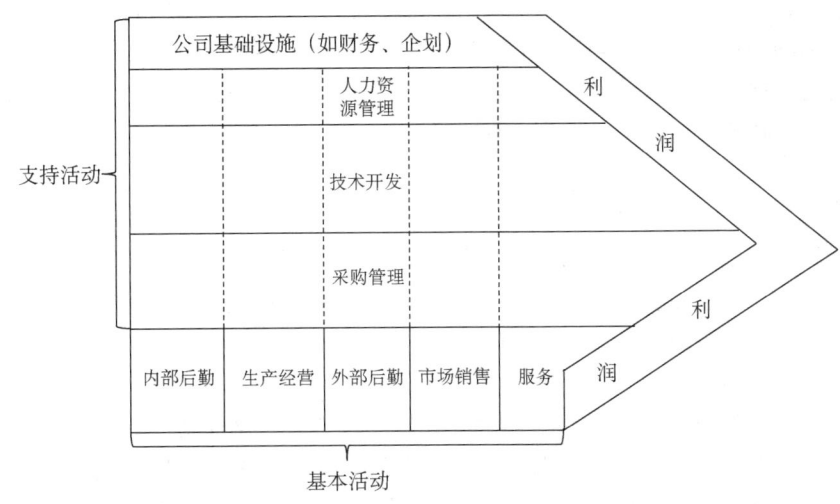

图 5-1 价值链

业的基本增值活动。每一种活动又可以根据具体的产业和企业的战略再进一步细分成若干项活动。

1. 内部后勤

内部后勤又称进货物流,是指与产品投入有关的进货、仓储和分配等活动,如原材料的装卸、入库、盘存、运输以及退货等。

2. 生产经营

生产经营是指将投入转化为最终产品的活动,如机加工、装配、包装、设备维修、检测等。

3. 外部后勤

外部后勤又称出货物流,是指与产品的库存、配送有关的活动,如最终产品的入库、接受订单、送货等。

4. 市场销售

市场销售是指促进和引导购买者购买企业产品的活动,如广告、定价、销售渠道等。

5. 服务

服务是指与保持和提高产品价值有关的活动,如培训、修理、零部件的供应和产品的调试等。

(二) 支持活动

支持活动又称辅助活动,是指用以支持基本活动而且内部之间又相互支持的活动。它包括采购管理、技术开发、人力资源管理和企业基础设施。

1. 采购管理

这里的采购管理是广义的,既包括原材料的采购,也包括其他资源投入的购买与管理。例如,企业聘请咨询公司为企业进行广告策划、市场预测、管理信息系统设计、法律咨询等都属于采购管理。

2. 技术开发

技术开发是指可以改进企业产品和工序的一系列技术活动。这也是一个广义的概念,既包括生产性技术,也包括非生产性技术。因此,企业中每项生产经营活动都包含着技术,只不过其技术的性质、开发的程度和使用的范围不同而已。有的属于生产方面的工程技术,有的属于通信方面的信息技术,还有的属于领导的决策技术。这些技术开发活动不仅仅与企业最终产品直接相关,而且支持着企业全部的活动,成为判断企业竞争实力的一个重要因素。

3. 人力资源管理

人力资源管理是指企业职工的招聘、雇用、培训、提拔和退休等各项管理活动。这些活动支持着企业中每项基本活动和支持活动,以及整个价值链。人力资源管理在调动职工生产经营的积极性上起着重要的作用,影响着企业的竞争实力。

4. 企业基础设施

企业基础设施是指企业的组织结构、惯例、控制系统以及文化等。企业高层管理人员往往能在这些方面发挥重要的作用,因此高层管理人员也被视作基础设施的一部分。企业的基础设施与其他支持活动有所不同,它一般是用来支撑整个价值链的运行,即所有其他的价值创造活动都通过基础设施进行。在多元经营的企业里,公司总部和经营单位各有自己的基础设施。

二、价值链的确定

为了在一个特定产业进行竞争并判定企业竞争优势,我们有必要确定企业的价值链,即从价值链分析入手,将各种不同的价值活动在一个特定的企业中得到确认。价值链中的每一项活动都能进一步分解为一些相互分离的活动。例如,图5-2显示了企业在价值链中对基本活动中"市场销售"活动的再分解;而图5-3显示的是复印机生产企业的完整的价值链活动的再分解。

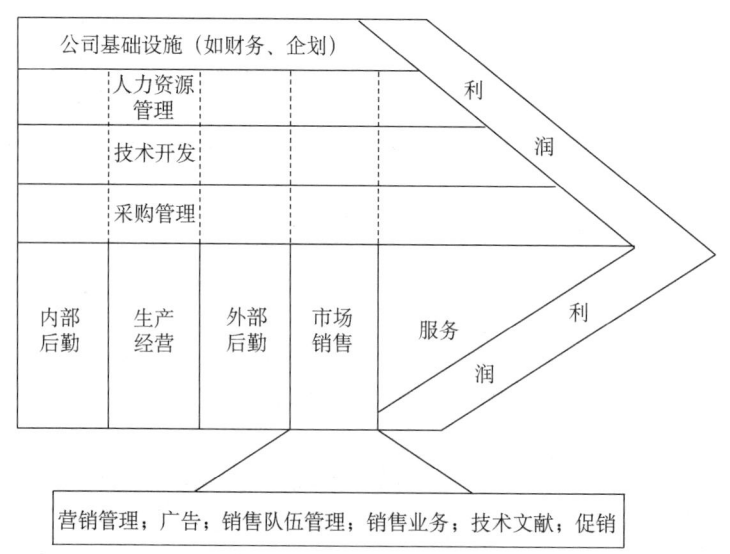

图5-2 一条价值链再分解

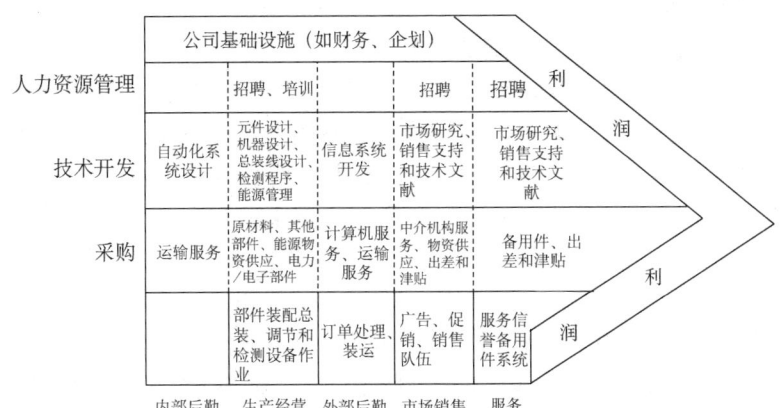

图 5-3 复印机生产企业的价值链

确定有关价值活动要求将在技术特征或经济效果方面可分离的活动中分解出来,如生产或营销这样一些广义的职能应该进一步细分为一些活动。一些活动的再分解能够达到范围日趋狭窄的活动的层次,这些活动在一定程度上相互分离。例如,工厂里的每台机器可以被看作是一项分离的活动。这样,潜在活动的数量通常巨大。

分解的适当程度依赖于这些活动的经济性和分析价值链的目的。分离这些活动的基本原则是:①具有不同的经济性;②对产品差异化产生很大的潜在影响;③在成本中所占比例很大或所占比例在上升。如果分解一些活动对于揭示企业竞争优势的作用很明显,那么对这些活动的分解就非常重要;相反,如果分解一些活动被证明对提示竞争优势无足轻重或这些活动具有相似的经济性,那么这些活动就没有必要分解,而是可以被组合起来。

将某一活动恰当归类需要进行判断。例如,订单处理可以作为外部后勤的一部分,也可作为市场营销的一部分来进行归类。对一个批发商而言,订单处理的作用更接近营销的一部分。同样,销售队伍也常发挥服务的职能。各项活动应分别归入能最好地反映它们对企业竞争优势贡献的类别中。例如,若订单处理是一个企业与其买方相互作用的一个方面,则它应被归入营销这一类别。同样,假如进货材料处理和发货材料处理用的是同一套设施和人员,那么两者就应该合并为同一活动,并从其职能具有最大的竞争性影响的角度进行分类。

三、企业资源能力的价值链分析

价值链分析的关键是,要认识企业不是机器、货币和人员的随机组合,如果不将这些资源有效地组织起来,生产出最终顾客认为有价值的产品或服务,那么这些资源将毫无价值。因此,资源分析必须是一个从资源评估到对怎样使用这些资源的评估过程。

企业资源能力的价值链分析要明确以下几点。

(一) 确认那些支持企业竞争优势的关键性活动

虽然价值链的每项活动,包括基本活动和支持活动,都是企业成功所必经的环节,但是,这些活动对企业竞争优势的影响是不同的。在关键活动的基础上建立和强化这种优势很可能使企业获得成功。

支持企业竞争优势的关键性活动事实上就是企业的独特能力的一部分。

(二) 明确价值链内各种活动之间的联系

价值链中基本活动之间、基本活动与支持活动之间以及支持活动之间存在各种联系,选择或构筑最佳的联系方式对于提高价值创造和战略能力是十分重要的。例如,在基本活动之间,保持高水平的存货会使生产安排变得容易,并且可以对顾客的需求作出快速反应,但会增加经营成本,因此,应该评估一下增加存货可能带来的利和弊。又如,传统的库存管理与JIT(准时生产)反映了基本活动与支持活动之间不同的联系方式,前者要求库存部门按照既定的订货费用、准备结束费用、存货费用、保险量等因素以决定最佳库存量,后者则将这些因素都作为变量,因而将优化库存的过程变为优化整个生产管理的过程。这两种管理方式显然反映的是企业基础设施(企业整体的控制系统)与企业基本生产经营活动之间不同的联系方式。

(三) 明确价值系统内各项价值活动之间的联系

价值活动的联系不仅存在于企业价值链内部,而且存在于企业与企业的价值链之间。图5-4所示的价值系统包括供应商、分销商和客户在内的各项价值活动之间的许多联系。例如,一个企业的采购和内部后勤活动与供应商的订单处理系统相互作用;同时,供应商的工程人员与企业的技术开发和生产人员之间也可以协同工作;供应商的产品特点以及它与企业价值链的其他接触点能够十分显著地影响企业的成本和产品差异(如供应商频繁的运输能降低企业库存的要求;供应商产品的适当的包装能减少企业搬运费用;供应商对发货的检查能减少企业对产品进行检查的需要)。近年来,战略联盟的发展正是基于这一思路。例如,美国一些铝罐生产商把它们的生产工厂建在啤酒厂的附近,用顶端传输器直接把产品传送到啤酒厂的装瓶线上,这样可为双方节约生产安排、装运以及存货等费用。

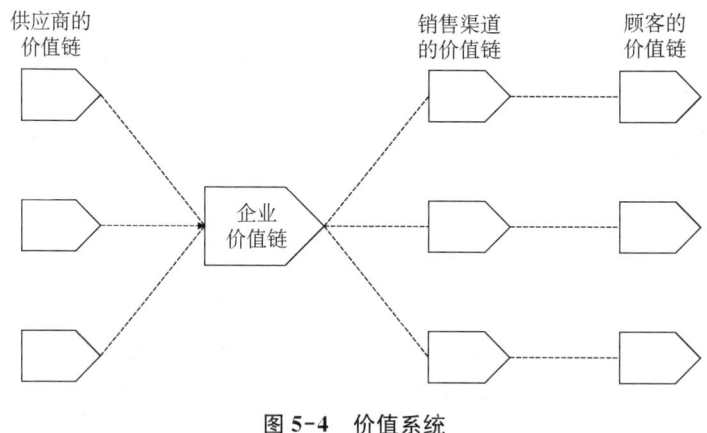

图5-4 价值系统

【例5-4】

保圣汽车制造公司价值链活动的分类

保圣汽车制造公司在战略分析后选择了成本领先战略作为其竞争战略定位,并通过重

构价值链各项活动以获取成本优势。主要活动如下:

(1) 公司生产所需要的外购配件大部分是由就近的同一公司生产,与总装厂距离非常短,减少了物流费用,由于同一公司的品检标准一致,不需要重复检查,进货质量检查效率提高了。

(2) 公司内部各个配件厂分布在总装厂周围,建立大规模生产线实现规模经济;并根据公司在全国汽车经销商的销售数据预测的生产计划,最大限度地减少库存。

(3) 总装厂根据装配工序,实现及时生产模式,让配件工厂按照流程进度提供配件,减少物流费用。

(4) 订单处理人员根据全国汽车经销商的分布就近调配车型,并选择最优路线配送以降低物流费用。

(5) 公司利用售前热线开展市场调查活动,有的放矢地进行广告宣传,提高广告效率,最大限度地吸引终端消费者。

(6) 终端车主可以通过售后热线反馈车型问题,将信息与汽车经销商共享,以获得最佳配件库存,保证客户的满意度。

(7) 从产品研发阶段就开始实施成本企划来控制成本,事业部制和矩阵式相交融,在减少管理层次的同时提高效率。以整车生产为依托,利用中央数据单元,各配件分厂合理安排进度。将公司生产所需配件分为外购件和自产件,分类的原则是比较公司内部生产与外部采购的性价比。

(8) 定期对员工进行培训,使其及时掌握公司所采用的最新技术、工艺或流程,尽快实现学习曲线效应。

(9) 通过市场调查,开发畅销车型,获得资金的高流通率。

(10) 与汽车发动机供应的外购厂家建立良好关系,保证生产进度不受影响。

按照价值链活动的分类,保圣汽车制造公司10类活动可如下划分:

内部后勤(进货物流):活动(1)。

生产经营:活动(2)~(3)。

外部后勤(出货物流):活动(4)。

市场销售:活动(5)。

服务:活动(6)。

采购:活动(10)。

技术开发:活动(9)。

人力资源管理:活动(8)。

企业基础设施:活动(7)。

第三节 业务组合分析

价值链分析有助于对企业的能力进行考察,这种能力来源于独立的产品、服务或业务单位。但是,多元化经营的公司还需要将企业的资源和能力作为一个整体来考虑。因此,公司战略能力分析的另一个重要部分就是对公司业务组合进行分析,保证业务组合的优化是公司战略管理的主要责任。波士顿矩阵与通用矩阵分析就是公司业务组合分析的主要方法。

一、波士顿矩阵分析

(一) 基本概念

波士顿矩阵(BCG Matrix)又称市场增长率—相对市场份额矩阵、波士顿咨询集团法、四象限分析法、产品系列结构管理法等,是由美国著名的管理学家、波士顿咨询公司创始人布鲁斯·亨德森(Bruce Henderson)于1970年首创的一种用来分析和规划企业产品组合的方法。这种方法的核心在于,如何使企业的产品品种及其结构适合市场需求的变化,并如何将企业有限的资源有效地分配到合理的产品结构中去,以保证企业收益,是企业在激烈竞争中能否取胜的关键。

波士顿矩阵认为,一般决定产品结构的基本因素有两个:即市场引力与企业实力。市场引力包括市场增长率、目标市场容量、竞争对手强弱及利润高低等。其中,最主要的是反映市场引力的综合指标——市场增长率,它是决定企业产品结构是否合理的外在因素。企业实力包括企业市场占有率以及技术、设备、资金利用能力等,其中市场占有率是决定企业产品结构的内在要素,它直接显示出企业竞争实力。

(二) 基本原理

波士顿矩阵将企业所有产品从市场增长率和市场占有率角度进行再组合。在坐标图上(见图5-5),波士顿矩阵的纵轴表示市场增长率,它是指企业所在产业某项业务前后2年市场销售额增长的百分比。这一增长率表示每项经营业务所在市场的相对吸引力。通常用10%作为增长率高、低的界限。横轴表示企业在产业中的相对市场占有率,是指以企业某项业务的市场份额与这个市场上最大竞争对手的市场份额之比。这一市场占有率反映企业在市场上的竞争地位。相对市场占有率的分界线为1.0(在该点本企业的某项业务的市场份额与该业务市场上最大竞争对手的市场份额相等),该分界线将市场占有率划分为高、低两个区域。横轴之所以采用相对市场占有率而不采用绝对市场占有率,是考虑到企业不同产品所在产业的集中度差异,绝对市场占有率不能够准确反映企业在所处产业中实际的竞争地位。

图5-5中纵坐标与横坐标的交叉点表示企业的一项经营业务或产品,而圆圈面积的大小表示该业务或产品的收益与企业全部收益的比。

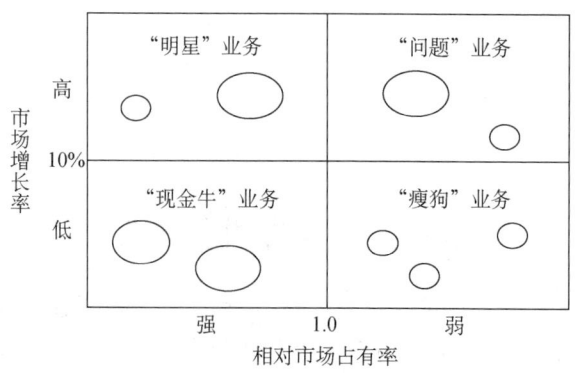

图5-5 波士顿矩阵

根据有关业务或产品的市场增长率和企业相对市场份额标准,波士顿矩阵把企业全部经营业务定位在四个区域中。

1. 高增长—强竞争地位的"明星"业务

这类业务处于迅速增长的市场,具有很大的市场份额。在企业的全部业务中,"明星"业务的增长和获利有着极好的长期机会,但它们是企业资源的主要消费者,需要大量的投资。为了保护和扩展"明星"业务在增长的市场上的主导地位,企业应在短期内优先供给它们所需的资源,支持它们继续发展。

"明星"业务适宜采用的战略是:积极扩大经济规模和市场机会,以长远利益为目标,提高市场占有率,加强竞争地位。明星业务的管理组织最好采用事业部形式,由对生产技术和销售两方面都很内行的经营者负责。

2. 高增长—弱竞争地位的"问题"业务

这类业务通常处于最差的现金流量状态。一方面,其所在产业的市场增长率高,需要企业大量投资以支持其生产经营活动;另一方面,其相对市场占有率低,能够生成的资金很少。因此,企业对于"问题"业务的进一步投资需要进行分析,判断使其转移到"明星"业务所需要的投资量,分析其未来盈利,研究是否值得投资等问题。

例如,在产品生命周期中处于导入期时因种种原因未能开拓市场的新产品,进入成长期后即成为"问题"业务。对"问题"业务应采取选择性投资战略:确定对该象限中那些经过改进可能会成为"明星"的业务进行重点投资,提高市场占有率,使之转变成"明星"业务;对其他将来有希望成为"明星"的业务则在一段时期内采取扶持的对策。对"问题"业务的改进与扶持方案一般均列入企业长期计划中。"问题"业务的管理组织,最好是采取智囊团或项目组等形式,选拔有规划能力、敢于冒风险的人负责。

3. 低增长—强竞争地位的"现金牛"业务

这类业务处于成熟的低速增长的市场中,市场地位有利,盈利率高,本身不需要投资,反而能为企业提供大量资金,用以支持其他业务的发展。

这一象限内的大多数产品的市场增长率的下跌已成不可阻挡之势,因此可采用收获战略,即投入资源以达到短期收益最大化为限:①把设备投资和其他投资尽量压缩;②采用榨油式方法,争取在短时间内获取更多利润,为其他产品提供资金。对于这一象限内市场增长率仍有所增长的业务,应进一步进行市场细分,维持现存市场增长率或延缓其下降速度。对于"现金牛"业务,适合用事业部制进行管理,其经营者最好是市场营销型人物。

4. 低增长—弱竞争地位的"瘦狗"业务

这类业务处于饱和的市场当中,竞争激烈,可获利润很低,不能成为企业资金的来源。企业对这类业务应采用撤退战略:首先,应减少批量,逐渐撤退,对那些还能自我维持的业务,应缩小经营范围,加强内部管理;而对那些市场增长率和企业市场占有率均极低的业务则应立即淘汰;其次,将剩余资源向其他业务转移;最后,整顿产品系列,最好将"瘦狗"产品并入其他事业部合并,统一管理。

(三)波士顿矩阵的运用

充分了解了4种业务的特点后,我们还需进一步明确各项业务单位在公司中的不同地位,从而进一步明确其战略。通常有四种战略分别适用于不同的业务。

（1）发展战略。这种战略以提高相对市场占有率为目标,增加资金投入,甚至不惜放弃短期收益。例如,想尽快成为"明星"业务的"问题"业务,就应以此为战略。

（2）保持战略。这种战略的投资维持现状,目标是保持该项业务现有的市场占有率。对于较大的"现金牛"业务可以此为战略,以使它们产生更多的收益。

（3）收割战略。这种战略主要是为了获得短期收益,目标是在短期内得到最大限度的现金收入。对处境不佳的"现金牛"类业务及没有发展前途的"问题"类业务和"瘦狗"类业务应视具体情况采取这种策略。

（4）放弃战略。这种战略的目标在于清理和撤销某些业务,减轻负担,以便将有限的资源用于效益较高的业务。这种战略适用于无利可图的"瘦狗"类和"问题"类业务。

（四）波士顿矩阵的启示

波士顿矩阵有以下几方面重要的贡献：

（1）波士顿矩阵是最早的组合分析方法之一,被广泛运用于产业环境与企业内部条件的综合分析、多样化的组合分析、大企业发展的理论依据等方面。

（2）波士顿矩阵将企业不同的经营业务综合在一个矩阵中,具有简单明了的效果。

（3）波士顿矩阵指出了每个业务经营单位在竞争中的地位、作用和任务,从而使企业能够有选择地和集中运用有限的资金。每个业务经营单位也可以从矩阵中了解自己在总公司中的位置和可能的战略发展方向。

（4）波士顿矩阵可以帮助企业推断竞争对手对相关业务的总体安排。其前提是竞争对手也使用波士顿矩阵的分析方法。

（五）波士顿矩阵的局限

企业把波士顿矩阵作为分析工具时,应该注意到它的局限性：

（1）在实践中,企业要确定各业务的市场增长率和相对市场占有率是比较困难的。

（2）波士顿矩阵过于简单。首先,它用市场增长率和企业相对市场占有率两个单一指标分别代表产业吸引力和企业竞争地位,不能全面反映这两方面的状况；其次,两个坐标的划分都只有两个位级,划分过粗。

（3）波士顿矩阵暗含了一个假设：企业的市场份额与投资回报是呈正相关的。但在有些情况下这种假设是不成立或不全面的。一些市场占有率小的企业如果实施创新、差异化和市场细分等战略,仍能获得很高的利润。

（4）波士顿矩阵的另一个假设是,资金是企业的主要资源。但在许多企业内,要进行规划和均衡的重要资源不是现金而是时间和人员的创造力。

（5）波士顿矩阵在实际运用中有很多困难。例如,正确地应用组合计划会对企业的不同部分产生不同的影响和要求,这对许多管理人员来说是一个重要的文化变革,而这一文化变革往往是非常艰难的过程。又如,按波士顿矩阵的安排,"现金牛"业务要为"问题"业务和"明星"业务的发展筹资,但如何保证企业内部的经营机制能够与之配合？谁愿意将自己费力获得的盈余被投资到其他业务中去？因此,有些学者提出,与其如此,不如让市场配置资源可能更有效率。

二、通用矩阵分析

通用矩阵又称行业吸引力矩阵,是美国通用电气公司设计的一种业务组合分析方法。

(一) 基本原理

通用矩阵改进了波士顿矩阵过于简化的不足。首先,在两个坐标轴上都增加了中间等级;其次,其纵轴用多个指标反映产业吸引力,横轴用多个指标反映企业竞争地位。这样,通用矩阵不仅适用于波士顿矩阵所能适用的范围,而且9个区域的划分,更好地说明了企业中处于不同竞争环境和不同地位的各类业务的状态(见图5-6)。

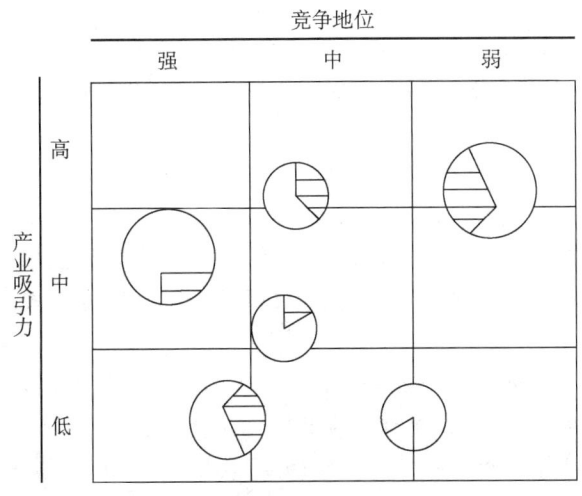

图 5-6　通用矩阵

在图5-6中,产业吸引力和竞争地位的值决定着企业某项业务在矩阵上的位置。矩阵中圆圈面积的大小与产业规模呈正比,圈中扇形部分(画线部分)表示企业在某项业务的市场占有率。

影响产业吸引力的因素有产业增长率、市场价格、市场规模、获利能力、市场结构、竞争结构、技术及社会政治因素等。评价产业吸引力的大致步骤是:首先,根据每个因素的相对重要程度,定出各自的权数;其次,根据产业状况定出产业吸引力因素的级数;最后,用权数乘以级数,得出每个因素的加权数,并将各个因素的加权数汇总,得出整个产业吸引力的加权值。

影响经营业务竞争地位的因素,有相对市场占有率、市场增长率、买方增长率、产品差别化、生产技术、生产能力、管理水平等。评估企业经营业务竞争地位的原理,与评估产业吸引力原理是相同的。

从矩阵图9个方格的分布来看,企业中处于左上方3个方格的业务适合采取增长与发展战略,企业应优先分配其资源;处于右下方三个方格的业务,一般应采取停止、转移、撤退战略;处于对角线3个方格的业务,应采取维持或有选择地发展的战略,维持原有的发展规模,同时调整其发展方向。

(二) 通用矩阵的局限

通用矩阵虽然改进了波士顿矩阵过于简化的不足,但是也存在自身的不足:

(1) 通用矩阵用综合指标来测算产业吸引力和企业的竞争地位,这些指标在一个产业或一个企业的表现可能会产生不一致,评价结果也会由于指标权数分配的不准确而存在偏差。

(2) 通用矩阵划分较细,这对于业务类型较多的多元化大公司来说必要性不大,且需要更多数据,方法比较繁杂,不易操作。

【例 5-5】

WV 公司新业务的波士顿矩阵分析

WV 公司是国内最大的豆奶生产企业。自 2002 年以来,WV 公司凭借其在豆奶业的优势地位,积累了大量的资金,急需寻找新的投资领域。

WV 公司在豆奶行业的成功经营使公司在食品行业具备了品牌、渠道、研发资源等多方面的竞争优势,运用这些优势公司顺利地将核心主业豆奶粉延伸至大食品概念的其他业务。

(1) 乳制品业。乳制品业国内市场在过去的 10 年中每年以两位数的增长速度迅猛发展。自 2002 年开始,WV 公司在短时间内收购了遍布全国各地的 40 家乳制品生产企业,实现了公司乳制品业在全国范围内快速布局,占据了行业的优势地位。

(2) 白酒业。国内名优白酒生产企业销售收入和利润增长稳健。2006 年,WV 公司采用控股两家酒业公司的方式进入白酒业,WV 公司酒业得以快速增长,白酒业市场占有率不断提升。

(3) 粮油业。2008 年开始,WV 公司将豆奶粉业务延伸至其他的粮油产品。WV 公司在成熟的粮油行业的成功经营,以高市场占有率为其进一步战略扩张提供了大量的现金流。

WV 公司以大食品概念为圆心经营的粮油业、乳制品业、酒业充分发挥各个业务之间的协同效应,取得了良好业绩。

近年来,国内豆奶业的发展速度开始减缓,公司领导层认为豆奶行业发展已经遭遇瓶颈,公司需要涉足一些高利行业,期望能够为其未来发展创造新的利润增长点。基于国内的房地产热,2007—2010 年,WV 公司以新建方式投资房地产业。最终由于经验不足以及之后的几年国内对房地产行业进行宏观调控,房地产业已进入了一个"寒冬期",公司房地产业务最终对外出售。

本案例运用波士顿矩阵分析方法,对 WV 公司所投资的乳制品业务、白酒业务、粮油业务、房地产业务分类及其发展方向作如下分析:

WV 公司的乳制品业务和白酒业务在波士顿矩阵中属于高增长—强竞争地位的"明星"业务,"乳制品业在过去的 10 年中每年以两位数的增长速度迅猛发展";"WV 公司在短时间内收购了遍布全国各地的 40 家乳制品生产企业,实现了公司乳制品业在全国范围内快速布局,占据了行业的优势地位";"国内名优白酒生产企业销售收入和利润增长稳健";"WV 公司酒业得以快速增长,在白酒业市场占有率不断提升"。为了保护和扩展"明星"业务在增长的市场上占主导地位,企业应在短期内优先供给其所需的资源,支持其继续发展。

WV 公司粮油业务在波士顿矩阵中属于低增长—强竞争地位的"现金牛"业务,"WV 公司在成熟的粮油行业的成功经营,以高市场占有率为其进一步战略扩张提供了大量的现金流"。这类业务处于成熟的低速增长的市场中,市场地位有利,盈利率高,本身不需要投资,反而能为企业提供大量资金,用以支持其他业务的发展。

WV 公司房地产业务在波士顿矩阵中属于低增长—弱竞争地位的"瘦狗"业务,"房地产业已进入了一个'寒冬期'","由于经验不足,公司房地产业务最终对外出售"。对这类产品,WV 公司应采用撤退战略(WV 公司已经采用)。

第四节 SWOT 分 析

一、基本原理

SWOT 分析是一种综合考虑企业内部条件和外部环境的各种因素，进行系统评价，从而选择最佳经营战略的方法。这里，S 是指企业内部的优势(strengths)，W 是指企业内部的劣势(weakness)，O 是指企业外部环境的机会(opportunities)，T 是指企业外部环境的威胁(threats)。

企业内部的优势和劣势是相对于竞争对手而言的，一般表现在企业的资金、技术设备、员工素质、产品、市场、管理技能等方面。判断企业内部的优势和劣势一般有两项标准：一是单项的优势和劣势。例如，企业资金雄厚，则在资金上占优势；市场占有率低，则在市场上处于劣势。二是综合的优势和劣势。为了评估企业的综合优势和劣势，应选定一些重要因素，加以评价打分，然后根据其重要程度按加权平均法加以确定。

企业外部环境的机会是指环境中对企业有利的因素，如政府支持、高新技术的应用、良好的与购买者和供应者关系等。企业外部环境的威胁是指环境中对企业不利的因素，如新竞争对手的出现、市场增长缓慢、购买者和供应者讨价还价能力增强、技术老化等。

二、SWOT 分析的应用

SWOT 分析根据企业的目标列出对企业生产经营活动及发展有着重大影响的内部及外部因素，并且根据所确定的标准对这些因素进行评价，从中判定出企业的优势与劣势、机会和威胁。

SWOT 分析的目的是使企业考虑：为了更好地对新出现的产业和竞争环境作出反应，必须对企业的资源采取哪些调整行动；是否存在需要弥补的资源缺口；企业需要从哪些方面加强其资源；要建立企业未来的资源必须采取哪些行动；在分配公司资源时，哪些机会应该最先考虑。这就是说，SWOT 分析中最核心的部分是评价企业的优势和劣势、判断企业所面临的机会和威胁并做出决策，即在企业现有的内外部环境下，如何最优地运用自己的资源，并且建立公司未来的资源(见图 5-7)。

图 5-7　SWOT 分析

从图 5-7 中可以看出,第 I 类型的企业具有很好的内部优势以及众多的外部机会,应当采取增长型战略,如开发市场、增加产量等。第 II 类企业面临着良好的外部机会,却受到内部劣势的限制,应采用扭转型战略,充分利用环境带来的机会,设法清除劣势。第 III 类企业内部存在劣势,外部面临威胁,应采用防御型战略,进行业务调整,设法避开威胁和消除劣势。第 IV 类企业具有内部优势,但外部环境存在威胁,应采取多种经营战略,利用自己的优势,在多样化经营上寻找长期发展的机会;或进一步增强自身竞争优势,以对抗威胁。

图 5-8 显示了一家电力企业对发展风能业务的 SWOT 分析。

	机会（O） • 国民经济持续增长形成的发展空间 • 良好的外部环境和政策前景 • 率先行动者的机遇优势 • 世界风电产业的发展经验 • 常规发电竞争力的减弱	威胁（T） • 竞争对手的竞争优势 • 潜在进入者的加入 • 中小水电的替代压力 • 竞价上网的改革措施 • 世界风电产业的快速发展引起与供应商砍价地位的降低
优势（S） • 秉承集团公司的办电经验及良好客户关系 • 秉承集团公司的无形资源 • 全新公司的优势 • 规模化运作电力项目的整体能力 • 集团公司的支持与实力	SO 战略 • 抢占优质风电资源 • 规模化发展风电产业	ST 战略 • 寻找有经验的国际战略合作伙伴 • 规模化发展风电产业 • 争取中小水电联动开发 • 规模化促进国产化
劣势（W） • 风电产业开发经验不足 • 风电产业市场份额较小 • 风电价格呈下降趋势 • 风电储备资源不足	WO 战略 • 寻找有经验的国际战略合作伙伴 • 尽早进入竞争对手公司尚未涉及的海上风力发电领域	WT 战略 • 聘请有经验的风电专家 • 尽快培养并吸引风电人才 • 选择新型高效风机,尽快形成规模并积累经验

图 5-8　一家电力企业对发展风能业务的 SWOT 分析

从图 5-8 可以看到,通过 SWOT 分析,我们可以将企业战略分析过程中总结出的企业的优势与劣势、外部环境的机会与威胁转换为企业下一步的战略开发方向。SWOT 分析成为战略分析与战略选择两个阶段的连接点。值得注意的是,几个不同的象限会出现相同的战略方向。例如,"规模化发展风电产业"既属于"SO"战略,又属于"ST"战略,即这一战略方向的选择是综合了 S、O、T 三个方向的因素得出的结果。又如,"寻找有经验的国际战略合作伙伴"既属于"ST"战略,又属于"WO"战略,即这一战略方向的选择是综合了 S、W、O、T 四个方向的因素得出的结果。事实上,企业在进行 SWOT 分析之后,对于可选择的战略方向还要进行总结和梳理,最终确定公司战略选择的主要方向。

本 章 小 结

本章主要学习了:内部环境分析的目的和内容;企业资源和能力分析包括企业资源的主要类型、决定企业竞争优势的企业资源判断标准和企业能力分析、企业核心能力的辨别与应用;价值链分析包括价值链的两类活动内容、价值链的确定方法以及价值链分析的应用;业务组合分析包括波士顿矩阵分析和通用矩阵分析;SWOT 分析包括基本原理和应用方法等。

本章重要概念

内部环境分析　资源与能力分析　核心能力　价值链分析　波士顿矩阵分析　通用矩阵分析　SWOT分析

思考与练习

1. 企业内部环境分析包含哪些内容?
2. 企业核心资源的判断标准是什么?
3. 企业业务组合的分析方法有哪些?
4. SWOT分析的作用是什么?

推荐阅读资料

［1］黄昊,王国红,秦兰.科技新创企业资源编排对企业成长影响研究:资源基础与创业能力共演化视角[J].中国软科学,2020(7).

［2］李浩,胡海青.孵化器控制力与在孵企业创造力:资源和能力的中介作用[J].管理评论,2019(3).

［3］张璐,梁丽娜,张强.创业企业资源能力的生成机理及演化路径——以蒙草为例[J].科研管理,2019(10).

5-1　第五章内部环境分析PPT

5-2　第五章课后练习题

第六章　商业模式分析

> ➢ 内容简介
> ➢ 学习目标和要求
> ➢ 引例
> ➢ 第一节　商业模式概述
> ➢ 第二节　企业常见的商业模式
> ➢ 第三节　构建企业商业模式理论模型
> ➢ 本章小结
> ➢ 本章重要概念
> ➢ 思考与练习
> ➢ 推荐阅读资料

内容简介

本章主要讲解了商业模式概述,包括商业模式的内容、特征、作用、与其他模式的异同、结构性维度和核心原则;企业常见的商业模式,包括传统企业商业模式、高科技企业商业模式;构建企业商业模式理论模型,包括商业模式的构成要素和构建商业模式的理论模型。

学习目标和要求

通过本章学习,学生应了解商业模式的基本理论,熟悉常见的商业模式类型,掌握商业模式的构成要素和理论模型。

引例　整理收纳业悄然崛起:企业快速增长,新商业模式正逐步建立

当今社会,购买力不断增强,网络购物更加便利,几乎每个人都在买买买,久而久之,房子里堆满了各种必要和不必要的东西,辛辛苦苦工作攒钱买来的房子却被各种杂物堆满。随着《断舍离》《怦然心动的人生整理魔法》类整理书籍大热,更多人涌进整理行业,整理师也逐渐成为热门新兴职业。

统计显示,目前全国接受过职业整理师培训的人数为万余人。2019—2020年全国新增职业整理师2 200余人,增长势头强劲。

韩艺恩是国内首批吃螃蟹者,她说自己很幸运:"因为我刚做整理师不久,就接受了英国BBC电视台的采访,对行业也有了更多的思考。"如今,韩艺恩的核心团队经常很稳定地维持在六七人,而她的艺恩零分学院还有60多位学员。在她的推动下,2017年5月第一届整理师大会在上海举行,并宣告中华整理师联盟成立。

韩艺恩坦言,目前行业中的确出现了一些乱象,比如有些人没有任何经验,就以职业整理师自居。有些人只粗浅读过一两本书,就照搬过来用。她认为,必须要有行业标准,当体系慢慢健全,入行的门槛不断提高,行业才能真正步入正轨。

作为国内首批整理师,卞栎淳的个人职业发展历程浓缩了整理收纳行业的10年变迁。从2010年开始从事整理行业,卞栎淳一直在一线服务。由于业务拓展,卞栎淳在2015年开辟了培训整理收纳师的新赛道。

除了创办留存道整理学院,卞栎淳还作为空间收纳顾问,为家居公司的产品研发提供空间优化专业意

见,同时与房地产公司合作,从毛坯房构建开始引入收纳体系设计等。这也是当下业内整理师的未来职业发展方向之一。

随着消费不断升级,人们越来越看重生活品质,职业家庭整理师的出现和崛起成为必然。14亿人口的庞大基数,三胎政策的实施,更多人愿意用金钱来换取更便捷、更高品质的服务,在未来,整理收纳将成为潮流。

《2020整理收纳白皮书》显示,截至2020年,整理收纳行业年产值已达1 000亿元,成为极具潜力的新蓝海。整理师收入前十的城市中,深圳、上海、成都、北京位列前茅。

记者在采访中了解到,"整理师"服务,从业者的男女比例大概是1∶9。另外,整理师的盈利模式主要靠一对一整理指导、线上线下课程、讲座培训等来实现,而独自去创办一家整理机构或公司的还属于少数。

此外,开设线上线下课程、讲座培训等也能为整理师带来一定收益。从收入来看,每月从几千元到上万元不等。其中,线上1.5小时/次的整理咨询收费在300~800元。"大部分还是以自由职业或兼职形式而存在。"韩艺恩认为,这些从业人员可以说是市场开拓者。

"整理是未来人人都应该具备的基本技能,不能给人带来快速收益回报,却能给人带来身心改变。"重庆工商大学成渝经济圈协同研究中心莫远明研究员说,整理不仅是一种家务,更是一种艺术,整理收纳企业在满足客户需求、不断提升自己、拓展上下游业务的同时,还应注意做好品牌的包装和打造。在互联网时代,这一点显得尤为重要。

资料来源:https://m.thepaper.cn/baijiahao_13247703。

第一节 商业模式概述

一、商业模式的内容

我们知道,标准的企业运作流程是:钱—物—钱。开始的"钱"指的是资本,包括资产和资金;"物"指的是产品,包括有形产品和无形服务;最后的"钱"是开始资本的增值。任何的企业都是围绕钱—物—钱来进行运作的,这样才能支撑业务的循环。延展开来看,不管是扩张型企业、成熟型企业、成长型企业、创业型企业,还是制造业、服务业、流通业、互联网、投资,企业生存的根本是创造符合客户需求的物,也就是说要实现客户需求,满足客户需求,最终实现客户价值,从而实现利润。在这个过程中企业内的各种要素,如产、供、销、研、财等,都是围绕着企业的价值主张来创造价值的,一句话,都是围绕满足客户需求、实现客户价值来服务的;同时,这个创造价值的过程还包含了供应链、企业内部运营、分销链,一直到价值交换与转移的全过程。

商业模式有三个层次:一是战略层面,二是营运层面,三是经济层面。对于商业模式的把握需要解决六个问题:①怎样创造价值;②为谁创造价值;③竞争力和优势来源;④与竞争对手的差异;⑤怎样赚钱;⑥时间、空间和规模的目标等。

在进行大多数关于商业模式,尤其是与网络经济相关的探讨时,商业模式被直观、狭义地等同于盈利模式,即企业如何盈利。实际上,盈利模式仅仅是企业商业模式中的一个构成部分。

企业要一时盈利并不难,难的是要能持续盈利,企业必须要使自己的商业模式有别于其他企业。企业的商业模式要和别人的不同,也就是说每个企业的商业模式具有独特性、创新性,并且还要让其他企业不能马上模仿、不易模仿或模仿有一定壁垒。同时企业要不断满足客户的需求和潜在需求,对客户价值的挖掘、满足、实现是一个不中断的过程,也就是价值最大化的过程。另外,企业还要有正确的最佳实现形式对接客户需求,还要能随时变化与时俱进,随着环境的变化、竞争格局的变化随时调整自身的商业模式。同时企业还要考虑企业是在一个产业价值链上生存的特点,企业与企业的竞争往往不仅是企业间的竞争,更重要的是每个企业所属产业价值链的竞争。随着竞争的不断加剧、企业联盟的建立和发展,今后的竞争不再是企业与企业之间的竞争,也不是单一线性价值链之间的竞争。企业正从独立创造价值走向合作创造价值,有多条价值链构造企业价值网。在价值网中,企业可将众多的合作商连在一起,通过有效的资源整合,构成快速、可靠、便利的系统,以适应不断变化的市场环境。价值网通过网络的弹性适应市场的不确定性,以增强价值、创造方式来满足顾客多样化的需求,从而实现企业价值最大化。

因此,商业模式本质上是客户价值实现与创造的逻辑。它的内涵可以描述为:为实现客户价值最大化,把能使企业运行的内外各要素整合起来,形成一个完整的、内部化的,或利益相关的、高效率的、具有独特核心竞争力的运行系统,并通过最优实现形式满足客户需求、实现客户价值,同时使系统达成持续盈利目标的整体解决方案。

二、商业模式的特征

1. 商业模式是从整体角度考虑企业的一种工具思考

商业模式的一个有效办法是在分析外部现实和内部活动的时候,对所希望实现的财务目标有个总体的意识。

2. 商业模式不是机械化的

商业模式中的有些内容(如历史盈利状况数据)是可以量化的,但许多却是不可量化的。每一个步骤都需要作出判断。必须评估那些不可量化的因素,如趋势的性质和效果、新法规的影响、周期性变化与结构性变化之间的区别、业内有些对手相对更加成功的原因和对客户群构成的威胁。必须将事实与假设区分开来,必须用大量事实来检验作出的假设,其中不仅包括外部现实,还包括企业的能力。

3. 商业模式必须体现各组成部分的相互关系

商业模式的全部价值要通过连接其所有组成部分来实现,通过应用商业模式来分析企业,要求细致地审视其所有三个部分,并在制定决策、执行行动计划的时候认清它们彼此之间的连接性和关系。这就要求量化和非量化的判断、讲究实效、诚实的理智、可靠的信息来源,以及准确预测和判断风险。

4. 商业模式是动态的,不是静止的

几乎可以肯定是,我们需要数次返工才能把商业模式做对。之后,我们需要定期进行检验——当认定外部环境和企业的内部能力已经出现变化时再不断更新。但是,只要坚持对自己企业的商业模式采取实事求是的态度,则无论对该模式的哪些部分进行修订,它都能保持前后的一致性。

三、商业模式的作用

商业模式对企业至关重要,其作用体现在如下四个方面:

（1）商业模式研究能够帮助企业全面、系统地思考价值创造与获取问题。"逻辑"是战略必须考虑的内容，而在商业模式内涵中，"逻辑"更是占据了核心地位。商业模式作为计划工具的最大优势就在于把注意力放在了如何把系统的各构成要素整合成一个整体来运行这个问题上。在实践中，叙述性测试是为判断商业模式是否可行必须进行的检验之一。

（2）商业模式概念为企业审视内部环境提供了一种新的视角。商业模式不仅着眼于外部需求，而且还侧重于描绘企业的价值创造、传递和获取方式，因此它为企业分析和评估内部环境提供了一种更加全面的视角。在分析中，商业模式不仅有助于企业明确自己与其他企业之间的分工和联系方式，还有助于企业从中识别和确定关键的资源和流程。因此，企业不但可以通过商业模式来界定自己的业务或经营边界，而且还能把其他企业的价值创造与获取内容纳入自己的视野，从而明确自身的核心优势。可见，与价值链分析相比，商业模式分析内容更加丰富，有助于企业从更加宏观的视角来观察和发现自己的优势和劣势，并且更容易发现自身存在的战略问题。从这个意义上讲，商业模式为战略分析提供了一种新的工具。

（3）商业模式概念强化了实践中盈利模式设计的重要性。从价值获取的角度看，传统的战略理论认为，企业凭借战略资源就可以获取竞争优势，但相关解释侧重于经济学视角，缺乏实践可操作性。

（4）商业模式分类研究能够为企业提供更多的战略选择。类型研究是商业模式研究的重要组成部分，并且提炼总结出了不少针对不同行业的商业模式类型，甚至一些具有一定普适性的商业模式类型，可供企业在设计自己的商业模式时参考。如果企业在实践中能够灵活变通，那么就能实现商业模式创新。综上所述，商业模式类型研究能够服务于不同的企业、不同的目的，对于商业模式事前的规划设计、事中的调整创新以及事后的总结提炼，都具有重要的参考价值。

四、商业模式与其他模式的异同

与企业盈利模式和运营模式相比，企业商业模式还是有很大不同的，具体区别如下。

（一）商业模式与盈利模式的异同

商业模式是关于解决企业"做什么，如何做"问题的具体方法。例如，互联网经济的商业模式是指网络运营商、设备制造商、终端提供商、ISP 等产业链的各个环节在整个产业生态环境中的位置、相互关系，以及采取什么样的经营手段，向互联网市场提供什么样的产品和服务。

盈利模式是要解决"怎样赚钱"的问题，是企业获取利润的最终方法和途径。例如，互联网经济的盈利模式是关于企业如何利用互联网来获取利润的问题。

两者是相互区分但又相互联系和统一的整体。一般而言，提供什么样的产品和服务是企业获取利润的直接源泉。但在互联网环境里，许多情况中，采取什么样的商业模式并非获取盈利的最终手段。例如，一个以提供信息服务为主的门户网站，通过收费信息服务获得盈利，其商业模式与盈利模式是统一的一体，但更多情况中，门户网站是通过提供免费信息产品和服务来凝聚人气，吸引广告商投放广告来获得收入，这里，真正的盈利模式应为广告盈利模式。

因此,商业模式是互联网企业的外在商务构架,而盈利模式则是企业最终获利的内在源泉。

(二) 商业模式与运营模式的异同

商业模式的定义是为实现客户价值最大化,把能使企业运行的内外各要素整合起来,形成一个完整的高效率的具有独特核心竞争力的运行系统,并通过最优实现形式满足客户需求、实现客户价值,同时使系统达成持续盈利目标的整体解决方案。

运营模式则定义为对企业经营过程的计划、组织、实施和控制,是与产品生产和服务创造密切相关的各项管理工作的总称。运营模式简单来说就是经营方法。所谓资本运营,就是对集团公司所拥有的一切有形与无形的存量资产,通过流动、裂变、组合、优化配置等各种方式进行有效运营,以最大限度地实现增值。从这层意义上来说,我们可以把企业的资本运营分为资本扩张与资本收缩两种运营模式。

因此,商业模式偏重如何赚钱,运营模式偏重赚钱过程中的管理。但两者之间还是统一于企业之中。

五、商业模式的结构性维度

了解商业模式的重要一步,是需要考察商业模式的理论维度。描述商业模式的理论维度与描述人的个性和身体特征的方式非常相似。事实上,影响商业模式的因素有许多,商业模式的理论维度不仅是研究范围的确定和出发点的界定,更重要的是它决定了商业模式的取向或指向。结构性维度是商业模式的内生性变量,反映的是商业模式的内在特征。

(一) 价值主张

价值主张是指厂商要为顾客解决什么样的问题,厂商想为顾客提供什么样的价值。随着厂商间的价值定位不同,厂商的活动也将会产生不同的差异,通过厂商所有活动的设计与执行,厂商将其价值主张传递给顾客,并为厂商和个人创造价值。厂商经由经营使命提出战略的整体目标:要设计什么样的商业模式来完成何种目标或提供何种产品给市场。厂商提供技术上的价值给予顾客,必须先确定要提供何种商品及顾客如何使用产品。

(二) 核心战略

核心战略是指厂商决定用何种方式将所拥有的资产和资源转换成对顾客有意义的价值。这需要厂商运用市场细分来决定要给顾客提供哪些价值,并决定在这些细分市场中能为顾客提供具有什么样差异性的价值。当然,这需要企业考虑产业结构、可能的竞争者、供货商、顾客、潜在竞争者、替代品之间的关系,并思考厂商与这些要素之间的关系及竞争者可能采取的活动将会对厂商造成什么样的影响,并预测其可能的影响。

(三) 资源配置

资源配置是指厂商为了实现其为顾客提供价值的主张对其资产、资源和流程所进行的安排。一般来说,厂商的资产、资源包含厂商的设备、厂房、品牌、专利权、知识、技能、能力、顾客资料等。这些资源是可以帮助厂商提供出不同于竞争者的差异化价值或是能够为顾客创造出独特价值的资源。因此,这些资源必须为厂商所专有(资源必须是稀有的、无法模仿、无法取代),且厂商的流程也必须要能与这些资源相配合,使厂商可以整合这些资源为顾客创造价值。

（四）组织设计

组织设计是指厂商将其自身组织结构形态调整成适合其资源配置与核心战略所进行的工作。一般来说，厂商的组织设计必须以价值主张和价值定位为导向，以组织结构形态配合核心战略、资源配置。在具体的组织架构设计时，厂商必须考虑其流程是什么，怎样使厂商将其资源转换为对顾客价值最大化的产出。需要注意的是，商业模式设计包括了利用外部商业伙伴来为顾客创造价值。因此，组织设计的内容应当包括整个价值链的设计。当然，并不是所有商业伙伴都会主动参加某个厂商的商业模式，有一些商业伙伴是被动的，像提供补充品的厂商就是常见的被动伙伴。

（五）价值网络

当厂商决定某些营运活动是需要外包的，就可以通过外部的商业伙伴来为顾客共同创造价值。一般商业伙伴包括供货商、经销商、合伙人、战略联盟伙伴。厂商与商业伙伴间必须有一个沟通渠道与协调机制，而这是需要厂商去创造的。如果厂商与商业伙伴能一致地为顾客创造价值，就需要整合为一个完整的价值网络。如果厂商在价值网络的整合行动中失败，就将会使提供给顾客的价值大幅度下滑。

（六）产品与服务设计

不论厂商如何定义其价值主张，但消费者所能感受到的是厂商所提供的产品与服务。因此，产品与服务设计非常重要。厂商应确保其产品与服务与其价值主张一致，甚至是整个产品与服务的配套措施也应与其价值主张一致。一致性，将会提高顾客对于产品或服务价值的感受，忽略任何一个环节都会使得厂商为顾客提供的价值受到损失。

（七）经营收入机制

厂商的经营收入机制设计决定了如何对顾客收取费用和收费的标准。一般来说，厂商的经营收入模式需要与其成本结构相匹配，厂商必须思考经营收入模式既能够被顾客所接受，又能支撑厂商的成本结构。当厂商决定了经营收入机制与产品价格，并衡量了厂商经由其他活动所产生的成本，厂商将能够计算出目标利润。

（八）盈利潜力

商业模式创新的目的就是帮助厂商获得财富，因而商业模式设计中盈利潜力是一个最关键因子。商业模式创新就是厂商通过整体性思考其产生成本与创造价值的活动来获得盈利潜力扩大的过程。为了使企业能够成长，厂商必须向投资者提供足够的资产报酬率来吸引投资者进行投资，使整个商业模式得以被创造及扩展。当决定厂商的成本结构与收益模式时，也决定厂商能拥有多少价值，而这也是商业模式是否可以存续的最关键因子。

六、商业模式的核心原则

商业模式的核心原则是指商业模式的内涵、特性，是对商业模式定义的延展和丰富，是成功商业模式必须具备的属性。企业能否持续盈利是我们判断其商业模式是否成功的唯一的外在标准。持续盈利是对一个企业是否具有可持续发展能力最有效的考量标准，盈利模式越隐蔽，越有出人意料的好效果。

一个成功的商业模式不一定是在技术上的突破，而是对某一个环节的改造，或是对原有模式的重组创新，甚至是对整个游戏规则的颠覆。商业模式的核心原则包括：客户价值最大化原则、持续盈利原则、资源整合原则、创新原则、融资有效性原则、组织管理高效率原则和风险控制原则七大原则。

（一）客户价值最大化原则

一个商业模式能否持续盈利，是与该模式能否使客户价值最大化有必然关系的。一个不能满足客户价值的商业模式，即使盈利也一定是暂时的、偶然的，是不具有持续性的；反之，一个能使客户价值最大化的商业模式，即使暂时不盈利，但终究也会走向盈利。所以，我们把对客户价值的实现再实现、满足再满足当作企业应该始终追求的主观目标。

（二）持续盈利原则

企业能否持续盈利是我们判断其商业模式是否成功的唯一的外在标准。因此，在设计商业模式时，盈利和如何盈利也就自然成为重要的原则。当然，这里指的是在阳光下的持续盈利。持续盈利是指既要盈利，又要能有发展后劲，具有可持续性，而不是一时的偶然盈利。

（三）资源整合原则

整合就是要优化资源配置，就是要有进有退、有取有舍，就是要获得整体的最优。在战略思维的层面上，资源整合是系统论的思维方式，是通过组织协调，把企业内部彼此相关但却彼此分离的职能、把企业外部既参与共同的使命又拥有独立经济利益的合作伙伴整合成一个为客户服务的系统。资源整合的目的是要通过组织制度安排和管理运作协调来增强企业的竞争优势，提高客户服务水平。

（四）创新原则

商业模式的创新形式贯穿于企业经营的整个过程之中，贯穿于企业资源开发研发模式、制造方式、营销体系、市场流通等各个环节。也就是说，在企业经营的每一个环节上的创新都可能变成一种成功的商业模式。

（五）融资有效性原则

融资模式的打造对企业有着特殊的意义，尤其是对中国广大的中小企业来说更是如此。企业生存需要资金，企业发展需要资金，企业快速成长更是需要资金。资金已经成为所有企业发展中绕不过的障碍和很难突破的"瓶颈"。谁能解决资金问题，谁就赢得了企业发展的先机，也就掌握了市场的主动权。从一些已成功的企业的发展过程来看，无论其表面上对外阐述的成功理由是什么，但都不能回避和掩盖资金对其成功的重要作用，许多失败的企业就是没有建立有效的融资模式。如巨人集团，仅仅因为近千万元的资金缺口而轰然倒下；曾经与国美不相上下的国通电器，拥有过30多亿元的销售额，也仅因为几百万元的资金缺口而销声匿迹。商业模式设计很重要的一环就是要考虑融资模式。可以说，能够融到资金并能用对地方的商业模式就已经是成功一半的商业模式了。

（六）组织管理高效率原则

高效率是每个企业管理者都梦寐以求的境界，也是企业管理模式追求的最高目标。用经济学的眼光衡量，决定一个国家富裕或贫穷的砝码是效率，决定企业是否有盈利能力的也是效率。按现代管理学理论来看，一个企业要想高效率地运行，首先要解决的是企业的愿景、使命和核心价值观，这是企业生存、成长的动力，也是员工干好的理由；其次是要有一套科学实用的运营和管理系统，解决的是系统协同、计划、组织和约束问题；最后还要有科学的奖励激励方案，方案解决的是如何让员工分享企业的成长果实的问题，也就是向心力的问题。只有把这三个主要问题解决好了,企业的管理才能实现高效率。

(七)风险控制原则

设计再好的商业模式,如果抵御风险的能力很差,就会像在沙丘上建立的大厦一样,经不起任何风浪。这个风险指的是系统外的风险,如政策、法律和行业风险,也指的是系统内的风险,如产品的变化、人员的变更、资金的不继等。

第二节 企业常见的商业模式

企业种类越来越多,既有传统企业,也有高科技企业(包括轻资产、云计算、物联网、大数据企业等)。那么,企业商业模式自然也有很多种类。为此,我们分别对传统企业和高科技企业(如云计算、物联网、大数据等企业)的商业模式分别进行论述。

一、传统企业商业模式

传统企业商业模式是与现代企业商业模式相对应的,传统商业的发展经历了近百年的时间,商业模式也非常丰富,有专业商店、百货店、超级市场、便利店等。每一种商业模式的出现都有其必然性,同时对原有的商业模式会带来一定的冲击。

最基本的传统企业商业模式就是"店铺模式",具体点说,就是在具有潜在消费者群的地方开设店铺并展示其产品或服务。一个商业模式是对一个组织如何行使其功能的描述,是对其主要活动的提纲挈领的概括。它定义了公司的客户、产品和服务,它还提供了有关公司如何组织以及创收和盈利的信息。商业模式与公司战略一起,主导了公司的主要决策。商业模式还描述了公司的产品、服务、客户市场以及业务流程。

大多数的商业模式都要依赖于技术。互联网上的创业者发明了许多全新的商业模式,这些商业模式完全依赖于现有的和新兴的技术。利用技术,企业可以最小的代价,接触到更多的消费者。

典型的传统企业商业模式是厂家—代理商—零售商—客户,它的特征是各级从上级进货,买断上级的商品所有权,赚取差价,代理销售的品牌数量有限,供货渠道较稳定。

传统企业商业模式重渠道建设、人员促销和商品展示,利用广告营销活动扩大品牌及商家知名度;重权威机构对产品的认证,但对产品在实际消费中的质量及厂家,商家的售前、售中、售后服务水平重视不够,更主要的是没有全面、客观地对比质量及服务水平。

与新兴的无店铺商业模式相比,传统的店铺零售模式有着许多的弊端与不足:

(1)传统企业商业模式在生产制造方面的弊端。由于传统企业商业模式中制造商直接面对的并不是消费者而是中间商、零售商,生产商并不能第一手了解到消费者对于产品的评价及建议、要求,从而具有一定的滞后性。

(2)传统企业商业模式在运输环节上的弊端。从生产商到中间商再到零售商最后到消费者的售货模式明显不能再满足现代生活的需要,因为这种传统的模式与生产商直接到消费者的无店铺模式相比,造成了很多人力、物力和财力上的浪费。就拿水果销售来说,传统的销售模式中,水果从很远的地方运到中间商再到零售商,在这个运来运去的过程中,不仅增加了交易的成本,而且造成了巨大的浪费。

（3）传统企业商业模式在成本上的不足。由于其在生产运输环节的不足，使其交易成本增加，最终导致产品价格高、竞争力下降，这都是不利于企业发展的。

（4）传统企业商业模式在销售方面的不足。随着人们时间观念的增强及社会老龄化的趋势，越来越多的人不愿意采用传统的购物方式买东西。因为传统的购物方式既花费时间又花费精力，而且并不一定能够买到满意的商品。传统的销售不仅在消费者方面不讨好，而且销售商还要雇用一大批销售人员，这无疑又增加了销售成本。所以在销售方面，传统企业商业模式有着其无法避免的弊病。

二、高科技企业商业模式

相对于传统企业，高科技企业商业模式肯定有所差别。一般来说，高科技企业商业模式为研发—销售的一种高风险高盈利商业模式。因为高科技企业所从事的大多数为一般企业所没有涉及的高技术方面，其研发成本高，同时也面临研发失败的风险，所对应的就是研发成功后的垄断优势，由此会给企业带来高利润。由于高科技企业种类很多，我们主要试图对轻资产企业、云计算企业、物联网企业、大数据企业进行分别分析。

（一）轻资产企业商业模式

轻资产企业商业模式就是企业以较低的资产来运营的商业模式。此类商业模式的总体思路就是轻资产、重运营。轻资产企业商业模式一般将产品制造和零售分销业务外包，自身则集中于设计开发和市场推广等业务。其市场推广主要采用产品明星代言和广告的方式。轻资产企业商业模式可以降低企业资本投入，特别是生产领域内大量的固定资产投入，以此提高资本回报率。

轻资产企业商业模式即以很少的投入资金通过互联网等先进媒体首先迅速壮大起来，并且通过扔掉庞大的、笨重的上游制造业和下游物流业，专注于中间销售、产品质量和品牌建设等，即为典型的轻资产商业模式。

轻资产企业商业模式的突出内容是轻资产，具有门槛低、企业运转方便等。资产运营是一种以价值为驱动的资本战略，是网络时代与知识经济时代企业战略的新结构。轻资产运营必须根据知识管理的内容和要求，以人力资源管理为纽带，通过建立良好的管理系统平台促进企业的生存和发展。在某些方面可以"轻"，但是稍有不慎就会满盘皆输。其独特的商业模式决定其具有如下特点：

（1）投入小、产出大。作为轻资产企业商业模式的典型，凡客诚品于2007年以最初的475万元人民币成立，不到4年创造出市值32亿美元的成绩，不得不引起人们惊叹。当然，这得益于良好的市场细分，同时市场空间足够大。

（2）产品必须具有高附加值。由于在轻资产企业一般都是需要通过迅速占领市场的同时获得市场认可，传统品牌都是在通过数年积淀在公众心目中留下印象。所以，轻资产企业商业模式下的企业在产品方面必须要有自己的特色，并且有高附加值，才能得到社会的认同。

（3）品牌价值高。品牌价值是一个企业的灵魂，塑造一个好的品牌需要多年的时间，而轻资产模式下的品牌在很短的时间内就可以让一个企业广为人知。品牌知名度打开并不代表该产品具有很高的品牌价值。

此外,轻资产企业商业模式的运营包括如下一系列要素:

(1) 运营轻资产的基础:核心竞争力。精准地得知自身的核心竞争力所在,才能知道该怎么去专注、该怎么去放弃、依托什么去运营、运用什么方法手段去进行市场扩张。光明乳业正是因为具备了突出的营销能力和品牌优势,同时在得到了市场甚至竞争对手的认同,才成功实现低成本扩张和轻资产运营。

(2) 运营轻资产的根基:知识。以智力资本等作为基础,企业才能够在市场运营中运用杠杆,以小博大。任何企业的研发能力、管理能力、创新能力、营销能力、公关能力、文化能力、整合能力等归根结底都是知识。

(3) 运营轻资产的利器:品牌。品牌是形态上的无形资产,它不出现在企业的资产负债表上。但品牌却能够集中体现企业的核心竞争力,是最具价值的轻资产。

(4) 运营轻资产的主要手段:业务外包。企业要实现轻资产运营,就必须实现业务外包。

(5) 运营轻资产的要务:质量控制。业务外包由于不能亲自控制产品质量,在生产过程中对于供应商的选择严格把关是很重要的。

(6) 运营轻资产的关键:业务整合。轻资产运营的过程中包含着大量复杂的业务外包,因此业务整合就显得尤为重要了。

(7) 运营轻资产的捷径:价值链定位。之所以能实现轻资产,主要还是基于价值链定位,利用价值链上的一切资源加以整合并为我所用。

(二) 云计算企业商业模式

基于高速网络和虚拟化技术的快速发展所诞生的云计算将会极大地改变人们获得信息、货物和服务的方式,即云计算将引起商业模式的极大变革。从这个角度出发,云计算是一种全新的商业模式。

从全球整个云计算市场环境来看,云计算的的确确由概念渐渐走向实践,走向了发展初期。从国内云计算市场来看,中国云计算市场也开始了它的"婴儿期",虽市场规模尚小但其发展势头不容小觑。目前,无论是互联网企业还是电信运营商或是设备制造商,皆纷纷发力云计算。为抢占壮大自己的云计算市场规模,各方可谓是各显神通,凭借自己的优势在云计算上找到商机,其中最重要的就是对云计算商业模式的摸索。根据不同的厂商、分析师和IT用户对云计算的看法,我们将云计算企业商业模式如下细分:

(1) 软件即服务。这种类型的云计算是采用Multitenant架构通过网络浏览器将单个的应用软件推广到数千用户。从用户角度来看,这意味着他们前期无需在服务器或软件许可证授权上进行投资;从供应商角度来看,与常规的软件服务模式相比,维护一个应用软件的成本要相对低廉。

(2) 效用计算。早期的企业主要将效用计算作为补充,不会应用在关键性任务需求上。但是时至今日,效用计算逐渐在数据中心开始占据一席之地,一些供应商向用户提供解决方案来帮助IT企业从商业服务器开始创建数据中心。

(3) 云计算的网络服务。网络服务与软件即服务是密切相关的,网络服务供应商提供API能帮助开发商通过网络拓展功能性,而不只是提供成熟的应用软件。

(4) 平台即服务。平台即服务是软件即服务的变种,这种形式的云计算将开发环境作为服务来提供。用户可以先创建自己的应用软件在供应商的基础架构上运行,然后通过网络从供应商的服务器上传递给用户。

(5) 管理服务供应商。管理服务是云计算最古老的形式之一,管理服务是面向IT厂商而并非最终用户的一种应用软件,诸如用于电子邮件的病毒扫描服务或者应用软件监控服务。

(6) 服务商业平台。服务商业平台是软件即服务和管理服务供应商的混合体,这种云计算服务提供了一种与用户相结合的服务采集器。在贸易领域中应用最为普遍,诸如费用管理系统能允许用户在用户设定的规格范围内从普通平台上订购与所要求的服务和价格相符的旅游产品或者秘书台服务,就好比一个自动化服务局。

(7) 网络集成。云基础服务的集成尚处于初始阶段。在云计算时代,产品的竞争力决定了商业模式的形态,财富的分配形式是由云计算产品的生态形式决定的,商业模式本身不会改变这种分配形式。这和传统的商业模式有很大的差别,传统商业模式不仅可以改变产品价值的分配形式,同时也可以改变产品价值的数量,所以商业模式决定了传统企业的成败。

(三) 物联网企业商业模式

物联网企业商业模式应用主要是在电子商务方面,我国的物联网发展起步比较晚,其运行主体和要素主要有运营商、传感设备生产商、系统集成商、软硬件制造商、内容服务提供商、被联物体和用户等。企业应根据物联网自身的商业特点,按照不同行业的市场需求和个体关系特点,设计对应的商业模式。

物联网将互联互通的网络概念进一步延伸到现实生活各个物质实体,把在互联网和电信领域取得成功的新一代IT技术运用到各行各业,并通过智能感知识别、通信网络以及智能运算平台的技术设备,形成对每一个网络节点进行识别、定位、监测、管理和操控的网络系统。基于此,物联网除了扩大网络覆盖的广度和深度,最重要的是通过技术和应用,彻底改变人们的生活方式和习惯,形成规模化的应用,产生新的经济增长点。因此,发展物联网,除了加快技术研发和产品设计,还要加快产业社会化进程,形成规模化商业应用。由于物联网产业链较为复杂,涉及商用主体类型较多,我们必须根据其自身商业特点、不同行业市场需求以及个体关系特点,设计相应的商业模式。

作为互联网业和电信业衍生的新形态,物联网需要从这两个领域获取商业模式经验。互联网发展已由传统盈利模式研究转向价值网络体系和商业生态系统的研究,着重于挖掘、掌握、导向乃至创造市场需求,分析商业模式系统中个体的竞合关系以及物流、资金流、信息流和价值流的表现,使系统动态发展,与外界互动协同发展,同时研究政府等个体在商业模式中的作用,将从盈利为主的商业模式概念转成改革生活方式、提供公共服务的方向。

目前的物联网企业商业模式研究,比较集中的研究方向是分析商业模式运营核心平台的搭建以及市场运营过程运营商、系统集成商、服务提供商等主要个体的相互关系、服务提供方式和收入分配方式。目前我国物联网发展有以下四大类商业模式:

(1) 系统集成商核心型。这类商业模式的主要特点是:由系统集成商租用电信运营商网络,通过整体方案连带通道一起向用户提供业务。这是目前使用较多的商业模式。物联网应用均是特殊行业中的个体内部实现,且企业专业化特征较为明显,需要由行业内专业的系统集成商提供服务,特别是行业壁垒高、对应用要求复杂的行业更需要系统集成商的存在。此类系统集成商一般是第三方企业,拥有较强的软硬件开发和集成能力,同时在行业当中拥有较高的地位。在此类商业模式中,系统集成商主要是收益获得者和收入分配者。技术水平是此类商业模式的核心,主要适用的用户是企业客户,实际的应用类型以采集类为主,而由于运营商非主体性和网络短程性的特点,其应用范围应该是固定区域空间内的数据实时采集和检测,具体可应用于环保监控、自动水电表抄送、智能停车场、电梯监控、自动售货机等。

(2)运营商运营型。这类商业模式主要是由电信运营商向使用物联网业务的企业客户直接提供通道服务。客户除了提供资源,剩下的网络租用和运营都由运营商来完成。这主要是由于运营商的专营网络可以为企业提供,而企业本身又没有相应的开发能力。目前比较典型的应用体现在电力、交通等行业,运营商为企业提供数据通道,根据需求集成软硬件终端,按包月或流量计费。

(3)运营商合作推广型。这类商业模式体现为双主体,即运营商与系统集成商或相关的服务提供商合作。系统集成商开发业务方面,电信运营商负责业务平台建设、网络运行、业务推广及收费。电信运营商一般占主导地位,同时也是其进入物联网市场的主流模式。在此类商业模式中,运营商是核心、是技术进步的主要接收和应用者,同时其也集成软硬件,并针对市场提供服务。在实际运营中,个体间的合作竞争现象比较普遍,系统的效率可以达到最大值,其他个体对于运营商业务的所谓竞争和替代也是一种提升服务能力、通过价值交换提高附加值的手段。从应用类型和范围上看,此类商业模式可以覆盖所有的业务和行业模式,其区分的关键在于物联网技术的发展程度以及市场对于其接受情况。

(4)公共事业应用型。此类商业模式一般由政府等公共事业部门搭建公共平台。客户租用或者购买平台以及相关的软硬件产品,并支付相关通信费用。在这类模式下,GPS车辆定位、视频监控是使用最多的应用,其中也可能由通信运营商搭建相关公共平台。该类商业模式是物联网民生化应用的最直接体现,可以贯穿于物联网发展的各个阶段,政府在其中起着关键性的作用,其对于技术、市场的把握非常重要;同时在发展初期,必要的资金投入也是不可缺少的。在物联网发展初期,此类商业模式可以作为面向市场的主要政策推广模式,主要的公共事业平台以此类模式搭建,可让用户在政府承担成本的情况下免费体验物联网的应用,从而有利于培养用户的相关使用习惯,为物联网行业其他类型的业务推广打下基础。

(四)大数据企业商业模式

随着互联网的极大普及,大数据概念应运而生且越发重要。在诸多领域,大数据浪潮正引致颠覆性创新,也必将带来制度变迁。因此,深入挖掘大数据业务的商业模式必将成为企业的竞争战略之一。

当今时代,数据正以爆炸式的速度增长,并且90%的数据都是在过去2年内创造出来的。打破相互独立的数据系统,实现标准化操作是大数据面临的主要任务。新技术打破了数据的独立性,提高了数据的分析能力,刺激了新的商业形式的出现。

大数据产业链自底向上主要由三层构成:第一层是企业内部交易数据和企业外部的用户行为数据、物联网数据等,这一层次的主要任务是数据的采集、存储和传输等工作;第二层是信息层,去粗取精,提炼后形成价值密度更高的信息,这一层次可以产生诸如数据包销售、租赁等业务模式,也会诞生一批靠搜集各类数据为主业的公司,如区域数据提供商;第三层是知识层,对于知识的利用需要人工介入以外,主要还需要融合行业信息。具体来看,围绕上述三个层次衍生出六种主要的业务模式。

(1) 租售数据模式。将产业定位在大数据采集和整理阶段,通过收集、整理、过滤、校对、打包、发布等一系列流程后,实现数据的增值,这就是租售数据模式。作为中国领先的导航地图、动态交通信息及汽车综合信息服务提供商,四维图新致力于为全球客户提供专业化、高品质的电子地图数据产品和服务。其拥有全国最大的高质量导航电子地图数据库,建成了以北京为中心、覆盖全国的本地化导航电子地图数据采集更新体系,在基于静态的地图数据基础上不断加入实时动态的交通信息、丰富的生活信息和全面的地理信息。

租售数据模式对于数据提供商来说具有极大的价值,因为这一模式能使其拥有很强的话语权。由于数据的稀缺性,数据提供商位于产业链的有利位置,具有较强的议价能力、较强的竞争优势以及良好的成长空间。

这一模式的关键成功因素是大数据的采集和维护,企业要将在经营中接触到的大量实时数据进行汇总记录并校对,加工成客户所需的数据才能销售获利。

(2) 租售信息模式。将产业定位在大数据整理和分析阶段,采编各类信息、数据,建设和维护数据平台,并通过各类渠道将信息传递、推广、销售出去,这就是租售信息模式。成立于1982年的美国彭博资讯公司是目前全球最大的财经资讯公司,其仅用了22年的时间,就使它的金融数据市场的销售收入超越了具有150年历史的、世界上最大的资讯公司——路透集团。彭博资讯公司是全球商业、金融信息和财经资讯的领先提供商,通过其强大的信息、专家和咨询网络为全球重要的决策制定者带来关键信息。彭博资讯公司的优势在于通过创新的技术来快速、精准地传递数据、资讯和分析工具。

租售信息模式能够成为企业竞争的法宝,企业结合终端业务比竞争对手更及时、更客观地提供相关信息和资讯给广大用户,可以抢占更多的市场份额。这一模式的关键成功因素是采编各类信息资讯,要做到这一点,企业应建设和维护大型数据平台,并协同多种渠道进行信息和资讯的推广。

(3) 数字媒体模式。将产业定位于媒体上,利用数据挖掘技术帮助客户开拓精准营销,企业收入来自客户增值部分的分成,这就是数字媒体模式。这类企业成长非常快,一般擅长数据挖掘分析技术,帮助一些数据大户如银行、运营商等开展新的业务。亿赞普(北京)科技有限公司(以下简称"亿赞普")是一个高科技公司,基于技术和商业模式的创新,搭建了全球化的云媒体平台。亿赞普目前已拥有56项国际核心专利,尤其在大数据处理和数据分类技术上处于国际领先地位。亿赞普云媒体平台创新的商业模式,包含了电信业、媒体、电子商务、广告服务等行业,构建了一条全新的数字媒体服务产业链,将助推互联网媒体产业链转型升级。

传统的互联网营销是完全碎片化的,广告主每一次广告投放的数据难以进行关联和复用,导致了广告费用的浪费。数字媒体模式基于领先的数据挖掘技术,解决了这一难题,不仅实现了跨媒体的广告调度,而且帮助广告主不断积累和复用自己的营销数据库,实现了营销活动的持续性和科学管理。

这一模式的关键成功因素是基于大数据分析和挖掘而积累的互联网知识。其基于知识模式的经济价值和社会价值还远远没有发掘出来，其发展空间不可估量。

（4）数据使能模式。将产业定位在某一具体行业，通过大量数据支持，对数据进行挖掘分析后预测相关主体的行为，以开展业务，这就是数据使能模式。最典型的是小额信贷公司，在大数据时代，评估这些小微企业甚至个人还款能力的技术手段有了巨大进步，通过分析这些企业往来的交易数据、信用数据、客户评价数据等，完全可以掌握它们需要的资金量，甚至可以测算它们可能的还款时间，放贷风险大为降低。目前基于数据分析的小额信贷公司如雨后春笋，国内具有代表性的公司是阿里巴巴旗下的阿里巴巴金融。阿里巴巴金融承担阿里巴巴集团为小微企业和网商个人创业者提供互联网化、批量化、数据化金融服务的使命，其通过互联网数据化运营模式，为阿里巴巴、淘宝网、天猫网等电子商务平台上的小微企业、个人创业者提供可持续性的电子商务金融服务，向这些无法在传统金融渠道获得贷款的弱势群体提供"金额小、期限短、随借随还"的纯信用小额贷款服务。

数据使能模式依据大数据技术开展高收益、低风险的业务，为企业创造新的盈利模式。未来将会有更多的数据使能型的业务模式出现，它们将具备创新业务的特质。

这一模式的关键成功因素是维护数据的真实性和完整性，并适时进行风险分析。数据越完善，风险越低，越有利于保证企业的高收益。

（5）数据空间出租模式。将产业定位于大数据计算基础设施上，通过出租一个虚拟空间，从简单的文件存储，逐步扩展到数据聚合平台，这就是数据空间出租模式。Dropbox 是一个网络存储服务、网络备份工具和文件同步工具，其在线存储服务通过云计算实现互联网上的文件同步，用户可以存储并共享文件。用户可以通过 Dropbox 桌面应用软件，把档案放入指定文件夹，然后档案就会被同步到云端，只要用户在其他设备上登录自己的 Dropbox 客户端，就可以访问和管理自己 Dropbox 上的文件。数据空间出租模式给个人和企业用户提供了实用的文件同步、备份、共享工具。另外，它也可以很方便地分享给其他人。自动备份的功能则大大提高了文件的安全性。

这一模式的关键成功因素是平台的开发和维护，因为这一模式普遍的运作方式将后台自动备份指定的文件夹内容放到云空间上，所以往往需要一个功能十分强大的开发平台来支撑。

（6）大数据技术提供商模式。将产业定位于大数据技术和工具上，围绕 Hadoop 架构开展一系列产品研发、技术服务，或是开发非结构化数据处理技术，这就是大数据技术提供商模式。狭义的大数据技术相关公司围绕 Hadoop 技术，提供大数据存储、检索、数据挖掘等应用。就广义而言，大数据的核心技术之一是非结构化数据的处理技术，包括语音、视频、文本、图片等。拓尔思公司是国内非结构化信息处理的龙头企业，公司专注于海量非结构化信息处理为核心的软件研发、销售和技术服务，其大数据管理系统 V7.0 兼容 Hadoop 标准支持 PB 级海量数据管理。

大数据技术提供商模式迎合了大数据时代对海量数据进行挖掘整合的需求，而且移动互联时代的海量消费数据给其发展带来了巨大的市场空间和成长机会。这一模式的关键成功因素是准确把握技术发展方向并保证提供优质的技术服务。同时，企业应构建清晰的营销网络架构，并且针对不同客户群体提供差异化服务，保证满足重点客户的定制化需求。

第三节 构建企业商业模式理论模型

一、商业模式的构成要素

由于不同的企业各构成要素不同,整合形式不同,也就决定了不同的企业有着千差万别的商业模式。有一万个企业就有一万种商业模式。事实上,谁也不能否认,无论是偏僻山村的杂货店,还是繁华都市的巨型企业;无论是传统的手工企业,还是现代化的IT公司,从最原始、最简单的组织,到最庞大、最复杂的机构,无一例外,都拥有自己的商业模式。

我们通常用模型来对现实各界中的复杂问题进行简单的、具有代表性的描述。模型使得我们可以抛开所有复杂的特点,直接理解个体的本质。从这个思路出发,我们可以抛开战略、过程、战略单元、规则等制度,以及工作流程和系统方面的复杂细节,直接给商业模式下一个定义,但是即使我们知道商业模式是一种简单的商业逻辑,我们依然需要用一些要素来描述这种逻辑。通过对现有的结果分析,我们认为有八大方面的要素可以帮助我们描述一个商业模式。

(一) 核心竞争力

核心竞争力是企业执行其商业模式所需的能力,即企业或个人相较于竞争对手而言所具备的竞争优势与核心能力差异。核心竞争力是企业竞争力中那些最基本的能使整个企业保持长期稳定的竞争优势和获得稳定超额利润的竞争力,是将技能资产和运作机制有机融合的企业自身组织能力,是企业推行内部管理性战略和外部交易性战略的结果。现代企业的核心竞争力是一个以知识、创新为基本内核的企业某种关键资源或关键能力的组合,是能够使企业、行业和国家在一定时期内保持现实或潜在竞争优势的动态平衡系统。

(二) 价值主张

价值主张是企业通过其产品和服务所能为消费者提供的价值体现了企业相对于消费者的实际应用价值。在蓝海战略中,价值主张是指企业或品牌所制定的蓝海战略,需要达到市场消费诉求的兴奋点,在满足市场诉求关注的同时,企业还需要获利。这里的企业获利,不是单方面的,是市场、企业、个人三方面可以获得的价值主张,包括企业通过其产品和服务所能向消费者提供的价值。价值主张确认公司对消费者的实用意义。品牌价值主张不仅包括提供给消费者的利益,而且还包括品牌对社会、对人等的态度和观点。消费者的利益可以通过调查得到。品牌对社会的态度和观点主要来自对社会行业潮流的把握。

(三) 目标消费者群体

目标消费者群体是企业所瞄准的消费者群体。这些群体具有某些共性,从而使企业能够(针对这些共性)创造相应的价值。定义消费者群体的过程也被称为市场细分。

(四) 分销渠道

分销渠道是企业用来接触消费者的各种途径,涉及企业如何开拓市场和实战营销策略等诸多问题。由于我国个人消费者与生产性团体用户消费的主要商品不同,消费目的与购买特点等具有差异性,客观上使我国企业的销售渠道构成具有两种基本模式:企业对生产性团体用户的销售渠道模式和企业对个人消费者销售渠道模式。

（五）客户关系

客户关系是公司同其消费者群体之间所建立的联系，具有多样性、差异性、持续性、竞争性、双赢性的特征。它不仅仅可以为交易提供方便，节约交易成本，也可以为企业深入理解客户的需求和交流双方信息提供机会。

（六）资源配置

资源配置指对相对稀缺的资源在各种不同用途上加以比较作出的选择。资源是指社会经济活动中人力、物力和财力的总和，是社会经济发展的基本物质条件。在社会经济发展的一定阶段，相对于人们的需求而言，资源总是表现出相对的稀缺性，从而要求人们对有限的、相对稀缺的资源进行合理配置，以便用最少的资源耗费，生产出最适用的商品和劳务，获取最佳的效益。资源配置合理与否，对一个国家经济发展的成败有着极其重要的影响。

（七）合作伙伴网络

合作伙伴网络是公司同其他公司之间为有效地提供价值并实现其商业目标而形成的合作关系网络，这也描述了公司的商业联盟范围。

（八）盈利模式

盈利模式是公司通过各种收入流来创造财富的途径，是对企业经营要素进行价值识别和管理，在经营要素中找到盈利机会，即探求企业利润来源、生成过程以及产出方式的系统方法。还有观点认为，它是企业通过自身以及相关利益者资源的整合并形成的一种实现价值创造、价值获取、利益分配的组织机制及商业架构。盈利模式分为自发的盈利模式和自觉的盈利模式两种，前者的盈利模式是自发形成的，企业对如何盈利、未来能否盈利缺乏清醒的认识，企业虽然盈利，但盈利模式不明确、不清晰，其盈利模式具有隐蔽性、模糊性、缺乏灵活性的特点；后者，也就是自觉的盈利模式，是企业通过对盈利实践的总结，对盈利模式加以自觉调整和设计而成的，它具有清晰性、针对性、相对稳定性、环境适应性和灵活性的特征。

以上八种要素决定了商业模式的制定和应用。凡是成功企业都是在一个有效的商业模式下运营的。只要对这些企业的商业模式系统地加以分析，管理者就会明白，这一模式是如何运用某些关键资源和关键流程，以盈利方式实现强有力的价值主张。在这一认识的基础上，他们就可以判断，是否可以用统一模式来有效地实现截然不同的客户价值主张，或者为了抓住机遇是否需要建立一个全新的商业模式，以及如何建立新商业模式。

二、构建企业商业模式理论模型

根据上述对各种商业模式的解剖，加上对商业模式构成要素的分析，企业商业模式可归结为五大要素：企业定位、盈利模式、资源整合、平台战略、价值创造。正是由于这五大构成要素的有机组合，构建出了企业商业模式的理论模型。

（一）企业定位

一个企业从诞生起，就应该有自己的市场定位。市场定位简单地说就是确定销售场合和消费群体。企业定位具体包括如下几个方面：

第一，目标市场定位。企业必须根据自身优势锁定确定目标市场。要注意企业过度分散资源最后导致企业在各个目标市场都未能有所建树的问题。

第二，企业定位（树立企业品牌）。企业销售的产品往往与顾客对品牌的认可起到重要的联系。认识产品实际上是从认可产品的品牌开始的。品牌定位必须以产品定位为基础,通过产品定位来实现。成功的品牌作为一种无形资产会与产品脱离而单独显示其价值。一个良好的企业形象和较高的社会地位不仅会得到消费者的认可,而且还会得到与企业有关的所有人员和机构的认可,包括供应商、批发商、零售商、政府、新闻机构等,企业活动所有的环节——产品、生产、推销、广告、价格等也都会对企业定位产生影响。

第三,产品定位。产品定位是某个具体的按照消费者的需求生产的产品。产品定位是所有定位的基础。因为企业最终销售出去的是产品,消费者对企业的认可也是通过产品作为媒介的,没有产品在消费者头脑中的鲜明形象就不用再谈品牌及企业在消费者头脑中的优先地位。例如,当人们谈到计算机时,想到的是苹果、戴尔等公司;谈到飞机,立即想到波音公司等。

第四,竞争定位。竞争定位就是确定企业相对于竞争者的市场位置,企业要准确分析自身产品与竞争对手产品在成本及品质上的优势,以优势对劣势打击竞争产品,占领市场。

市场定位的关键是企业要设法在自己的产品上找出比竞争者更具有竞争优势的特性,如产品成本、品质及用性等优势。竞争优势一般有两种基本类型:一是价格竞争优势,即在产品同等质量的条件下比竞争者定出更低的价格。这就要求企业在原料采购、优化生产工艺及减少运营费用方面来降低单位成本。二是产品质量或使用性竞争优势,即能提供竞争对手所不能提供的品质或使用性来满足顾客的需求。这就要求企业努力在产品原材料、生产工艺及产品后处理等方面做大量的工作以提高产品质量。因此,企业市场定位的全过程可以通过以下五大阶段来完成:

(1) 科学定位目标市场。任何企业都没有足够的人力资源和资金满足整个市场或追求过大的目标市场,只有扬长避短,找到有利于发挥本企业现有的人、财、物优势的细分市场,才不至于在庞大的市场上瞎撞乱碰。企业必须根据其可生产的产品,由企业市场部调研选择产品的目标市场,这就必须深入分析目标市场的进入难度、目标市场对产品各技术指标的要求、目标市场竞争对手的获利情况、目标市场价格水平、目标市场的容量大小及回款情况等指标,进行分析,综合考虑,选择最适合企业的目标市场。

(2) 调研目标市场,分析企业竞争优势。调研目标市场需要摸清:一是各竞争对手产品种类、价格体系及产品品质的优劣点;二是目标市场上客户对各产品种类的需求量。继而企业须根据调研的市场情况分析本企业产品以何种类、何卖点进入市场。这就需要企业市场人员做大量的工作,必须认真细致地对目标市场进行调研,与大量客户面对面进行交流和咨询,总结并分析有关上述问题的资料(调研数据必须精确周到,这是后续工作的基础),作出科学预测。

(3) 选择竞争优势,对目标市场初步定位。竞争优势即企业能够胜过竞争对手的能力。选择竞争优势实际上就是一个企业与竞争者各方面实力相比较的过程,更是前期销售策略制定的比较决策过程。

企业应制定一个完整的比较指标体系,以保证准确地选择相对竞争优势,制定符合市场实际的销售政策。企业必须分析、比较企业与竞争者主要在技术开发、原材料采购、生产能力、质量控制(产品稳定性)、市场营销水平、财务制度六个方面的优势和劣势,从而选择最适合本企业的优势项目或其组合,以准确定位企业在目标市场的位置,为企业制定产品销售策略打下基础。

(4) 发挥竞争优势。这一阶段的主要任务是企业要通过一系列的人员上门推销、网络宣传等销售活动，将其产品独特的竞争优势准确传播给潜在客户，让客户认知产品，打击竞争对手，以占领市场。为此，企业定位应区别并优于竞争对手，将企业竞争优势发挥到极致；应使目标客户了解并认同本企业的市场定位。

(5) 调整定位。在准确定位目标市场和发挥竞争优势后，企业还应关注目标市场新产品或替代品的出现。这就要求企业技术创新能力强，能够率先推出性能价格比较高的新产品，就可以在竞争中保持领先优势。

(二) 盈利模式

盈利模式，简单地讲，就是一件产品的利润有多少，整个企业的利润有多少。盈利模式是在给定业务系统中各价值链所有权和价值链结构已确定的前提下企业利益相关者之间利益分配格局中企业利益的表现。

因此，盈利模式就是企业赚钱的渠道，即通过怎样的模式和渠道来赚钱。盈利模式是企业在市场竞争中逐步形成的企业特有的赖以盈利的商务结构及其对应的业务结构。

企业的商务结构主要指企业外部所选择的交易对象、交易内容、交易规模、交易方式、交易渠道、交易环境、交易对手等商务内容及其时空结构；企业的业务结构主要指满足商务结构需要的企业内部从事的包括科研、采购、生产、储运、营销等业务内容及其时空结构。商务结构反映的是企业内部资源整合的对象及其目的；业务结构反映的是企业内部资源配置情况。商务结构直接反映的是企业资源配置的效益；业务结构直接反映的是企业资源配置的效率。

任何企业都有自己的商务结构及其相应的业务结构，但并不是所有企业都盈利，因而并不是所有企业都有盈利模式。

(三) 资源整合

资源整合是企业战略调整的手段，也是企业经营管理的日常工作。整合就是要优化资源配置，就是要有进有退、有取有舍，就是要获得整体的最优。资源整合是指企业对不同来源、不同层次、不同结构、不同内容的资源进行识别与选择、汲取与配置、激活和有机融合，使其具有较强的柔性、条理性、系统性和价值性，并创造出新的资源的一个复杂的动态过程。

按照企业之间整合资源的方式不同，资源整合可以分为横向整合、纵向整合和平台式整合三种形式。

1. 横向整合

横向整合是把目光集中在价值链中的某一个环节，探讨利用哪些资源，怎样组合这些资源，才能最有效地组成这个环节，提高该环节的效用和价值。它与纵向资源整合不同，纵向资源整合是把不同的资源看作是位于价值链上的不同环节，强调的是每个企业要找准自己的位置，做最有比较优势的事情，并协调各环节的不同工作，共同创造价值链的最大化价值。横向整合的资源往往不是处于产业链内，而是处于本产业链外。

2. 纵向整合

纵向整合是处于一条价值链上的两个或者多个厂商联合在一起结成利益共同体，致力于整合产业价值链资源，创造更大的价值。

传统的"原材料供应—设计制造—产品分销"就是一条典型的纵向价值链，企业在其中要考虑的问题是：自己是否处于价值链上最有利的位置？自己是否在做最适合自己、最能发挥自己优势的工作？如果不是，自己在哪些环节上没有相对优势？应整合哪些具有相对优势的资源？又如何整合？

例如，按照传统的经营方式，花店先从花农处采购鲜花，然后再卖给顾客，几十年来都是如此。但是，这并不意味着它是最好的经营方式。某花店放弃传统的经营方式，而与花农和快递公司结成战略联盟。花店作为一个鲜花的订购中心，顾客到这里订购鲜花（可通过网络或电话订购），花店记录下顾客订购的花的种类和数量以及顾客希望送达的地址和希望送达的时间。同时，把顾客需要的花的种类和数量信息发给花农，通知花农准备鲜花，然后把顾客订购的花的种类和数量以及顾客希望送达的地址和希望送达的时间等信息发给快递公司，由它从花农处取得鲜花再送给顾客。花店通过与快递公司的合作，整合快递公司的运输资源，把传统情况下的两方合作变成三方联盟。新的战略联盟大大扩展了生意量，每个参与方都获得了更多的收入：花农可以卖出更多的花，快递公司得到更多的生意，而花店得到更多的订单，并同时节省了运输成本，顾客也可以享受到更多的鲜花选择和方便快捷的上门送花服务，这都是传统的花店做不到的。

3. 平台式整合

不论是纵向整合还是横向整合，都是把企业自己作为所整合资源的一部分，考虑怎样联合别的资源得到最佳效果。平台式整合却不同，它考虑的是，企业作为一个平台，在此基础上整合供应方、需求方甚至第三方的资源，同时增加这双方的收益或者降低双方的交易成本，自身也因此获利。

淘宝就是一个典型的搭建平台整合资源的例子。它整合了供应商和需求方的信息，打造了一个信息平台。供应商和需求商可以通过它交换信息、互通有无，达到最佳的交易效果，而淘宝则通过收取服务费而盈利。类似的成功的例子还有携程网等。

同样，现在所有的展览会都通过平台式资源整合方式打造供求双方的平台，通过满足双方各自的需求而盈利。一个展会至少要整合三方面的资源：一是参展商；二是专业观众；三是为展会服务的服务商，如物流商、酒店、搭建商、保洁、安保、展馆、旅游商等。

（四）平台战略

平台战略就是构建多主体共享的商业生态系统并且产生网络效应，实现多主体共赢的一种战略格局。平台生态圈里的一方群体，一旦因为需求增加而壮大，另一方群体的需求也会随之增长。如此一来，一个良性循环机制便建立了，通过此平台交流的各方也会促进对方无限增长。通过平台模式达到战略目的，包括规模的壮大和生态圈的完善，乃至对抗竞争者，甚至是拆解产业现状、重塑市场格局。

（五）价值创造

价值创造成为企业发展的目标。价值创造对企业尤为重要，主要表现在以下两个方面：

第一，价值创造是企业的战略选择。在市场经济中，价值创造应成为企业经营者的目标。价值创造涉及企业的经营理念、运行机制、功能结构等，渗透在企业的各项管理中。价值经营理念深刻影响着企业的发展。基于价值的管理对于企业捕捉商机、促进增长至关重要。优势劣势的转变是转眼间的事，衡量企业成功的标准是机会丧失的多少，不是一时赚钱的多少，因此企业最重要的是关注市场盲点，通过基于价值管理来增强捕捉市场机会的能力。

第二，加强对价值来源、价值创造问题的深入研究成为实践对理论提出的重要课题。唯有不断创造价值,企业才能在激烈的市场竞争中占据一席之地,得到持续发展。建立起以创造价值为根本的系统管理,用价值来衡量企业的经营管理成果,造就"生命型企业",才是企业生存和发展的根本。因而,加强对价值来源、价值创造问题的深入研究成为实践对理论提出的重要课题。

综上所述,商业模式的五大要素并不是孤立存在的,而是在运营中相辅相成的。企业定位是商业模式的起点;盈利模式是企业成长的动力;资源整合是企业发展的保障;而平台战略是企业快速实现目标的捷径。前四大要素都是服务于价值创造的,价值创造是企业的最终目的所在,也是商业模式的终点。这五大要素互为一体,都是商业模式变革中的一分子。

本章小结

本章主要学习了:商业模式概述,包括商业模式的内容、特征、作用、结构性维度以及核心原则;常见商业模式,包括传统企业的商业模式和高科技企业的商业模式;构建企业商业模式理论模型。

本章重要概念

商业模式特征　商业模式核心原则　商业模式构成要素　商业模式类型

思考与练习

1. 商业模式的内涵是什么?
2. 商业模式与盈利模式有什么异同?
3. 商业模式的构成要素包含哪些内容?

推荐阅读资料

[1] 刘正阳,等.商业模式对企业绩效的影响探究——基于新能源上市企业数据[J].管理评论,2019(7).

[2] 纪雪洪,张思敏,赵红.创业企业商业模式调整机制研究:直接动因,调整过程与主要模式[J].南开管理评论,2019(5).

6-1 第六章
商业模式
分析 PPT

6-2 第六章
课后练习题

第七章　财务报表分析

> - 内容简介
> - 学习目标和要求
> - 引例
> - 第一节　资产负债表分析
> - 第二节　利润表分析
> - 第三节　现金流量表分析
> - 第四节　所有者权益变动表分析
> - 本章小结
> - 本章重要概念
> - 思考与练习
> - 推荐阅读资料

内容简介

本章主要介绍了财务报表分析的基本理论与方法,具体包括资产负债表水平分析、垂直分析的思路与方法;利润表整体分析和分部报告分析的思路与方法;现金流量表分析的思路方法;所有者权益变动表分析的思路方法等。

学习目标和要求

通过本章的学习,学生应明确财务报表分析的目的和内容;熟练掌握资产负债表、利润表、现金流量表与所有者权益变动表分析的思路;能够运用企业财务报表分析结果对企业财务状况及经营成果进行合理评价。

引例　旺旺公布 2020 年财报,营收增长 9.5%,市值达 220 亿元人民币

中国旺旺控股有限公司发布 2020 财年(2020 年 4 月 1 日至 2021 年 3 月 31 日)财报,营收同比增长 9.5%,达 220 亿元人民币;其中:乳饮类、休闲食品类营收增长超双位数,境内全渠道营收实现增长,净利润同比增长 13.9%,达 41.58 亿元人民币。

渠道、品类收益稳健增长。公司管理层表示,能在多变及新冠肺炎疫情影响的外部环境中实现近双位数的增长,得益于旺旺对品质的不懈追求,及近年生动的数字行销活化品牌形象增进了与消费者的情感交流,令多元化渠道配合多样化品牌更加显现成效。

批发渠道稳定增长,新兴渠道多元发展。旺旺持续精耕渠道,精进供应链效率;旺旺正逐步引导经销商数字化转型,利用直播、线上线下结合等方式,扩充覆盖网点,加快产品流转速度。新兴渠道占集团收益已达高个位数,带动集团整体业绩增长,旺旺亦结合生动的数字行销方法推荐新品,使品牌不断在消费者心中年轻化。

海外市场虽受新冠肺炎疫情影响,但管理层表示,仍看好海外市场中长期的发展潜力,越南生产基地预计将在 2021 财年开始运营,越南、泰国分公司已投入运营,其他潜力海外分公司筹建也按既定规划推进中,寄望海外市场成为旺旺未来中长期发展的增长机会。

核心品类实现良好增长。乳饮类营收同比增长 12.2%,达 110.1 亿元人民币。主力品项旺仔牛奶呈现强劲成长势头全年涨幅 11.3%,且下半年增速较上半年进一步加快。休闲类营收同比增长 14.6%,糖果营

收同比扩张 16.5%,冰品收益因 2019 年基数较低,加上与利乐公司合作 2020 年推出"冻痴"旺仔牛奶味新品,受到消费者追捧,收益同比增幅达 24.3%。米果类虽因大礼包及外销受一定程度疫情影响,营收同比微幅下降 0.5%,但管理层表示,米果类在新兴渠道渗透率及拓展速度显著增加,由电商、特通、自动售货机、旺仔旺铺等渠道增加触达网点,后续将持续优化产品口味及包装。此外,旺旺近年针对不同年龄、诉求消费者特点,持续多元化品牌、差异化产品策略,旗下品牌已覆盖全龄消费者。

强劲现金流及派息。截至 2021 年 3 月 31 日,现金及等价物加之长期银行定存达 189.3 亿元人民币,较 2020 年同期增加约 16.74 亿元人民币。旺旺董事会拟派末期股息 1.76 亿美元,若加上中期股息 7 900 万美元,全年股息达 2.55 亿美元。另外,2020 财年在公开市场进行回购股约 3.38 亿股(约占流通股份的 2.7%)共计 2.4 亿美元,已全部注销。2020 财年,旺旺通过股份回购及派息共计归还股东约 4.95 亿美元(约 33.11 亿人民币)。

资料来源:https://www.gucheng.com/hot/2021/4059153.shtml。

第一节 资产负债表分析

一、资产负债表分析的目的

资产是企业产生、生存与发展的原动力,企业的资本运动是通过资本筹集、资本运用和资本收益分配等一系列资本活动来实现的。筹资活动是企业根据生产经营对资本的需求,通过各种筹资渠道,采用适当筹资方式取得经营所需资本的行为。筹资活动是企业生存和发展的基本条件,是资本运用的起点。企业的资本来源,一是由所有者提供的永久性资本,二是由债权人提供的信贷资金,从而形成对一个企业所拥有资产的两种不同要求权。企业取得资本后,必须将资本有目的地投放使用,使其转化为相应的资产,以谋取最大的资本收益。资本运用是企业资本运动的中心环节,它不仅对资本筹集提出要求,而且对资本收益分配产生影响。资本收益分配既是企业前期资本运动的终点,也是下期资本运动的起点,它作为资本运动的结果而出现,是对资本运动成果的分配。企业的所有资本活动及结果,必然会直接通过资产负债表全面、系统、综合地反映出来,但是,仅仅通过阅读资产负债表,报表使用者只能了解企业在某一特定时日所拥有或控制的资产、所承担的经济义务以及所有者对净资产的要求权。尽管这些信息是必要的,但却满足不了报表使用者进行决策的需要,借助于资产负债表的分析,才有可能最大限度地满足报表使用者的这种要求。

资产负债表分析的目的,就在于了解企业会计对企业财务状况的反映程度,以及所提供的会计信息的质量,据此对企业资产和权益的变动情况以及企业财务状况作出恰当的评价。

1. 通过资产负债表分析,揭示资产负债表及相关项目的内涵

从根本上讲,资产负债表上的数据是企业经营活动的直接结果,但这种结果是通过企业会计依据某种会计政策,按照某种具体会计处理方法进行会计处理后编制出来的。因此,企业采取何种会计政策,使用何种会计处理方法,必然会对资产负债表上的数据产生影响。例如,某一经营期间耗用的材料一定时,采用不同存货计价方法进行会计处理,期末资产负债表上的存货金额就会有很大差异。如果不能通过分析搞清资产负债表及相关项目的内涵,就会把企业会计处理产生的差异看作生产经营活动导致的结果,从而得出错误的分析结论。

2. 通过资产负债表分析,了解企业财务状况的变动情况及变动原因

企业在经营过程中,企业资产规模及各项资产会不断发生变动,与之相适应的是资金来源也会发生相应变动,资产负债表只是静态地反映出变动后的结果。企业的资产、负债及所有者权益在经过一段时期经营后,发生了什么样的变动,变动的原因是什么,只有通过对资产负债表进行分析才能知道,并在此基础上,对企业财务状况的变动及变动原因作出合理的解释和评价。

3. 通过资产负债表分析,评价企业会计对企业经营状况的反映程度

资产负债表是否充分反映了企业的经营状况,其真实性如何,资产负债表本身不能说明这个问题。企业管理者出于某种需要,既可能客观地、全面地通过资产负债表反映企业的经营状况,也可能隐瞒了企业经营中的某些重大事项。根据一张不能充分真实反映企业经营状况的资产负债表,企业管理者是不能对企业财务状况的变动和变动原因做出合理解释的。虽然这种评价具有相当的难度,特别是对那些不了解企业真实经营状况的外部分析者来说,其难度更大,但却是资产负债表分析的重要目标之一。

4. 通过资产负债表分析,评价企业的会计政策

企业的会计核算必须在企业会计准则指导下进行,但企业会计在会计政策选择和会计处理方法选择上也具有相当的灵活性,如存货计价方法、折旧政策等。不同的会计政策和会计处理方法,体现在资产负债表上的结果往往不同,某种会计处理的背后,总是代表着企业的会计政策和会计目的。企业所选择的会计政策和会计处理方法是否合适,企业是否利用会计政策选择达到某种会计目的,深入分析资产负债表及相关项目的不正常变动,了解企业会计政策选择的动机,可以揭示出企业的倾向,评价企业的会计政策,消除会计报表外部使用者对企业会计信息的疑惑。

5. 通过资产负债表分析,修正资产负债表的数据

资产负债表(见表7-1)是进行财务分析的重要基础资料,即使企业不是出于某种目的进行调整,资产负债表数据的变化也不完全是企业经营影响的结果。会计政策变更、会计估计变更等企业经营以外的因素对资产负债表数据也有相当的影响。资产负债表分析,可以揭示出资产负债表数据所体现的财务状况与真实财务状况的差异,通过差异调整,修正资产负债表数据,尽可能消除会计信息失真,为进一步利用资产负债表进行财务分析奠定资料基础,以保证财务分析结论的可靠性。

表 7-1 资产负债表

编制单位:华夏公司　　　　　2020 年 12 月 31 日　　　　　单位:元

项　　目	期末余额	上年年末余额	项　　目	期末余额	上年年末余额
流动资产:			流动负债:		
货币资金	216 568.32	212 048.60	短期借款	120 000.00	150 000.00
交易性金融资产	100 000.00	30 000.00	交易性金融负债	200 000.00	30 000.00
应收票据	60 000.00	50 000.00	应付票据	50 000.00	40 000.00
应收账款	601 438.35	862 942.87	应付账款	712 914.27	643 565.00
预付款项	250 611.00	210 613.00	预收款项	100 000.00	40 000.00
应收利息	0	0	应付职工薪酬	113 793.69	93 062.86

(续表)

项　　目	期末余额	上年年末余额	项　　目	期末余额	上年年末余额
应收股利	0	0	应交税费	12 563.40	26 328.08
其他应收款	68 866.50	100 000.00	应付股利	0	0
存货	93 283.06	28 726.46	其他应付款	198 753.50	179 400.00
其他流动资产	0	0	其他流动负债	0	0
流动资产合计	1 390 767.23	1 494 330.93	流动负债合计	1 508 024.86	1 202 355.94
非流动资产：			非流动负债：		
可供出售金融资产	0	0	长期借款	200 000.00	200 000.00
持有至到期投资	0	0	应付债券	0	0
长期应收款	0	0	长期应付款	0	0
长期股权投资	200 000.00	0	专项应付款	0	0
投资性房地产	0	0	预计负债	0	0
固定资产	787 733.74	725 384.26	递延所得税负债	0	0
在建工程	240 000.00	100 000.00	其他非流动负债	0	0
工程物资	0	0	非流动负债合计	200 000.00	200 000.00
固定资产清理	0	0	负债合计	1 708 024.86	1 402 355.94
生产性生物资产	0	0	所有者权益：		
油气资产	0	0	实收资本	800 000.00	800 000.00
无形资产	9 810.00	10 900.00	资本公积	0	0
开发支出	0	0	减：库存股	0	0
商誉	0	0	专项储备	0	0
长期待摊费用	50 000.00	30 000.00	盈余公积	17 028.62	15 825.93
递延所得税资产	0	0	一般风险准备	0	0
其他非流动资产	0	0	未分配利润	153 257.49	142 433.32
非流动资产合计	1 287 543.74	866 284.26	所有者权益合计	970 286.11	958 259.25
资产总计	2 678 310.97	2 360 615.19	负债和所有者权益总计	2 678 310.97	2 360 615.19

二、资产负债表水平分析

(一) 资产负债表水平分析表的编制

资产负债表水平分析的目的之一就是用总体上概括了解资产、权益的变动情况，揭示出资产、负债和所有者权益变动的差异，分析其差异产生的原因。资产负债表水平分析的依据就是资产负债表，通过采用水平分析法，将资产负债表的实际数与选定的标准进行比较，编制出资产负债表水平分析表，在此基础上进行分析评价。

资产负债表水平分析要根据分析的目的来选择比较的标准(基期)，当分析的目的在于揭示资产负债表实际变动情况，分析产生实际差异的原因，其比较的标准应选择资产负债表的上年实际数；当分析的目的在于揭示资产负债表预算或计划执行情况，分析影响资产负债表预算或计划执行情况的原因,其比较的标准应选择资产负债表的预算数或计划数。

资产负债表水平分析除了要计算某项目的变动额和变动率,还应计算出该项目变动对总资产或负债和所有者权益总额的影响程度,以便确定影响总资产或负债和所有者权益总额的重点项目,为进一步分析指明方向。某项目变动对总资产或负债和所有者权益总额的影响程度可按式(7.1)计算:

$$\text{某项目变动对总资产(负债和所有者权益总额)的影响} = \frac{\text{某项目的变动额}}{\text{基期总资产(负债和所有者权益总额)}} \times 100\% \quad (7.1)$$

根据表 7-1 提供的资料,编制华夏公司资产负债表水平分析表,如表 7-2 所示。

表 7-2　　　　　　　　　　资产负债表水平分析表　　　　　　　金额单位:元

项目	期末余额	期初余额	变动情况		对总资产影响
			变动额	变动率	
流动资产:					
货币资金	216 568.32	212 048.60	4 519.72	2.13%	0.19%
交易性金融资产	100 000.00	30 000.00	70 000.00	233.33%	2.97%
应收票据	60 000.00	50 000.00	10 000.00	20.00%	0.42%
应收账款	601 438.35	862 942.87	−261 504.52	−30.3%	−11.08%
预付款项	250 611.00	210 613.00	39 998	18.99%	1.69%
应收利息	0	0	0	0	0
应收股利	0	0	0	0	0
其他应收款	68 866.50	100 000.00	−31 133.5	−31.13%	−1.32%
存货	93 283.06	28 726.46	64 556.6	224.73%	2.73%
其他流动资产	0	0	0	0	0
流动资产合计	1 390 767.23	1 494 330.93	−103 563.7	−6.93%	−4.39%
非流动资产:					
可供出售金融资产	0	0	0	0	0
持有至到期投资	0	0	0	0	0
长期应收款	0	0	0	0	0
长期股权投资	200 000.00		200 000.00		
投资性房地产	0	0	0	0	0
固定资产	787 733.74	725 384.26	62 349.48	8.60%	2.64%
在建工程	240 000.00	100 000.00	140 000.00	140.00%	5.93%
工程物资	0	0	0	0	0
固定资产清理	0	0	0	0	0
生产性生物资产	0	0	0	0	0
油气资产	0	0	0	0	0
无形资产	9 810.00	10 900.00	−1 090.00	−10.00%	−0.05%

(续表)

项　目	期末余额	期初余额	变动情况		对总资产影响
			变动额	变动率	
开发支出	0	0	0	0	0
商誉	0	0	0	0	0
长期待摊费用	50 000.00	30 000.00	20 000.00	66.67%	0.85%
递延所得税资产	0	0	0	0	0
其他非流动资产	0	0	0	0	0
非流动资产合计	1 287 543.74	866 284.26	421 259.48	48.63%	17.85%
资产总计	2 678 310.97	2 360 615.19	317 695.78	13.46%	13.46%
流动负债：					
短期借款	120 000.00	150 000.00	−30 000.00	−20.00%	−1.27%
交易性金融负债	200 000.00	30 000.00	170 000.00	566.67%	7.2%
应付票据	50 000.00	40 000.00	10 000.00	25.00%	0.42%
应付账款	712 914.27	643 565.00	69 349.27	10.78%	2.94%
预收款项	100 000.00	40 000.00	60 000.00	150.00%	2.54%
应付职工薪酬	113 793.69	93 062.86	20 730.83	22.28%	0.88%
应交税费	12 563.40	26 328.08	−13 764.68	−52.28%	−0.58%
应付股利	0	0	0	0	0
其他应付款	198 753.50	179 400.00	19 353.5	10.79%	0.82%
其他流动负债	0	0	0	0	0
流动负债合计	1 508 024.86	1 202 355.94	305 668.92	25.42%	12.95%
非流动负债：					
长期借款	200 000.00	200 000.00	0	0	0
应付债券	0	0	0	0	0
长期应付款	0	0	0	0	0
专项应付款	0	0	0	0	0
预计负债	0	0	0	0	0
递延所得税负债	0	0	0	0	0
其他非流动负债	0	0	0	0	0
非流动负债合计	200 000.00	200 000.00	0	0	0
负债合计	1 708 024.86	1 402 355.94	305 668.92	21.80%	12.95%
所有者权益：					
实收资本	800 000.00	800 000.00	0	0	0
资本公积	0	0	0	0	0
减：库存股	0	0	0	0	0
专项储备	0	0	0	0	0

(续表)

项　　目	期末余额	期初余额	变动情况		对总资产影响
			变动额	变动率	
盈余公积	17 028.62	15 825.93	1 202.69	7.60%	0.05%
一般风险准备	0	0	0	0	0
未分配利润	153 257.49	142 433.32	10 824.17	7.60%	0.46%
所有者权益合计	970 286.11	958 259.25	12 026.86	1.26%	0.51%
负债和所有者权益总计	2 678 310.97	2 360 615.19	317 695.78	13.46%	13.46%

（二）资产负债表变动情况的分析评价

企业总资产表明企业资产的存量规模，随着企业经营规模的变动，资产存量规模也处在经常变动之中。资产存量规模过小，将难以满足企业经营的需要，影响企业经营活动的正常进行；资产存量规模过大，将造成资产的闲置，使资金周转缓慢，影响资产的利用效率。资产作为保证企业经营活动正常进行的物质基础，它的获得必须有相应的资金来源。企业通过举债或吸收投资人投资来满足对企业资产的资金融通，从而产生了债权人、投资人对企业资产的两种不同要求权，即权益。资产、权益分别列示在资产负债表的左右两方，反映企业的基本财务状况，对资产负债表变动情况的分析评价也应当从这两大方面进行。

1. 从投资或资产角度进行分析评价

投资或资产角度的分析评价主要从以下几个方面进行：

（1）分析总资产规模的变动状况以及各类、各项资产的变动状况，揭示出资产变动的主要方面，从总体上了解企业经过一定时期经营后资产的变动情况。

（2）发现变动幅度较大或对总资产变动影响较大的重点类别和重点项目。我们在分析时，首先要注意发现变动幅度较大的资产类别或资产项目，特别是发生异常变动的项目；其次要把对总资产变动影响较大的资产项目作为分析重点。某资产项目变动自然会引起总资产发生同方向变动，但不能完全根据该项目本身的变动来说明对总资产的影响。该项目变动对总资产的影响，不仅取决于该项目本身的变动程度，还取决于该项目在总资产中所占的比重。当某项目本身变动幅度较大时，如果该项目在总资产中所占比重较小，则该项目变动对总资产的变动就不会有太大影响；反之，即使某个项目本身变动幅度较小，如果其比重较大，则其对总资产变动的影响程度也很大。如表 7-2 中"交易性金融资产"项目，在所有资产项目中变动幅度最大，本期增加了 233.33%，但由于该项目仅占总资产的 1.27%（30 000÷2 360 615.19），所以仅使总资产增加 2.97%；"应收账款"项目虽然仅减少 30.3%，但由于其所占比重较大，对总资产的影响却达到 11.08%。我们在分析时只有注意到这一点，才能突出分析重点。抓住关键问题有助于进行深入分析，而且能减轻分析工作量。

（3）要注意分析资产变动的合理性和效率性。对总资产变动情况进行分析，不仅要考察其增减变动额和变动幅度，还要对其变动的合理性与效率性进行分析。特别是企业经营者在进行分析时，更要注意这一点。任何企业取得资产的目的都不是单纯占有资产，而是运用资产进行经营活动以实现企业的目标。资产变动是否合理，直接关系到资产生产能力的形成与发挥，并通过资产的利用效率体现出来，因此，对资产变动合理性与效率性的分析评价,可借助企业产值、营业收入、利润和经营活动现金净流量等指标。通过资产变动与产值变动、营业收入变动、利润变动及经营活动现金净流量变动的比较,对其合理性与效率性作出评价。

(4) 注意考察资产规模变动与所有者权益总额变动的适应程度,进而评价企业财务结构的稳定性和安全性。在资产负债表上,资产总额等于负债与所有者权益总额之和,如果资产总额的增长幅度大于所有者权益总额的增长幅度,表明企业债务负担加重,这虽然可能是由于企业筹资政策变动而引起的,但却可能引起偿债保证程度下降,偿债压力加重。一般来说,为了保证企业财务结构的稳定性和安全性,资产规模变动应与所有者权益总额变动相适应。

(5) 注意分析会计政策变动的影响。例如,企业资产的变动主要受生产经营规模的影响,但企业管理人员在进行会计核算和编制会计报表时所采用的会计政策和会计方法等,对企业资产变动的影响也不可忽视。尽管会计准则和会计制度对会计核算乃至会计报表的编制都有相应的要求,但会计准则和会计制度也给企业灵活选择会计政策和会计方法留有相当大的余地,企业管理人员可以通过会计政策变更,或灵活地选用会计方法对资产负债表的数据做出调整。例如,存货计价方法的改变,也会引起资产负债表上存货的变化。此外,企业大量的经营业务需要会计做出判断。又如,对于企业当期的坏账损失占应收账款的比率,会计的随意性判断就会使应收账款净值发生变动。因此,我们在分析时应先要了解企业所采用的会计政策,对会计政策变更或会计随意性所造成的影响要充分地揭示出来,以便纠正失真的会计数据,使财务分析能够依据真实可靠的会计资料进行,保证财务分析结论的正确性,具体分析见本章第四节。

根据表7-2,可以对华夏公司总资产变动情况作出以下分析评价:

华夏公司总资产本期增加317 695.78元,增长幅度为13.46%,说明该公司本年资产规模有较大幅度的增长。

2. 从筹资或权益角度进行分析评价

筹资或权益角度的分析评价主要从以下几方面进行:

(1) 分析权益总额的变动状况以及各类、各项筹资的变动状况,揭示出权益总额变动的主要方面,从总体上了解企业经过一定时期经营后权益总额的变动情况。

(2) 发现变动幅度较大或对权益总额变动影响较大的重点类别和重点项目,为进一步分析指明方向。

(3) 注意分析评价表外业务的影响。例如,按目前会计准则规定,资产负债表仅反映了企业按历史成本原则核算的现实负债,一个企业承担的或有负债并不反映在资产负债表上,而这种可能成为企业现实负债的事项及其对企业财务状况可能产生的影响,也是分析评价时要特别关注的。

根据表7-2,可以对华夏公司权益总额变动情况做出以下分析评价:华夏公司权益总额较2019年同期增加317 695.78元,增长幅度为13.46%,说明该公司本年权益总额有较大幅度的增长。

值得注意的是,权益各项目的变动既可能是企业经营活动造成的,也可能是企业会计政策变更造成的,或者是由会计的灵活性、随意性造成的,因此,只有结合权益各项目变动情况的分析,才能揭示权益总额变动的真正原因。

另外,对资产负债表水平分析表的分析评价还应结合资产负债表垂直分析、资产负债表附注分析和资产负债表项目分析进行,同时还应注意与利润表、现金流量表的结合。

三、资产负债表垂直分析

(一) 资产负债表垂直分析表的编制

资产负债表结构反映出资产负债表各项目的相互关系及各项目所占的比重。资产负债表垂直分析是通过计算资产负债表中各项目占总资产或权益总额的比重,分析评价企业资产结构和权益结构变动的合理程度。具体讲就是:①分析评价企业资产结构的变动情况及变动的合理性;②分析评价企业资本结构的变动情况及变动的合理性;③分析评价企业资产结构与资本结构的适应程度。

7-1 视频 资产负债表水平分析思路讲解

资产负债表垂直分析可以从静态角度和动态角度两方面进行。从静态角度分析就是以本期资产负债表为分析对象,分析评价其实际构成情况。从动态角度分析就是将资产负债表的本期实际构成与选定的标准进行对比分析,对比的标准可以是上期实际数、预算数和同行业的平均数或可比企业的实际数。其选择视分析目的而定。

根据表 7-2 提供的资料,编制华夏公司资产负债表垂直分析表,如表 7-3 所示。

表 7-3 资产负债表垂直分析表 金额单位:元

项 目	期末余额	期初余额	期末	期初	变动情况
流动资产:					
货币资金	216 568.32	212 048.60	8.09%	8.98%	−0.89%
交易性金融资产	100 000.00	30 000.00	3.73%	1.27%	2.46%
应收票据	60 000.00	50 000.00	2.24%	2.12%	0.12%
应收账款	601 438.35	862 942.87	22.46%	36.56%	−14.1%
预付款项	250 611.00	210 613.00	9.36%	8.92%	0.44%
应收利息	0	0	0	0	0
应收股利	0	0	0	0	0
其他应收款	68 866.50	100 000.00	2.57%	4.24%	−1.67%
存货	93 283.06	28 726.46	3.48%	1.22%	2.26%
其他流动资产	0	0	0	0	0
流动资产合计	1 390 767.23	1 494 330.93	51.93%	63.3%	−11.37%
非流动资产:					
可供出售金融资产	0	0	0	0	0
持有至到期投资	0	0	0	0	0
长期应收款	0	0	0	0	0
长期股权投资	200 000.00	0	7.47%	0	7.47%
投资性房地产	0	0	0	0	0

(续表)

项　　目	期末余额	期初余额	期末	期初	变动情况
固定资产	787 733.74	725 384.26	29.41%	30.73%	−1.32%
在建工程	240 000.00	100 000.00	8.96%	4.24%	4.72%
工程物资	0	0	0	0	0
固定资产清理	0	0	0	0	0
生产性生物资产	0	0	0	0	0
油气资产	0	0	0	0	0
无形资产	9 810.00	10 900.00	0.37%	0.46%	−0.09%
开发支出	0	0	0	0	0
商誉	0	0	0	0	0
长期待摊费用	50 000.00	30 000.00	1.87%	1.27%	0.6%
递延所得税资产	0	0	0	0	0
其他非流动资产	0	0	0	0	0
非流动资产合计	1 287 543.74	866 284.26	48.07%	36.70%	11.37%
资产总计	2 678 310.97	2 360 615.19	100%	100%	0
流动负债：					
短期借款	120 000.00	150 000.00	4.48%	6.35%	−1.87%
交易性金融负债	200 000.00	30 000.00	7.47%	1.27%	6.2%
应付票据	50 000.00	40 000.00	1.87%	1.69%	0.18%
应付账款	712 914.27	643 565.00	26.62%	27.26%	−0.64%
预收款项	100 000.00	40 000.00	3.73%	1.69%	2.04%
应付职工薪酬	113 793.69	93 062.86	4.25%	3.94%	0.31%
应交税费	12 563.40	26 328.08	0.47%	1.12%	−0.65%
应付股利	0	0	0	0	0
其他应付款	198 753.50	179 400.00	7.42%	7.60%	−0.18%
其他流动负债	0	0	0	0	0
流动负债合计	1 508 024.86	1 202 355.94	56.3%	50.93%	5.37%
非流动负债：					
长期借款	200 000.00	200 000.00	7.47%	8.47%	−1%
应付债券	0	0	0	0	0
长期应付款	0	0	0	0	0
专项应付款	0	0	0	0	0
预计负债	0	0	0	0	0
递延所得税负债	0	0	0	0	0
其他非流动负债	0	0	0	0	0
非流动负债合计	200 000.00	200 000.00	7.47%	8.47%	−1%

(续表)

项　目	期末余额	期初余额	期末	期初	变动情况
负债合计	1 708 024.86	1 402 355.94	63.77%	59.4%	4.37%
所有者权益：					
实收资本	800 000.00	800 000.00	29.87%	33.89%	−4.02%
资本公积	0	0	0	0	0
减：库存股	0	0	0	0	0
专项储备	0	0	0	0	0
盈余公积	17 028.62	15 825.93	0.64%	0.67%	−0.03%
一般风险准备	0	0	0	0	0
未分配利润	153 257.49	142 433.32	5.72%	6.03%	−0.31%
所有者权益合计	970 286.11	958 259.25	36.23%	40.60%	−4.37%
负债和所有者权益总计	2 678 310.97	2 360 615.19	100	100	0

（二）资产负债表结构变动情况的分析评价

资产负债表结构变动情况的分析评价可从两大方面进行。

1. 资产结构的分析评价

企业资产结构分析评价的思路如下：

第一，从静态角度观察企业资产的配置情况，特别关注流动资产和非流动资产的比重以及其中重要项目的比重，分析时可通过与行业的平均水平或可比企业的资产结构进行比较，对企业资产的流动性和资产风险作出判断，进而对企业资产结构的合理性做出评价。

第二，从动态角度分析企业资产结构的变动情况，对企业资产结构的稳定性作出评价，进而对企业资产结构的调整状况作出评价。

从表7-3可以看出：

（1）从静态方面分析。就一般意义而言，流动资产变现能力强，其资产风险较小；而非流动资产变现能力较差，其资产风险较大。所以，流动资产比重较大时，企业资产的流动性强而风险小；非流动资产比重较大时，企业资产弹性较差，不利于企业灵活调度资金，风险较大。该公司本期流动资产比重达51.93%，非流动资产比重为48.07%。根据该公司的资产结构，可以认为该公司资产的流动性较强，资产风险较小。

（2）从动态方面分析。该公司流动资产比重下降了11.37%，非流动资产比重上升了11.37%，结合各资产项目的结构变动情况来看，变动幅度不是很大，说明该公司的资产结构相对比较稳定。

2. 资本结构的分析评价

企业资本结构分析评价的思路如下：

第一，从静态角度观察资本的构成，衡量企业的财务实力，评价企业的财务风险，同时结合企业的盈利能力和经营风险，评价其资本结构的合理性。

第二，从动态角度分析企业资本结构的变动情况，对资本结构的调整情况及对股东收益可能产生的影响作出评价。

从表7-3可以看出：

(1) 从静态方面看，该公司所有者权益比重为36.23%，负债比重为63.77%，资产负债率较高，财务风险相对较大。这样的财务结构是否合适，仅凭以上分析难以作出判断，必须结合企业盈利能力，通过权益结构优化分析才能予以说明。

(2) 从动态方面分析，所有者权益比重下降了4.37%，负债比重上升了4.37%，表明该公司资本结构还是比较稳定的，财务实力略有减少。固定资产是指企业为生产产品、提供劳务、出租或者经营管理而持有的、使用时间超过12个月的，价值达到一定标准的非货币性资产，包括房屋、建筑物、机器、机械、运输工具以及其他与生产经营活动有关的设备、器具、工具等。所有企业都必须要有一定量的固定资产，如厂房、机器设备、办公器材等，否则不能进行正常工作与生产。固定资产是企业的劳动手段，构成企业的生产经营能力，是企业赖以生产经营的主要资产，因此对企业资产的营运能力进行分析，还必须进行固定资产的营运能力分析。

(三) 资产结构与资本结构适应程度的分析评价

企业的资产结构受制于企业的行业性质，不同的资产性质，其资金融通的方式也有差异。因此，尽管总资产与总资本在总额上一定相等，但由不同投资方式产生的资产结构与不同筹资方式产生的资本结构却不完全相同。虽然资产结构与资本结构的适应形式千差万别，但归纳起来可以分为保守结构、稳健结构、平衡结构和风险结构四种类型。

1. 保守结构

在保守结构形式中，无论资产负债表左方的资产结构如何，资产负债表右方的资金全部来源于长期资金，非流动负债与所有者权益的比例高低不影响这种结构形式。其形式如表7-4所示。

表7-4　　　　　　　　　　　资产负债表

流动资产	临时性占用流动资产	非流动负债
	永久性占用流动资产	
非流动资产		所有者权益

从表7-4可以看出，保守结构的主要标志是企业全部资产的资金依靠长期资金来源满足。其结果是：①企业风险极低。从前面的风险分析中我们知道，筹资风险是建立在经营风险的基础之上的，只要企业资产经营不存在风险，其偿债风险就会消除。由于这一形式中的偿债风险极低，即使提高长期资产比例，资产风险加大，两方综合起来，也会形成一方较大的风险被另一方极小的风险中和，而使企业风险降低，不至于导致企业通过清算资产偿还到期债务。②导致较高资金成本。相对于其他结构形式，这一形式的资金成本最高，但前提是短期债务成本低于长期债务成本。③筹资结构弹性弱。一旦企业进入用资淡季，对资金存量不易作出调整，尽管企业可以通过将闲置资金投资于短期证券市场来调节，但必须以存在完善的证券市场为前提，而且这种投资的收益也不一定能消除这种高成本的差异。

实务中这种形式很少被企业普遍采用。

2. 稳健结构

在稳健结构形式中，长期资产的资金需要依靠长期资金来解决，短期资产的资金需要则使用长期资金和短期资金共同解决,长期资金和短期资金在满足短期资产的资金需要方面的比例不影响这一形式。其形式如表7-5所示。

表7-5　　　　　　　　　　　　　　资产负债表

流动资产	临时性占用流动资产	流动负债
	永久性占用流动资产	非流动负债
非流动资产		所有者权益

从表7-5可以看出,稳健结构的主要标志是企业流动资产的一部分资金需要使用流动负债来满足,另一部分资金需要则由非流动负债来满足。其结果是:①足以使企业保持相当优异的财务信誉,通过流动资产的变现足以满足偿还短期债务的需要,企业风险较小。②企业可以通过调整流动负债与非流动负债的比例,使负债成本达到企业目标标准,相对于保守结构形式而言,这一形式的负债成本相对要低,并具有可调性。③无论是资产结构还是资本结构,都具有一定的弹性,特别是当临时性资产需要降低或消失时,可通过偿还短期债务或进行短期证券投资来调整,一旦临时性资产需要再生产时,又可以通过重新举借短期债务或出售短期证券来满足其所需。

这是一种能为所有企业普遍采用的资产与权益对称结构。

3. 平衡结构

在平衡结构形式中,以流动负债满足流动资产的资金需要,以非流动负债及所有者权益满足长期资产的资金需要,长期负债与所有者权益之间的比例不是判断这一结构形式的标志。其形式如表7-6所示。

表7-6　　　　　　　　　　　　　　资产负债表

流动资产	流动负债
非流动资产	非流动负债 所有者权益

平衡结构的主要标志是流动资产的资金需要全部依靠流动负债来满足。其结果是:①同样高的资产风险与筹资风险中和后,使企业风险均衡。②负债政策要依据资产结构变化进行调整,与其说负债结构制约负债成本,不如说资产结构制约负债成本。③存在潜在的风险。这一形式以资金变现时间和数量与偿债时间和数量相一致为前提,一旦两者出现时间上的差异和数量上的差异,如营业收入未能按期取得现金,应收账款没能足额收回,短期证券以低于购入成本出售等,就会使企业产生资金周转困难,并有可能陷入财务危机。

这一结构形式只适用于经营状况良好,具有较好成长性的企业,但要特别注意这一结构形式的非稳定性特点。

4. 风险结构

在风险结构形式中,流动负债不仅用于满足流动资产的资金需要,而且还用于满足部分长期资产的资金需要,这一结构形式不因流动负债在多大程度上满足长期资产的资金需要而改变。其形式如表 7-7 所示。

表 7-7　　　　　　　　　　　　资产负债表

流动资产	流动负债
非流动资产	非流动负债 所有者权益

风险结构的主要标志是以短期资金来满足部分长期资产的资金需要。其结果是：①财务风险较大，较高的资产风险与较高的筹资风险不能匹配。流动负债和长期资产在流动性上并不对称，如果通过长期资产的变现来偿还短期内到期的债务，必然会给企业沉重的偿债压力，从而要求企业极大地提高资产的流动性。②相对于其他结构形式，其负债成本最低。③企业存在"黑字破产"的潜在危险，由于企业时刻面临偿债的压力，一旦市场发生变动，或意外事件发生，就可能引发企业资产经营风险，使企业资金周转不灵而陷入财务困境，造成企业因不能偿还到期债务而"黑字破产"。

这一结构形式只适用于处在发展壮大时期的企业，而且只能在短期内采用。

根据华夏公司的资产负债表可以发现，该公司 2020 年流动资产的比重为 51.93%，流动负债比重为 56.3%，属于风险结构。该公司 2019 年流动资产比重为 63.3%，流动负债比重为 50.93%，属于稳健结构。从动态方面看，相对于 2019 年，该公司 2020 年的资产结构和资本结构都有所改变，引起资产结构与资本结构适应程度的性质也发生改变。总资产是指企业拥有或控制的全部资产，包括流动资产、长期投资、固定资产、无形及递延资产、其他长期资产、递延税项等，企业是由各项资产组成的一个整体，其整体效益的高低和运转效率既取决于各单项资产的营运能力，更有赖于其相互配合，因此，把企业作为一个整体，评价全部资产的经营效率和效益是企业营运能力分析必不可少的内容之一。

第二节 利润表分析

一、利润表分析的目的

利润表（见表 7-8）分析的一般目的就是集中分析企业盈利多少、盈利水平的高低、获取利润的渠道与方式的合理性以及盈利能力的稳定性和持久性。具体如下：

（1）正确评价企业一定时期的经营业绩。利润是企业一定时期经营业绩的集中表现和核心内容，它是评价企业一定时期经营业绩的主要指标。企业能否获取利润、能够获取多少利润、如何获取利润是企业利害关系各方关心的主要问题，因此，利润分析是正确评价企业一定时期的经营业绩的基本手段和方式。当然，在现代市场经济环境下，企业在特定时期或特定条件下，没有实现盈利或者盈利较少，也不能认为企业经营业绩就一定很差，企业利润的实现受到许多客观因素的影响。因此，应具体问题具体分析，以便正确评价企业经营业绩。

（2）及时准确发现企业经营管理中可能存在的问题。进行企业财务分析既可以总结成绩,更容易发现工作中存在的问题,特别是对照同行业先进企业或国际先进企业进行分析,就更容易发现经营管理中的不足和差距。因此,进行财务分析具有及时准确发现企业经营管理中可能存在的问题的积极作用。

(3) 为企业经营管理提供决策依据。通过分析发现问题并剖析存在问题的原因,可以为进一步的财务及经营管理决策提供依据,使企业少走弯路,减少决策差错,提供决策科学水平。

表 7-8　　　　　　　　　　　　　利润表

编制单位:华夏公司　　　　　　　2020 年度　　　　　　　　　　　　单位:元

项　　目	本期金额	上期金额
一、营业收入	1 841 361.49	1 661 640.56
减:营业成本	1 691 594.69	1 495 073.99
税金及附加	36 908.26	34 112.51
销售费用	34 392.00	38 374.00
管理费用	73 665.71	62 355.80
财务费用	18 765.02	18 604.16
资产减值损失		
加:公允价值变动收益(损失以"-"号填列)		
投资收益(损失以"-"号填列)	20 000.00	1 000.00
其中:对联营企业和合营企业的投资收益		
二、营业利润(亏损以"-"号填列)	6 035.81	14 120.10
加:营业外收入	20 000.00	30 000.00
减:营业外支出	10 000.00	40 000.00
其中:非流动资产处置损失		
三、利润总额(亏损总额以"-"号填列)	16 035.81	4 120.10
减:所得税费用	4 008.95	1 030.03
四、净利润(净亏损以"-"号填列)	12 026.86	3 090.07
五、每股收益:		
(一)基本每股收益	0.60	0.60
(二)稀释每股收益	0.60	0.60

二、利润表综合分析

(一) 利润增减变动情况分析

水平分析表的编制采用增减变动额和增减变动百分比两种方式。根据表 7-8 的资料,编制利润水平分析表,如表 7-9 所示。

表 7-9　　　　　　　　　华夏公司利润水平分析表　　　　　　　金额单位:元

项　　目	2020 年度	2019 年度	增减额	增减率
一、营业收入	1 841 361.49	1 661 640.56	179 720.93	10.82%
减:营业成本	1 691 594.69	1 495 073.99	196 520.70	13.14%
税金及附加	36 908.26	34 112.51	2 795.75	8.20%
销售费用	34 392.00	38 374.00	−3 982.00	−10.38%
管理费用	73 665.71	62 355.80	11 309.91	18.14%
财务费用	18 765.02	18 604.16	160.86	0.86%
资产减值损失				
加:公允价值变动收益				
投资收益	20 000.00	1 000.00	19 000.00	1 900.00%
其中:对联营企业和合营企业的投资收益				
二、营业利润	6 035.81	14 120.10	−8 084.29	−57.25%
加:营业外收入	20 000.00	30 000.00	−10 000.00	−33.33%
减:营业外支出	10 000.00	40 000.00	−30 000.00	−75.00%
其中:非流动资产处置损失				
三、利润总额	16 035.81	4 120.10	11 915.71	289.21%
减:所得税费用	4 008.95	1 030.03	2 978.92	289.21%
四、净利润	12 026.86	3 090.07	8 936.79	289.21%
五、每股收益				
（一）基本每股收益	0.60	0.60	0	0
（二）稀释每股收益	0.60	0.60	0	0

注:增减额=本期金额−上期金额,增减率=增减额÷上期金额×100%

通过对表 7-9 的利润组成项目的变动百分比进行的绝对值增减变动分析,可以清晰地看出利润各形成要素的增减变化情况及对净利润的影响程度。

(1) 净利润分析。净利润是企业获得的最终财务成果,是可供企业所有者使用或分配的财务成果。华夏公司 2020 年实现净利润 12 026.86 元,较 2019 年增加了 8 936.79 元,增幅为 289.21%。公司净利润的增长主要是利润总额比 2019 年增加了 289.21%引起的;由于所得税费用也较 2019 年增加了 289.21%,两者相抵,导致净利润比 2019 年增加了 289.21%。

(2) 利润总额分析。利润总额反映了企业全部活动的财务成果,它不仅包括营业利润,而且还有非流动资产处置损益及营业外收支净额等一系列财务数据。华夏公司 2020 年利润总额较 2019 年增加了 11 915.71 元,增幅为 289.21%。而该公司 2020 年营业外净支出较 2019 年减少了 20 000 元,降幅为 41.67%,而利润总额只增加了 11 915.71 元,这就意味着营业利润减少影响了利润总额增长。

(3) 营业利润分析。营业利润反映了企业自身正常经营活动取得的财务成果,它的大小不仅取决于营业收入、营业成本以及期间费用的影响,还包括资产减值损失,公允价值变动损益和投资收益的影响,是综合收益观的体现。该公司的营业利润比上年减少了 8 084.29 元,降低了 57.25%。虽然营业收入较 2019 年增加了 10.32%,销售费用较上年减少了 10.38%,投资收益较 2019 年增加了 1 900%,是有利因素,但营业成本、管理费用的增长幅度都大于营业收入增加的幅度,而且税金及附加和财务费用都较 2019 年有所增加。几种情况增减相抵,营业利润减少了 8 084.29 元。

7-2 视频
利润表水平
分析思路

(二)利润构成变动分析

根据表 7-8 的资料,编制利润垂直分析表,如表 7-10 所示。

表 7-10　　　　　　　　华夏公司利润垂直分析表

项　目	2020 年	2019 年	增减率
一、营业收入	100%	100%	0
减:营业成本	91.87%	89.98%	1.89%
税金及附加	2.00%	2.05%	−0.05%
销售费用	1.87%	2.31%	−0.44%
管理费用	4.00%	3.75%	0.25%
财务费用	1.02%	1.12%	−0.10%
资产减值损失			
加:公允价值变动收益			
投资收益	1.09%	0.06%	1.03%
其中:对联营企业和合营企业的投资收益			
二、营业利润	0.33%	0.85%	−0.52%
加:营业外收入	1.09%	1.81%	−0.72%
减:营业外支出	0.54%	2.41%	−1.86%
其中:非流动资产处置损失			
三、利润总额	0.87%	0.25%	0.62%
减:所得税费用	0.22%	0.06%	0.16%
四、净利润	0.65%	0.19%	0.47%

表 7-10 的数据可以从两个角度进行分析:其一是纵向分析,即分析同年度利润表的结构性数据所表现出来的构成比例的合理程度;其二是横向分析,即分析各年度哪些具体因素导致了企业经营业绩的变化,以及它们各自的影响程度。

(1)纵向分析。纵向分析上看,2020 年营业收入毛利率为 8.13%(100%−91.87%),较 2019 年的 10.02%(100%−89.98%)下降了 1.89%,这表明华夏公司主营业务及其他业务的市场能力有所下降。营业利润占营业收入的比重为 0.33%,比 2019 年度的 0.85%下降了 0.52%;2020 年度利润总额的构成为 0.87%,比 2019 年度 0.25%增长了 0.62%;2020 年度净利润的构成 0.65%,比 2019 年度 0.19%增长了 0.47%。从利润的构成情况看,华夏公司盈利能力比上年度略有提高,但是营业利润、利润总额及净利润占营业收入的比重较低,说明华夏公司的成本控制水平有待提高。

(2) 横向分析。横向分析上看,主要是营业成本、管理费用上升是降低营业利润构成的根本原因。营业成本在营业收入比重已经较高的情况下,依然呈上涨趋势。不过投资净收益比重上升,销售费用和营业外支出的减少,对企业营业利润、利润总额和净利润都带来一定的有利影响。

(三) 营业利润分析

营业利润是指企业营业收入与营业成本及税费、期间费用、资产减值损失、资产变动净收益之间的差额。它既包括企业的主营业务利润和其他业务利润,又包括企业公允价值变动净收益和对外投资的投资收益。它反映了企业自身生产经营业务的财务成果。编制营业利润分析表,如表 7-11 所示。

表 7-11 华夏公司利润水平分析表 金额单位:元

项目	2020 年度	2019 年度	增减额	增减率
一、营业收入	1 841 361.49	1 661 640.56	179 720.93	10.82%
减:营业成本	1 691 594.69	1 495 073.99	196 520.70	13.14%
二、营业毛利	149 766.80	166 566.57	−16 799.77	−2.33%
税金及附加	36 908.26	34 112.51	2 795.75	8.20%
销售费用	34 392.00	38 374.00	−3 982.00	−10.38%
管理费用	73 665.71	62 355.80	11 309.91	18.14%
财务费用	18 765.02	18 604.16	160.86	0.86%
资产减值损失				
加:公允价值变动收益				
投资收益	20 000.00	1 000.00	19 000.00	1 900.00%
三、营业利润	6 035.81	14 120.10	−8 084.29	−57.25%

营业利润增减变动水平分析评价应包括以下几个方面:

(1) 营业利润分析。华夏公司 2020 年实现的营业利润为 6 035.81 元,较 2019 年减少了 8 084.29 元,降幅为 57.25%,减少幅度较大。虽然该公司的营业收入比 2019 年增长了 10.32%、投资收益比 2019 年增长了 1 900%、销售费用比 2019 年减少了 10.82%,但是该公司的营业成本、税金及附加、管理费用、销售费用都较 2019 年有所增加,而且营业成本和管理费用增长的幅度超过了营业收入的增长幅度,从而导致了营业利润减少了 8 084.29 元。

(2) 营业毛利分析。营业毛利是指企业营业收入与营业成本之间的差额。华夏公司营业毛利比 2019 年减少了 16 799.77 元,降幅为 2.33%,最关键的因素是营业成本大幅增加,由 2019 年度的 1 495 073.99 元增加为 1 691 594.69 元,增幅为 13.14%;营业收入由 2019 年度的 1 661 640.56 元增加为 1 841 361.49 元,增幅为 10.32%;增减相抵,导致营业毛利减少了 16 799.77 元。

延伸阅读 7-1

营业利润、利润总额与净利润的关系

利润表中不同层次的利润依次为:营业利润、利润总额和净利润。

营业利润＝营业收入－营业成本－营业税金及附加－销售费用－管理费用－财务费用－资产减值损失＋公允价值变动收益(－公允价值变动损失)＋投资收益(－投资损失)

根据企业会计准则的规定,利润是指企业在一定会计期间的经营成果,利润包括收入减去费用后的净额、直接计入当期利润的利得和损失等。利润总额的计算公式如下:

利润总额＝营业利润＋营业外收入－营业外支出

利润总额是衡量企业经营业绩的十分重要的经济指标。

净利润是指在利润总额中按规定交纳了所得税后公司的利润留存,一般也称为税后利润或净收入。净利润的计算公式为:

净利润＝利润总额－所得税费用

净利润是一个企业的最终经营成果,净利润多,企业的经营效益就好;净利润少,企业的经营效益就差,它是衡量一个企业经营效益的主要指标。

 相关案例 7-1

"死而复生"的史玉柱

1996—1997年,盛极一时的巨人大厦陷入财务危机,导致史玉柱破产。那次破产,使史玉柱从中吸取了很多经验。在经营集团公司时,史玉柱学会了边做加法、边做减法。一边不断的挑项目,而且专挑那些毛利率大的项目,一边同时转让掉一些不赚钱的项目,收回资金,而且是趁项目还好的时候赶紧转让。如发现游戏的毛利率大于保健品脑白金的毛利率,便转让保健品项目,转而开发游戏、开发软件;发现黄金搭档的毛利率大于脑白金,便转让脑白金项目;发现黄金酒的大于黄金搭档的,便转作黄金酒。史玉柱的巨人大厦倒了,他的巨人网络集团有限公司又发展起来了,并成为了美国发行规模最大的中国民营企业,史玉柱更是荣升为全球富豪之一。

资料来源:杨山:《财务分析》,立信会计出版社2011年版。

三、分部报告分析

分部报告,是利润表的附表之一,反映企业各经营分部的收入、成本、费用、营业利润、资产总额和负债总额等情况的报表。分析分部报告信息能够帮助会计信息使用者更好地理解企业以往的经营业绩,更好地评估企业的风险和报酬,从而更好地把握企业整体的经营情况,对未来的发展趋势做出合理的预期。

根据《企业会计准则解释第3号》,企业应当以内部组织结构、管理要求、内部报告制度为依据确定经营分部,以经营分部为基础确定报告分部,并按规定披露分部信息。原有关确定地区分部和业务分部以及按照主要报告形式、次要报告形式披露分部信息的规定不再执行。

随着市场经济的日益激烈,华夏公司的生产规模日益扩大,经营的地域范围也不断的扩大,分别在国内不同的地区设立分公司或子公司。在这种情况下,我们应当分析其分部报告信息。根据华夏公司提供的信息,执行《企业会计准则解释第 3 号》后,分部报告并没有本质上的变化,本教材仍从业务分部报告分析和地区分部报告分析两方面进行。

(一)业务分部报告分析

业务分部是指企业内可区分的,能够提供单项或一组相关产品或劳务的组成部分。业务分部报告分析包括业务分部增减变动分析和业务分部结构变动分析。

1. 业务分部增减变动分析

业务分部增减变动分析,可运用水平分析法。华夏公司的业务 1 和业务 2 两个分部的营业收入都占公司所有分部营业收入合计的 10% 以上,符合纳入分部报表编制范围的条件,所以我们以华夏公司的业务 1 和业务 2 为例,编制业务分部水平分析表如表 7-12 所示。

表 7-12 业务分部水平分析表 单位:元

项 目	业务 1			业务 2			本年		
	本年	上年	差额	本年	上年	差额	业务 1	业务 2	差额
一、营业收入	276 204	249 246	26 958	202 551	182 780	19 771	276 204	202 551	73 653
其中:对外营业收入	203 716	148 842	54 874	151 913	127 946	23 967	203 716	151 913	51 803
分部间营业收入	72 488	100 404	−27 916	50 638	54 834	−4 196	72 488	50 638	21 850
二、营业费用	230 768	214 725	16 043	169 636	170 589	−953	230 768	169 636	61 132
三、营业利润(亏损)	45 436	34 521	10 915	32 915	12 191	20 724	45 436	32 915	12 521
四、资产总额	551 728	552 400	−672	263 315	263 630	−315	551 728	263 315	288 413
五、负债总额	137 932	147 491	−9 559	96 110	108 010	−11 900	137 932	96 110	41 822
六、补充信息	149 449	133 418	16 031	68 462	63 798	4 664	149 449	68 462	80 987
1. 折旧和摊销	16 552	16 572	−20	10 533	10 545	−12	16 552	10 533	6 019
2. 资本性支出	6 000	6 366	−366	5 266	5 800	−534	6 000	5 266	734
3. 折旧和摊销以外的非现金费用	126 897	110 480	16 417	52 663	47 453	5 210	126 897	52 663	74 234

根据表 7-12,分析评价如下:

(1)业务 1 在 2020 年实现的营业利润为 45 436 元,比 2019 年度增长了 10 915 元,从水平分析表看,2020 年营业利润增长的原因主要是由收入增加引起的。由于业务 1 的 2020 年营业收入为 276 204 元,比 2019 年增长了 26 958 元,2020 年的营业费用比 2019 年度增加了 16 043 元,两者相抵,使 2020 年营业利润净增了 10 915 元。

(2)业务 2 在 2020 年实现的营业利润为 32 915 元,比 2019 年度增长了 20 724 元,从水平分析表看,其增长的原因不仅在于收入增加,更重要的是营业费用的下降。业务 2 在 2020 年的营业费用为 169 636 元,比 2019 年度降低了 953 元,是 2020 年度营业利润增长的原因之一。从负债总额来看,业务 2 在 2020 年的负债要比 2019 年度少 11 900 元,所以 2020 年度营业费用的下降,很可能是由财务费用的下降引起的。

(3)2020 年度业务 1 的营业利润为 45 436 元,要比业务 2 多 12 521 元,从资产总额和负债总额来看,业务 1 的资产、负债都比业务 2 高,可见业务 1 的经营规模较大,其创造收入的能力也较强。从补充信息来看,由于业务 1 的资产规模大于业务 2,因此,其折旧和摊销费用、资本性支出、折旧和摊销以外的非现金费用都高于业务 2。至于资产的盈利能力、资产的利用效果如何,还有待进一步分析。

2. 业务分部结构变动分析

业务分部结构分析,可运用垂直分析法进行。以华夏公司的业务 1 和业务 2 为例,编制业务分部垂直分析表如表 7-13 所示。

表 7-13　　　　　　　　　　业务分部垂直分析表

项　目	业务 1		业务 2	
	本年	上年	本年	上年
一、营业收入	100%	100%	100%	100%
其中:对外营业收入	73.76%	59.72%	75.00%	70.00%
分部间营业收入	26.24%	40.28%	25.00%	30.00%
二、营业费用	83.55%	86.15%	86.75%	93.33%
三、营业利润(亏损)	16.45%	13.85%	13.25%	6.67%
四、资产总额	100%	100%	100%	100%
五、负债总额	25.00%	26.70%	36.50%	40.97%
六、补充信息				
1. 折旧和摊销				
2. 资本性支出				
3. 折旧和摊销以外的非现金费用				

根据表 7-13 分析评价如下:

(1) 业务 1 在 2020 年的营业利润占营业收入的比重为 16.45%,比 2019 年度的 13.85% 增长了 2.6%;业务 2 在 2020 年的营业利润占营业收入的比重为 13.25%,比 2019 年度的 6.67% 增长了 6.58%,可见,业务 1 和业务 2 在 2020 年的盈利能力比 2019 年度都有所提高,但提高的原因各不相同。从营业利润的结构增长来看,业务 1 在 2020 年的营业费用占营业收入的比重为 83.55%,比 2019 年度的 86.15% 下降了 2.6%;而业务 2 在 2020 年营业费用占营业收入的比重为 86.75%,比 2019 年度的 93.33% 下降了 6.58%。这说明成本费用的下降是业务 1 和业务 2 在 2020 年利润提高的主要原因。

(2) 从资产负债率来看,业务 2 在 2020 年的资产负债率为 36.5%,比 2019 年度的 40.97% 下降了 4.47%,所以业务 2 在 2020 年利润提高的主要原因在于营业费用的下降,至于营业费用中哪一部分费用的下降对 2020 年利润的提高起主导作用,还有待于进一步分析。另外,无论是 2020 年度还是 2019 年度,业务 1 的营业利润占营业收入的比重都比业务 2 要高,可见业务 1 的盈利能力要强于业务 2。

(二) 地区分部分析

1. 地区分部增减变动分析

华夏公司地区分部报告,是分部报告的次要报告形式。同样运用分析法对地区分部增减变动进行分析。以华夏公司的地区 1 和地区 2 为例,编制地区分部水平分析表如 7-14。

表 7-14　　　　　　　　　　　　地区分部水平分析表　　　　　　　　　　单位:元

项　　目	地区 1			地区 2			本年		
	本年	上年	差额	本年	上年	差额	地区 1	地区 2	差额
一、营业收入	276 204	245 196	31 008	176 976	173 206	3 770	276 204	176 976	99 228
其中:对外营业收入	227 454	192 822	34 632	129 635	122 335	7 300	227 454	129 635	97 819
分部间营业收入	48 750	52 374	−3 624	47 341	50 871	−3 530	48 750	47 341	1 409
二、营业费用	236 652	219 819	16 833	178 710	157 236	21 474	236 652	178 710	57 942
三、营业利润(亏损)	39 552	25 378	14 174	−1 734	15 970	−17 704	39 552	−1 734	41 286
四、资产总额	475 488	477 281	−1 793	371 190	386 038	−14 848	475 488	371 190	104 298
五、负债总额	191 907	182 083	9 824	207 421	140 325	67 096	191 907	207 421	−15 514
六、补充信息	129 616	76 380	53 236	88 361	79 945	8 416	129 616	88 361	41 255
1. 折旧和摊销	14 247	16 814	−2 567	5 752	5 079	673	14 247	5 752	8 495
2. 资本性支出	4 503	14 612	−10 109	3 530	2 378	1 152	4 503	3 530	973
3. 折旧和摊销以外的非现金费用	110 866	44 954	65 912	79 079	72 488	6 591	110 866	79 079	31 787

根据表 7-14 分析评价如下:

(1) 地区 1 在 2020 年实现的营业利润为 39 552 元,比 2019 年度增长了 14 174 元,增长的原因主要是由于业务量扩大使收入增加。地区 1 的 2020 年营业收入为 276 204 元,比 2019 年增长了 31 008 元,2020 年的营业费用为 236 652 元,比 2019 年增长了 16 833 元,两者相抵,使 2020 年营业利润增长了 14 174 元。

(2) 地区 2 在 2020 年实现的营业利润为 −1 734 元,比 2019 年度下降了 −17 704 元,通过水平分析可以看出,其下降的原因不是收入引起的,而是营业费用的大幅度上升造成的。地区 2 在 2020 年的营业费用为 178 710 元,比 2019 年度增长了 21 474 元,上升幅度较大,所以使地区 2 在 2020 年出现亏损。至于营业费用中哪一部分费用大幅度上升对营业利润的下降起了主导作用,还有待于进一步分析。

(3) 2020 年度地区 1 的营业利润为 39 552 元,要比地区 2 多了 41 286 元,从资产总额和负债总额来看,地区 1 的资产总额比地区 2 资产总额多 104 298 元,而负债却比地区 2 少 15 514 元。可见地区 1 的经营规模较大,创造收入的能力较强,所以地区 1 的利润远大于地区 2。从补充信息来看,地区 1 按照权责发生制计算的折旧和摊销费用、资本性支出以及折旧和摊销以外的非现金费用均大于地区 2。至于资产的盈利能力和营运能力还有待进一步分析。

2. 地区分部结构变动分析

地区分部结构分析,可运用垂直分析法进行。以华夏公司的地区 1 和地区 2 为例,编制业务分部垂直分析表见表 7-15。

表 7-15　　　　　　　　　　　地区分部垂直分析表

项　目	地区 1		地区 2	
	本年	上年	本年	上年
一、营业收入	100.00%	100.00%	100.00%	100.00%
其中:对外营业收入	82.35%	78.64%	73.25%	70.63%
分部间营业收入	17.65%	21.36%	26.75%	29.37%
二、营业费用	85.68%	89.65%	100.98%	90.78%
三、营业利润(亏损)	14.32%	10.35%	−0.98%	9.22%
四、资产总额	100.00%	100.00%	100.00%	100.00%
五、负债总额	40.36%	38.15%	55.88%	36.35%
六、补充信息				
1.折旧和摊销				
2.资本性支出				
3.折旧和摊销以外的非现金费用				

通过对表 7-15 分析可知,地区 1 在 2020 年的营业利润占营业收入的比重为 14.32%,比 2019 年度的 10.35% 增加了 3.97%,增长的幅度不大,增长的原因主要是营业费用占营业收入的比重略有下降,由 2019 年度的 89.65% 降为 2020 年的 85.68%,下降了 3.97%;地区 2 在 2020 年的营业利润占营业收入的比重为 −0.98%,比 2019 年度的 9.22% 减少了 10.2%,下降的幅度较大,究其原因主要是由于 2020 年营业费用占营业收入的比重比 2019 年度增长了 10.2% 引起的。再进一步分析地区 2 在 2020 年的资产负债率可知,地区 2 在 2020 年的资产负债率为 55.88%,比 2019 年度的 36.35% 上升了 19.53%,负债规模的扩大必然导致财务费用负担加重,从而使地区 2 营业费用上升,营业利润下降。通过两个地区的比较来看,无论是 2020 年度还是 2019 年度,地区 1 的营业利润占营业收入的比重都比地区 2 要高,可见地区 1 的盈利能力要强于地区 2。

第三节　现金流量表分析

一、现金流量表分析的目的

现金流量表反映了企业在一定时期内的现金数额,揭示了在一定时期内现金流动的状况,通过现金流量表分析达到以下三个目的。

1. 从动态上了解企业现金变动情况和变动原因

资产负债表中货币资金项目反映了企业一定时期现金变动的结果,是静态上的现金存量,企业从哪里取得现金,又将现金用于哪些方面,只有通过现金流量表的分析,才能从动态上说明现金的变动情况,并揭示现金变动的原因。

2. 判断企业获取现金的能力

现金余额是企业现金流动的结果,并不表明现金流量的大小,通过对现金流量表进行现金流量分析,能够对企业获取现金的能力作出判断。

3. 评价企业盈利的质量

利润是按权责发生制计算的,用于反映当期的财务成果,利润不代表真实实现的收益,账面上的利润满足不了企业的资金需求,因此,盈利企业仍然可能发生财务危机,高质量的盈利必须有现金流流入作保证。

 延伸阅读 7-2

现金流量表直接法如何计算

计算公式:

销售商品、提供劳务收到的现金＝本期营业收入净额＋本期应收账款减少额(－应收账款增加额)＋本期应收票据减少额(－应收票据增加额)＋本期预收账款增加额(－预收账款减少额)

按规定,企业应当采用直接法,列示经营活动产生的现金流量。

直接法是按现金流入和现金流出的主要类别列示企业经营活动产生的现金流量。在直接法下,一般是先以利润表中的营业收入为起算点,调整与经营活动有关的项目的增减变动,然后计算出经营活动产生的现金流量。采用直接法具体编制现金流量表时,可以采用工作底稿法或T形账户法。业务简单的,也可以根据有关账户的记录分析填列。

1. "销售商品、提供劳务收到的现金"项目

本项目可根据"主营业务收入""其他业务收入""应收账款""应收票据""预收账款"及"库存现金""银行存款"等账户分析填列。

本项目的现金流入可用下述公式计算求得:

销售商品、提供劳务收到的现金＝本期营业收入净额＋本期应收账款减少额(－应收账款增加额)＋本期应收票据减少额(－应收票据增加额)＋本期预收账款增加额(－预收账款减少额)

注:上述公式中,如果本期有实际核销的坏账损失,也应减去(因核销坏账损失减少了应收账款,但没有收回现金)。如果有收回前期已核销的坏账金额,应加上(因收回已核销的坏账,并没有增加或减少应收账款,但却收回了现金)。

2. "收到的税费返还"项目

该项目反映企业收到返还的各种税费。本项目可以根据"库存现金""银行存款""应交税费""营业税金及附加"等账户的记录分析填列。

3. "收到的其他与经活动有关的现金"项目

本项目反映企业除了上述各项目以外收到的其他与经营活动有关的现金流入,如罚款收入、流动资产损失中由个人赔偿的现金收入等。本项目可根据"营业外收入""营业外支出""库存现金""银行存款""其他应收款"等账户的记录分析填列。

4. "购买商品、接受劳务支付的现金"项目

本项目可根据"应付账款""应付票据""预付账款""库存现金""银行存款""主营业务成本""其他业务成本""存货"等账户的记录分析填列。

本项目的现金流出可用以下公式计算求得:

购买商品、接受劳务支付的现金＝营业成本＋本期存货增加额(－本期存货减少额)＋本期应付账款减少额(－本期应付账款增加额)＋本期应付票据减少额(－本期应付票据增加额)＋本期预付账款增加额(－本期预付账款减少额)

5."支付给职工以及为职工支付的现金"项目

该项目反映企业实际支付给职工以及为职工支付的工资、奖金、各种津贴和补贴等(含为职工支付的养老、失业等各种保险和其他福利费用)。但不含为离退休人员支付的各种费用和固定资产购建人员的工资。

本项目可根据"库存现金""银行存款""应付职工薪酬""生产成本"等账户的记录分析填列。

6."支付的各项税费"项目

本项目反映的是企业按规定支付的各项税费和有关费用。但不包括已计入固定资产原价而实际支付的耕地占用税和本期退回的所得税。

本项目应根据"应交税费""库存现金""银行存款"等账户的记录分析填列。

7."支付的其他与经营活动有关的现金"项目

本项目反映企业除上述各项目外，支付的其他与经营活动有关的现金，包括罚款支出、差旅费、业务招待费、保险费支出、支付的离退休人员的各项费用等。本项目应根据"管理费用""销售费用""营业外支出"等账户的记录分析填列。

二、现金流量表一般分析

进行现金流量表的一般分析，需要根据现金流量表的数据，对企业现金流量情况进行分析与评价。根据表中资料分析说明企业的现金流量情况。下面以华夏公司现金流量表(见表7-16)的资料为基础，对华夏公司2020年的现金流量进行一般分析。

表 7-16　　　　　　　　　　现金流量表
编制单位：华夏公司　　　　2020 年 12 月　　　　　　　　　　单位：元

项　　　目	本期金额	上期金额
一、经营活动产生的现金流量：		
销售商品、提供劳务收到的现金	2 465 897.46	1 905 518.12
收到的税费返还		
收到其他与经营活动有关的现金	48 187.00	20 195.94
经营活动现金流入小计	2 514 084.46	1 925 714.06
购买商品、接受劳务支付的现金	619 810.40	488 328.57
支付给职工以及为职工支付的现金	1 196 930.61	1 048 095.83
支付的各项税费	331 422.70	299 821.55
支付其他与经营活动有关的现金	30 651.55	65 674.10
经营活动现金流出小计	2 178 815.26	1 901 920.05
经营活动产生的现金流量净额	335 269.20	23 794.01
二、投资活动产生的现金流量：		
收回投资收到的现金		
取得投资收益收到的现金	20 000.00	1 000.00
处置固定资产、无形资产和其他长期资产收回的现金净额	2 300.00	3 200.00
收到其他与投资活动有关的现金		
投资活动现金流入小计	22 300.00	4 200.00

(续表)

项目	本期金额	上期金额
购建固定资产、无形资产和其他长期资产支付的现金	204 649.48	124 600.00
投资支付的现金	270 000.00	30 000.00
支付其他与投资活动有关的现金		
投资活动现金流出小计	474 649.48	154 600.00
投资活动产生的现金流量净额	−452 349.48	−150 400.00
三、筹资活动产生的现金流量：		
吸收投资收到的现金	170 000.00	30 000.00
取得借款收到的现金		200 000.00
收到其他与筹资活动有关的现金		
筹资活动现金流入小计	170 000.00	230 000.00
偿还债务支付的现金	30 000.00	50 000.00
分配股利、利润或偿付利息支付的现金	18 400.00	18 000.00
支付其他与筹资活动有关的现金		
筹资活动现金流出小计	48 400.00	68 000.00
筹资活动产生的现金流量净额	121 600.00	162 000.00
四、汇率变动对现金及现金等价物的影响		
五、现金及现金等价物净增加额	4 519.72	35 394.01
加：期初现金及现金等价物余额	212 048.60	176 654.59
六、期末现金及现金等价物余额	216 568.32	212 048.60

(1) 华夏公司资产负债表货币资金项目年末比年初增加 4 519.72 元。其中，经营活动产生净现金流量 335 269.20 元；投资活动产生净现金流量 −452 349.48 元；筹资活动产生净现金流量 121 600.00 元。它们之间的关系式为：

资产负债表货币资金项目年末比年初增加额＝经营活动产生净现金流量＋投资活动产生净现金流量＋筹资活动产生净现金流量

(2) 华夏公司 2020 年经营活动净现金流量产生的主要原因是销售商品、提供劳务收到的现金 2 465 897.46 元，支付给职工以及为职工支付的现金 1 196 930.61 元，购买商品、接受劳务支付的现金 619 810.40 元。

在三类业务活动引起的现金流量中，经营活动现金流量的稳定性和再生性较好，一般情况下应占较大比例。如果经营活动现金流入量大于现金流出量，即经营活动的净现金流量大于 0，反映企业经营活动的现金流量自我适应能力较强，通过经营活动收取的现金，不仅能够满足经营本身的需要，而且剩余部分还可以用于再投资或偿债；反之，经营活动净现金流量小于 0，说明经营活动的现金流量自我适应能力较差，经营现金流量不仅不能支持投资或偿债的资金需要，而且还要借助于收回投资或举借新债取得的现金才能维持正常的经营。形成这种情况的主要原因可能是销货款回笼不及时，或存货大量的积压无法变现。具体原因要根据企业的具体情况进行分析。

(3) 投资活动现金流量主要是由购建固定资产等长期资产引起的。大规模购建固定资产等长期资产可以增加企业未来的生产能力。华夏公司2020年用于投资活动的现金净额是－452 349.48元，主要是购建固定资产、无形资产和其他长期资产支付的现金204 649.48元，以及投资支付的现金270 000.00元。这说明华夏公司2020年进行了大规模的投资活动。

(4) 筹资活动现金流量的增加主要来自吸收投资收到的现金170 000.00元，偿还债务支付的现金30 000.00元。筹资活动净现金流量分析应同企业理财政策以及前两项业务活动引起的现金流量方向结合起来分析。如果筹资活动现金流出量远远大于现金流入量，有可能是企业执行了高股利分配政策，或者是进入债务偿还期；联系经营活动现金流量也是负值，企业可能出现较大的资金缺口，有可能是企业前期经营不善导致的。如果企业筹资活动的现金流入明显大于现金流出，说明企业举债或吸收资本的步伐加快。华夏公司2020年筹资活动产生的现金流量净额为121 600.00元，原因是吸收资本引起的。

 相关案例7-2

现金哪里去了

小王是一位股票投资者，他十分注重利用会计信息指导投资决策。有一次他在阅读ABC公司的财务报告时，一个现象让他迷惑不解。该公司年末"货币资金"项目余额为11.77亿元，而现金流量表中"期末现金及现金等价物"项目余额为3.46亿元，差额为8.31亿元，货币资金哪里去了呢？小王不得其解，于是找到从事"财务分析"课程教学的陈老师请教。

陈老师先让他查阅"货币资金"项目的附注信息去寻找线索。小李注意到，"货币资金"项目附注中披露"人民币8.31亿元用于质押开具银行承兑汇票"。这是怎么回事呢？小王依然不明白，陈老师为他解释道："根据现行的银行承兑汇票操作模式，企业在申请开立银行承兑汇票时，必须向银行缴存一定比例的保证金。这部分保证金在票据到期支付前不得取回和随意动用。在约定的付款日期，保证金将作为票款的一部分支付给持票人。这部分保证金在资产负债表上仍然列为'货币资金'，但是因不能随时用于支付，不符合现金流量表中关于'现金'或者'现金等价物'的定义，因此需要从现金和现金等价物的年初、年末余额中排除。"

"那这部分资金如何在现金流量表中反映呢？"小王问。

陈老师说："将银行存款转为银行承兑汇票的保证金时，可将所划转的金额在现金流量表上列示为'投资所支付的现金'。这是因为此时该项目保证金尚未对外支付，只是改变了在企业内部的储存形式，本质上与银行定期存款等没有区别。"

小王赶紧查阅现金流量表中"投资支付的现金"项目，果然找到了相对应的金额。

三、现金流量表水平分析

现金流量表一般分析说明企业当期现金流量产生的原因，而现金流量表的水平分析是揭示本期现金流量与前期或预计现金流量的差异，是比较分析不同时期的现金流量表数据的关系。下面以华夏公司为例进行分析。

从现金流量表可以看出，华夏公司2020年净现金流量比2019年增加了4 519.72元。2020年华夏公司经营活动、投资活动和筹资活动产生的净现金流量较2019年的变动额分别是311 475.19元、－301 949.48元和－40 400.00元。

经营活动净现金流量比2019年增长了311 475.19元，增长率为1 309.05%。经营活动现金流入量与流出量分别比 2019 年增长额分别为 588 370.40 元和 276 895.21 元,增长 30.55% 和 14.56%。经营活动现金流入量的增长远远快于经营活动现金流出量的增长,致使经营活动现金净流量有了巨幅增长。经营活动现金流入量的增加主要因为销售商品、提供劳务收到的现金增加了 560 379.34 元,增长率为 29.41% 元。

投资活动产生的现金流量净额 2020 年较上年减少 301 949.48 元。其中投资活动现金流入较 2019 年增加 18 100 元,增长率为 430.95%;投资活动流出较 2019 年增加 320 049.48 元,增长率为 207.02%。主要原因是购建固定资产、无形资产和其他长期资产支付的现金增加 80 049.48 元,增长率为 64.25%,取得投资收益收到的现金增加了 19 000.00 元,增长率为 1 900.00%。这说明华夏公司在进行大规模的投资,且前期的投资有了收益流入。

筹资活动净现金流量 2020 年比 2019 年减少了 40 400.00 元,主要是因为筹资活动现金流出的增加额比筹资活动现金流入的增加额要大。从表中可以看出华夏公司的融资方式发生了变化,2020 年是债务性融资,2019 年是权益性融资。

四、现金流量表结构分析

现金流量表结构分析是在现金流量表有关数据的基础上,进一步明确现金流入、现金流出的构成及现金净流量的形成形式。具体来说,现金流量结构分析可以分别从现金流入结构、现金流出结构及现金净流量结构三方面进行。

对现金流入结构的分析是指分析经营活动、投资活动、筹资活动的现金流入在全部现金流入中的比重以及各项具体业务活动现金流入的具体情况,重点在于分析确定企业的现金来源。对于现金流出结构的分析则侧重于分析和反映经营活动、投资活动、筹资活动的资金使用方向。而对现金流量净额的结构分析主要是了解企业的经营活动、投资活动、筹资活动所产生的现金净流量对企业全部现金流量净额的贡献大小,并由此推测企业未来的资金走势情况。

以华夏公司的现金流量表为例,经过处理,可得出现金流量结构分析表(见表 7-17)。

表 7-17   华夏公司现金流量结构分析表

编制单位:华夏公司　　　　　　　2020 年 12 月　　　　　　　金额单位:元

项目	金额	流入结构	流出结构	内部结构
一、经营活动产生的现金流量:				
销售商品、提供劳务收到的现金	2 465 897.46	91.11%		98.08%
收到的税费返还				
收到其他与经营活动有关的现金	48 187.00	1.78%		1.92%
经营活动现金流入小计	2 514 084.46	92.89%		100.00%
购买商品、接受劳务支付的现金	619 810.40		22.94%	28.45%
支付给职工以及为职工支付的现金	1 196 930.61		44.30%	54.93%
支付的各项税费	331 422.70		12.27%	15.21%
支付其他与经营活动有关的现金	30 651.55		1.13%	1.41%
经营活动现金流出小计	2 178 815.26		80.64%	100.00%

(续表)

项　目	金额	流入结构	流出结构	内部结构
经营活动产生的现金流量净额	335 269.20			
二、投资活动产生的现金流量：				
收回投资收到的现金				
取得投资收益收到的现金	20 000.00	0.74%		89.69%
处置固定资产、无形资产和其他长期资产收回的现金净额	2 300.00	0.08%		10.31%
收到其他与投资活动有关的现金				
投资活动现金流入小计	22 300.00	0.82%		100.00%
购建固定资产、无形资产和其他长期资产支付的现金	204 649.48		7.57%	43.12%
投资支付的现金	270 000.00		10.00%	56.88%
支付其他与投资活动有关的现金			17.57%	
投资活动现金流出小计	474 649.48			100.00%
投资活动产生的现金流量净额	－452 349.48			
三、筹资活动产生的现金流量：				
吸收投资收到的现金	170 000.00	6.29%		100.00%
取得借款收到的现金				
收到其他与筹资活动有关的现金				
筹资活动现金流入小计	170 000.00	6.29%		100.00%
偿还债务支付的现金	30 000.00		1.11%	61.98%
分配股利、利润或偿付利息支付的现金	18 400.00		0.68%	38.02%
支付其他与筹资活动有关的现金				
筹资活动现金流出小计	48 400.00		1.79%	100.00%
筹资活动产生的现金流量净额	121 600.00			
现金流入总额	2 706 384.46	100.00%		
现金流出总额	2 701 864.74		100.00%	
四、汇率变动对现金及现金等价物的影响				
五、现金及现金等价物净增加额	4 519.72			
加：期初现金及现金等价物余额	212 048.60			
六、期末现金及现金等价物余额	216 568.32			

（一）现金流入结构分析

现金流入结构反映企业的各项业务活动现金流入的比重，如经营活动、投资活动、筹资活动的现金流入等在全部现金流入中的比重，以及各项业务活动现金流入的具体项目的构成情况，以明确企业的现金来源。

其计算公式如下：

$$经营活动现金流入比重 = \frac{经营活动产生的现金流入}{现金流入总计} \times 100\%$$

$$投资活动现金流入比重 = \frac{投资活动产生的现金流入}{现金流入总计} \times 100\%$$

$$筹资活动现金流入比重 = \frac{筹资活动产生的现金流入}{现金流入总计} \times 100\%$$

华夏公司2020年现金流入总量约为2 706 384.46元,其中经营活动现金流入量、投资活动现金流入量和筹资活动现金流入量所占比重分别为92.89%、0.82%和6.29%。可见企业的现金流入量首先是由经营活动产生的,占据了90%以上;其次是筹活动产生的,投资活动产生的现金流量最小。这说明企业的生产经营活动是正常的;投资活动产生的现金流量占的比重微乎其微,说明投资的收益少。

总体来说,企业的现金流入量中,经营活动的现金流入量应当占较高的比例,特别是其销售商品、提供劳务收到的现金应明显高于其他业务活动流入的现金,但是对于不同性质的企业,这个比例也可能有较大的差异。

(二) 现金流出结构分析

现金流出结构反映企业的各项业务活动现金流出的比重,如经营活动、投资活动、筹资活动的现金流出等在全部现金流出中的比重,以及各项业务活动现金流出具体项目的构成情况,以明确企业的现金用在哪些方面。

其计算公式如下:

$$经营活动现金流出比重 = \frac{经营活动产生的现金流出}{现金流出总计} \times 100\%$$

$$投资活动现金流出比重 = \frac{投资活动产生的现金流出}{现金流出总计} \times 100\%$$

$$筹资活动现金流出比重 = \frac{筹资活动产生的现金流出}{现金流出总计} \times 100\%$$

华夏公司2020年现金流出总量约为2 701 864.74元,其中经营活动现金流出量、投资活动现金流出量和筹资活动现金流出量所占比重分别为80.64%、17.57%和1.79%。可见,在现金流出总量中经营活动现金流出量所占的比重最大,投资活动现金流出量所占比重次之。在经营活动现金流出量中支付给职工以及为职工支付的现金所占的比重最大,占54.93%;购买商品、接受劳务支付的现金占28.45%,支付的各项税费占经营活动现金流出的15.21%。说明华夏公司的工资支付水平比较高,职工的收入水平比较高。支付的各项费用所占的比重高,说明企业承担了较高的税负,企业可以进行纳税筹划来降低税负。

在一般情况下,购买商品、接受劳务支付的现金往往要占较大的比重,投资活动和筹资活动的现金流出比重则因企业的投资政策和筹资政策和状况的不同而存在很大的差异。

(三) 现金净流量结构分析

现金净流量结构是指企业的各项业务,包括经营活动、投资活动、筹资活动等现金净流量占全部现金净流量的百分比。它反映企业的现金净流量是如何形成的。

其计算公式如下:

$$经营活动现金流量净额比重 = \frac{经营活动产生的现金流量净额}{现金流量净额合计} \times 100\%$$

$$投资活动现金流量净额比重 = \frac{投资活动产生的现金流量净额}{现金流量净额合计} \times 100\%$$

$$筹资活动现金流量净额比重 = \frac{筹资活动产生的现金流量净额}{现金流量净额合计} \times 100\%$$

表 7-18　　　　　　　　　华夏公司现金净流量结构分析表

编制单位：华夏公司　　　　　　2020 年 12 月　　　　　　金额单位：元

项目	金额	结构百分比
经营活动产生的现金净流量	335 269.20	7 417.92%
投资活动产生的现金净流量	−452 349.48	−10 008.35%
筹资活动产生的现金净流量	121 600.00	2 690.43%
现金净流量	4 519.72	100.00%

根据表 7-18 分析，从现金净流量的构成看，生产经营活动产生的现金净流量为 335 269.20 元，联系利润表可知，华夏公司生产经营正常，盈利能力一般。华夏公司 2020 年度现金净流量为 4 519.72 元，金额较小，出现这种情况的主要原因是投资活动产生的现金流量净额为−452 349.48 元，原因是 2020 年华夏公司进行了大规模的投资所致，而融资的规模远远小于投资的规模。

在一般情况下，一个企业生产经营正常，投资和筹资规模不变的情况下，现金流量净额越大，则企业的活力越强。换句话说，如果企业的现金流量净额主要是由于经营活动产生的现金流量净额引起的，可以反映企业的收现能力强，坏账风险小，其营销能力也不错；如果企业的现金流量净额主要是由投资活动产生的，甚至是由于处置固定资产、无形资产和其他长期资产引起的，这可能反映出企业生产经营能力衰退，从而处置非流动资产以缓解资金矛盾，但也可能是企业为了走出不良境地而调整资产结构，还需结合资产负债表和利润表作深入分析；如果企业现金流量净额主要是由于筹集活动引起的，则意味着企业将支付更多的股利或利息，它未来的现金流量净额必须更大才能满足偿付的需要；否则，企业就可能承受较大的财务风险。

现金流量净额也可能是负数，即现金流出大于现金流入。这就要视不同情况予以区别：如果企业产生的现金流量净额是负数且金额较大，而企业整体上现金流出主要是购建固定资产、无形资产或其他长期资产，或主要是对外投资引起的，这一般是由于企业进行设备更新或扩大生产能力，或投资开拓更广阔的市场所引起的。那么，现金净额为负数，并不意味着企业经营能力不佳，而是意味着企业未来可能有更大的现金流入。

第四节　所有者权益变动表分析

一、所有者权益变动表分析的目的

所有者权益变动表分析，是通过所有者权益的来源及其变动情况，了解会计期间内影响所有者权益增减变动的具体原因，判断构成所有者权益各个项目变动的合法性与合理性，为报表使用者提供较为真实的所有者权益总额及其变动信息。

所有者权益变动表分析的具体目的如下:

第一,通过所有者权益表的分析,可以清晰体会会计期间构成所有者权益各个项目的变动规模与结构,了解其变动趋势,反映公司净资产的实力,提供保值增值的重要信息。

第二,通过所有者权益表的分析,可以进一步从全面收益角度报告更全面、更有用的财务业绩信息,以满足报表使用者投资、信贷及其他经济决策的需要。

第三,通过所有者权益表的分析,可以反映会计政策变更的合理性以及会计差错更正的幅度,具体报告由于会计政策变更和会计差错更正对所有者权益的影响数额。

第四,通过所有者权益变动表的分析,可以反映由于股权分置、股东分配政策、再筹资方案等财务政策对所有者权益的影响。

所有者权益变动表的分析,包括如下内容:

第一,所有者权益变动表的水平分析。

第二,所有者权益变动表的垂直分析。

第三,所有者权益变动表的主要项目分析。

第四,管理层相关决策对所有者权益影响的分析。

二、所有者权益变动表的水平分析

所有者权益变动表水平分析是将所有者权益各个项目的本期数与基准进行对比(可以是上期数等),揭示企业当期所有者权益各个项目的水平及其变动情况,解释企业净资产的变动原因,借以进行相关决策的过程。以华夏公司所有者权益变动表为基础资料,编制所有者权益水平分析表,如表 7-19 所示。

表 7-19　　　　　华夏公司所有者权益水平分析表　　　　金额单位:元

项　目	本年	上年	变动额	变动率
一、上年年末余额	958 259.25	955 169.18	3 090.07	0.32%
加:会计政策变更				
前期差错更正				
二、本年年初余额	958 259.25	955 169.18	3 090.07	0.32%
三、本期增减变动金额(减少以"-"号填列)				
(一) 净利润	12 026.86	3 090.07	8 936.79	289.2%
(二) 其他综合收益				
上述(一)和(二)小计	12 026.86	3 090.07	8 936.79	289.2%
(三) 所有者投入和减少资本				
1. 所有者投入资本				
2. 股份支付计入所有者权益的金额				
3. 其他				
(四) 利润分配				
1. 提取盈余公积				

(续表)

项　目	本年	上年	变动额	变动率
2. 提取一般风险准备				
3. 对所有者(或股东)的分配				
4. 其他				
(五)所有者权益内部结转				
1. 资本公积转增资本(或股本)				
2. 盈余公积转增资本(或股本)				
3. 盈余公积弥补亏损				
4. 其他				
四、本期期末余额	970 286.11	958 259.25	12 026.86	1.26%

从表 7-19 可以看出,华夏公司 2020 年所有者权益比 2019 年增加 12 026.86 元,增长幅度为1.26%;从影响的主要项目看,最主要的原因是 2020 年净利润的大幅度增长,效益明显提高,净利润同期增加 8 936.79 元,增幅 2.89 倍,由此也说明净利润增加是经营资本增加的源泉,也是所有者权益增长的重要途径,正如定价理论信条所言:价值是股东在经营过程中产生的,而非股东在财务活动中产生。除了上述原因,华夏公司尚有 2019 年年末余额对 2020 年年末余额的影响。公司没有发行新股,也没有发生回购库存股或其他影响股本规模的行为,因此,华夏公司的股本、资本公积保持不变。

三、所有者权益变动表的垂直分析

所有者权益表的垂直分析是将所有者权益各个项目变动占所有者权益变动的比重予以计算,并进行分析评价,揭示企业当期所有者权益各个项目的比重及其变动情况,解释企业净资产构成的变动原因,借以进行相关决策的过程。以华夏公司的所有者权益变动表为基础资料,编制所有者权益垂直分析表,如表 7-20 所示。

表 7-20　　　　华夏公司所有者权益垂直分析表　　　　金额单位:元

项　目	本年	上年	变动额	变动额构成
一、上年年末余额	958 259.25	955 169.18	3 090.07	25.69%
加:会计政策变更				
前期差错更正				
二、本年年初余额	958 259.25	955 169.18	3 090.07	25.69%
三、本期增减变动金额(减少以"-"号填列)				
(一)净利润	12 026.86	3 090.07	8 936.79	74.3%
(二)其他综合收益				
上述(一)和(二)小计	12 026.86	3 090.07	8 936.79	74.3%
(三)所有者投入和减少资本				
1. 所有者投入资本				

(续表)

项目	本年	上年	变动额	变动额构成
2. 股份支付计入所有者权益的金额				
3. 其他				
(四)利润分配				
1. 提取盈余公积				
2. 提取一般风险准备				
3. 对所有者(或股东)的分配				
4. 其他				
(五)所有者权益内部结转				
1. 资本公积转增资本(或股本)				
2. 盈余公积转增资本(或股本)				
3. 盈余公积弥补亏损				
4. 其他				
四、本期期末余额	970 286.11	958 259.25	12 026.86	100%

从表7-20可以看出,华夏公司2020年年末余额比2019年增加12 026.86元,若以其变动为100%,则在此变动中占74.3%的便是净利润的变动。此外,2019年年末余额变动占所有者权益总变动的25.69%。

本章小结

本章主要学习企业财务报表分析的基本理论与方法。企业资产负债表是反映企业财务状况的主要报表,资产负债表的整体分析采用水平分析法和垂直分析法两种方法;此外,我们还应注意企业资产变动的合理性与效率性分析。利润表主要反映企业当期的经营成果,除了进行水平分析和垂直分析,还应进行利润表的分部分析。现金流量表分析与所有权权益变动表分析应重点关注报表的整体分析情况,并注意与其他报表结合对比分析。

本章重要概念

资产负债表 利润表 现金流量表 所有者权益变动表 资产结构 资本结构 利润表分部

思考与练习

1. 如何判断企业资产变动的合理性与效率性?
2. 企业净利润的持续增加是否意味着企业的经营状况良好?
3. 企业现金流量表分析的意义是什么?

推荐阅读资料

[1] 王世杰,杨世忠.新中国资产负债表70年演进[J].会计研究,2020(1).
[2] 张宇鑫.管理利润表在财务分析中的应用——以A企业为例[J].财会学习,2020(25).
[3] 梁迎春.基于现金流量表的现金流分析报告研究——以绿源房地产股份有限公司为例[J].中国注册会计师,2020(2).

7-3 第七章
财务报表
分析PPT

7-4 第七章
课后练习题

第八章 财务指标分析

> 内容简介
> 学习目的和要求
> 引例
> 第一节 偿债能力分析
> 第二节 盈利能力分析
> 第三节 营运能力分析
> 第四节 发展能力分析
> 本章小结
> 本章重要概念
> 思考与练习
> 推荐阅读资料

内容简介

本章主要介绍了企业财务指标分析的基本理论与方法。具体包括偿债能力分析的含义、目的和内容,短期偿债能力分析和长期偿债能力分析;盈利能力分析的含义、目的和内容,一般企业盈利能力分析和上市公司盈利能力分析;营运能力分析的含义、目的和内容,流动资产、固定资产、总资产营运能力分析;发展能力分析的含义、目的和内容,主要指标分析等。本章重点为各项财务能力分析指标的具体含义及其应用等。

学习目标和要求

通过本章的学习,学生应明确各项财务能力指标分析的含义、目的和内容;了解各项能力的影响因素;掌握各项能力分析指标与方法,能够运用各项财务能力相关指标对企业各项能力及其状况进行合理评价。

引例 "功能性饮料第一股"东鹏饮料上市 多项财务指标刷新行业记录

2021年5月27日,东鹏饮料(集团)股份有限公司(简称"东鹏饮料")登陆A股。

5月27日至6月11日,东鹏饮料连番开盘涨停,股价从46.27元/股一路飙升至190.09元/股,累计上涨160%;市值从266亿元增加到760亿元,短短12个交易日翻了近3倍。

投资者关注的背后是东鹏饮料漂亮的业绩表现。2017—2020年,东鹏饮料营业收入从28.44亿元上涨到49.6亿元,归母净利润从2.96亿元上涨到8.12亿元。

不仅如此,东鹏饮料还锁定了未来业绩。截至2020年年末,公司合同负债(预收账款)达到9.5亿元,相比2019年的2.65亿元大幅增加。

逆势增长 财务指标创新高

近几年,国内能量饮料获得了年轻消费者的青睐,以前所未有的速度迅速增长。

根据欧睿测算,我国能量饮料销售额由2014年的234.93亿元增长至2020年的447.78亿元,年复合增长率高达11.35%,在软饮料行业子赛道位居第二。2020年能量饮料在我国饮料销售总额中的占比已达7.8%。预计2025年,我国能量饮料市场销售总额及人均销售额可达654.85亿元、46.3元,较2020年增长46.24%、44.69%。

惊人的爆发力,也让资本市场对能量饮料行业极为青睐。安信证券近期发布研究报告称,东鹏饮料进击的能量饮料巨头,持续兑现高成长。预计公司 2021—2023 年归母净利润分别为 11.07 亿元、14.46 亿元、18.88 亿元,增速分别为 36.4%、30.6%、30.5%,合理价格在 144.63~162.71 元。

2020 年,受新冠肺炎疫情影响,很多行业出现严重亏损,但疫情并未能阻挡东鹏饮料火爆的增长势头。数据显示,公司 2020 年营业收入 49.6 亿元,同比增长 17.81%;归母净利润 8.12 亿元,同比增长 42.32%。

更引人注目的是该公司的盈利水平。财报显示,东鹏饮料毛利率连续 4 年超 46%,2021 年一季度已达到 49.54%,在行业内排名前三。

2020 年,东鹏饮料净资产收益率(加权)则达到惊人的 45.82%;而在申万软饮料行业,暂时排名第一的李子园 ROE 为 34.48%。

每股收益方面,东鹏饮料 2020 年为 2.26 元/股,而目前行业内排名第一的公司每股收益仅为 1.85 元/股。也就是说,东鹏饮料上市后,其投资回报将毫无悬念地名列前茅。

资料来源:https://baijiahao.baidu.com/s?id=1702589475530848587&wfr=spider&for=pc。

第一节 偿债能力分析

一、偿债能力分析概述

(一)偿债能力分析的含义

偿债能力是指企业偿还到期债务的能力。偿债能力分析又称偿债风险状况分析或安全性分析。企业偿还债务能力的强弱,是判断企业财务状况好坏的主要标准之一。负债是企业所承担的能以货币计量、需以资产或劳务偿付的债务。可见,偿还债务的方式可以是用企业资产偿还,也可以是提供劳务抵偿债务。但是以提供劳务抵偿债务受到很多主客观因素的限制,因而不是偿还债务的常见方式。在分析偿债能力时,我们不把它作为主要因素来考虑。这里主要考虑以资产偿还债务的能力。因此,分析企业偿债能力的一个关键问题是资产变现力,即企业各项资产转化为现金的能力,也就是企业一定时期的现金流入量。在一定期间,企业拥有多少现金及资产变现力是企业偿还债务的承受能力或保证程度。将一项资产转化为现金流入,通常又要经过销售业务来实现,有时在销售业务之前,还要经过生产加工制作过程。因而,分析企业偿债能力,还需要结合企业销售和利润的实现以及生产经营情况进行综合分析。

企业偿债能力的强弱除了取决于企业资产的流动性外,还取决于企业负债的规模以及负债的流动性。因此,分析企业偿债能力,还必须分析企业负债与所有者权益的比例关系以及各项负债占负债总额的比例关系等。

(二)偿债能力分析的目的

企业有无偿债能力或者说有无现金支付能力,是企业能否健康成长和发展的关键,因此企业偿债能力分析是企业财务分析的重要组成部分。偿债能力分析的目的主要集中在以下四个方面。

1. 了解企业的财务状况

企业的财务状况可以从三个方面来定义:①偿债能力;②企业发展的稳定性;③企业近期利润增长状况。从企业财务状况这一定义来看,企业偿债能力的强弱是反映企业财务状况的重要标志。通过对企业偿债能力的客观分析,可以准确评价企业财务经济状况及其变动原因,以便了解企业经营状况,作出正确判断和决策。

2. 揭示企业所承担的财务风险程度

企业承担的财务风险与负债筹资直接相关,负债必须按期归还,而且要支付利息。任何企业,只要通过举债筹集资金,就等于承担了一项契约性质的责任或义务,不管企业的经营是盈是亏,其义务必须履行。这就是说,当企业举债时,就可能会出现债务到期不能按时偿付的可能,这就是财务风险的实质所在。而且,企业的负债比率越高,到期不能按时偿付的可能性越大,企业所承担的财务风险越大。如果企业有足够的现金或随时可以变现的资产,即企业偿债能力较强时,其财务风险就相对较小;反之,则财务风险就相对较高。

3. 预测企业筹资前景

企业生产经营所需资金,通常需要从不同渠道,以各种方式取得。当企业偿债能力较强时,说明企业财务状况较好,信誉较高,债权人愿意将资金借给企业。否则,债权人就不愿意将资金借给企业,在这种情况下,将资金借给企业,其债权得不到保障。因此,当企业偿债能力较弱时,企业筹资前景不容乐观,除非企业愿以较高的代价,才有可能举借到生产经营所需资金,这样做的结果,会使企业所承担的财务风险更高。

4. 为企业进行各种理财活动提供重要参考

企业的理财活动集中表现在筹资、用资和资金分配三个方面,企业在什么时候取得资金,其数额多少,取决于生产经营活动的需要,这里也包括偿还债务的需要。如果企业偿债能力不强,特别是近期内有需要偿付的债务时,企业就必须及早地筹措资金,以便在债务到期时能够偿付,使企业信誉得以维护。如果企业偿债能力较强,则可能表明企业有充裕的现金或其他能随时变现的资产,在这种情况下,企业就可以利用暂时闲置的资金进行其他投资活动,以提高资产的利用效果。

(三)偿债能力分析的内容

企业偿债能力分析的内容受企业负债的内容和偿债所需资产的内容制约。不同的负债其偿还所需要的资产不同,或者说不同的资产可用于偿还的债务也有所区别。一般地说,负债可分为流动负债和非流动负债,资产可分为流动资产和非流动资产,因此,偿债能力分析通常被分为短期偿债能力分析和长期偿债能力分析。

1. 短期偿债能力分析

短期偿债能力是指企业偿还流动负债的能力,或者是指企业在短期债务到期时可以变现为现金用于偿还流动负债的能力。短期偿债能力分析,先要明确影响短期偿债能力的因素,在此基础上,通过对一系列反映短期偿债能力的指标进行计算与分析,说明企业短期偿债能力状况及风险程度。

2. 长期偿债能力分析

长期偿债能力是指企业偿还本身所欠非流动负债的能力,或者是在企业长期债务到期时,企业盈利或资产可用于偿还非流动负债的能力。对企业长期偿债能力进行分析,要结合非流动负债的特点,在明确影响长期偿债能力因素的基础上,从企业盈利能力和资产规模两方面对企业偿还非流动负债的能力进行分析和评价。长期偿债能力分析可通过对反映企业长期偿债能力指标进行计算与分析,说明企业长期偿债能力的基本状况及偿债能力的保障程度,为企业进行正确的负债经营指明方向。

二、短期偿债能力分析

(一) 影响短期偿债能力的因素

短期偿债能力一般也称支付能力,主要是通过流动资产的变现,来偿还到期的短期债务。短期偿债能力的高低对企业的生产经营活动和财务状况有重要影响,一个企业即使拥有良好的营运能力和较强的盈利能力,一旦短期偿债能力不强,就会因资金周转困难影响正常的生产经营,降低企业的盈利能力,严重时会出现财务危机,甚至导致企业因不能按期偿债而"黑字破产"。企业短期偿债能力不足对企业生产经营的影响还表现在:无法取得购货折扣;不能按期支付货款而使材料供应不能保证;影响职工薪酬的正常发放或不能按期加薪,使企业在人才市场上失去竞争力。短期偿债能力不足对企业的另一影响,就是造成企业信誉下降,这是一种无法估计的损失。

从短期偿债能力对企业的影响可以看出,企业必须重视短期偿债能力的分析和研究。了解影响短期偿债能力的因素,对于分析企业短期偿债能力的变动情况、变动原因及促进企业短期偿债能力的提高是十分有用的。影响短期偿债能力的因素,总的来说可以分为企业内部因素和企业外部因素。企业内部因素是指企业自身的经营业绩、资金结构、资产结构、融资能力等。企业外部因素是指与企业所处经济环境相关的因素,如经济形势、证券市场的发育情况、银行的信贷政策等。下面分别加以说明。

1. 企业内部因素

影响企业短期偿债能力的内部因素主要有:

(1) 企业的资产结构,特别是流动资产结构。在企业的资产结构中,如果流动资产所占比重较大,则企业短期偿债能力相对大些,因为流动负债一般要通过流动资产变现来偿还。如果流动资产所占比重较高,但其内部结构不合理,其实际偿债能力也会受到影响。在流动资产中,如果存货资产占较大比重,由于存货资产的变现速度通常低于其他类流动资产,其偿债能力是要打折扣的。从这个意义上讲,流动资产中应收账款、存货资产的周转速度也是反映企业偿债能力强弱的辅助性指标。

(2) 流动负债的结构。企业的流动负债有些必须以现金偿付,如短期借款、应交税费等;有些则用商品或劳务来偿付,如预收货款等。需要用现金偿付的流动负债对资产的流动性要求更高,企业只有拥有足够的现金才能保证其偿债能力。如果在流动负债中预收货款的比重较大,则企业只要拥有充足的存货就可以保证其清偿能力。此外,流动负债中各种负债的偿还期限是否集中,都会对企业偿债能力产生影响。分析时,不仅要看各种反映偿债能力指标的数值,还要根据各种因素考察其实际的偿债能力。

(3) 企业的融资能力。单凭各种偿债能力指标,还不足以判断企业的实际偿债能力。有些企业各种偿债能力指标都很好,但却不能按期偿付到期的债务;而另一些企业,因为有较强的融资能力,如与银行等金融机构保持良好的信用关系,随时能够筹集到大量的资金,即使各种偿债能力指标不高,却总能按期偿付其债务和支付利息。可见,企业的融资能力也是影响偿债能力的一个重要因素。

(4) 企业的经营现金流量水平。企业的短期债务通常是用现金进行偿付的,因此,现金流量是决定企业短期偿债能力的重要因素。企业现金流量状况,主要受企业的经营状况和融资能力两方面影响。如果没有充足的现金流量,即使盈利企业也可能因无法及时偿还到期债务而导致信用危机,甚至被迫破产。

 相关案例8-1

W.T.Grant 公司破产

1975年10月,美国最大的商业企业之一W.T.Grant公司宣告破产,引起人们的广泛注意。令人不解的是,W.T.Grant公司在破产的前一年,即1974年,其营业净利润近1 000万美元,经营活动提供的营运资金2 000多万美元;银行扩大贷款总额达6亿美元。而在1973年年末,公司股票价格仍按其收益20倍的价格出售。

为什么净利润和营运资金都为正数的公司会在1年后宣告破产?为什么投资者会购买一个濒临破产公司的股票,而银行也乐于为其发放贷款?

2. 企业外部因素

影响企业短期偿债能力的外部因素主要有:

(1) 宏观经济形势。宏观经济形势是影响企业短期偿债能力的重要外部因素。当一国经济持续稳定增长时,社会的有效需求也会随之稳定增长,产品畅销。由于市场条件良好,企业的产品和存货可以较容易地通过销售转化为货币资金,从而提高企业短期偿债能力。如果国民经济进入迟滞阶段,国民购买力不足,就会使企业产品积压,企业资金周转不灵,企业间货款相互拖欠,形成所谓的"三角债",企业的偿债能力就会受到影响,反映短期偿债能力的指标也会不实。

(2) 证券市场的发育与完善程度。在企业的流动资产中,常常会包括一定比例的有价证券,在分析企业偿债能力时,是把有价证券视为等量现金的。事实上,这样计算的偿债能力与企业的实际偿债能力是有区别的。这是因为,有价证券按其历史成本列示在资产负债表中,与转让价格必然有一定的差异,且转让有价证券时,要支付一定的转让费用。证券市场的发育和完善程度对企业短期偿债能力的影响还表现在,如果证券市场发达,企业随时可将手中持有的有价证券转换为现金;如果证券市场不发达,企业转让有价证券就很困难,或者不得不以较低的价格出售。这些都会对企业的短期偿债能力产生影响,特别是当企业把投资有价证券作为资金调度手段时,证券市场的发育和完善程度对企业的短期偿债能力的影响就更大。

(3) 银行的信贷政策。政府为保证整个国民经济的健康发展,必然要采取宏观调控方法,利用金融、税收等宏观经济政策的制定,调整国家的产业结构和经济发展速度。一个企业,如果其产品是国民经济急需的,发展方向是属于政府政策鼓励的,就会较容易地取得银行借款,其偿债能力也会提高。此外,当政府采取较宽松的信贷政策时,所有的企业都会在需要资金时较容易地取得银行信贷资金,其实际偿债能力就会提高。

除了以上主要因素,还有许多因素会影响到企业的短期偿债能力,如企业的财务管理水平,母公司与子公司之间的资金调拨等。有些因素对企业偿债能力的影响往往难以通过数量指标来显示,分析时,我们必须结合各有关因素作出综合判断。

(二) 短期偿债能力指标的计算与分析

分析企业短期偿债能力,通常可运用一系列反映短期偿债能力的指标来进行。从企业短期偿债能力的含义及影响因素可知,短期偿债能力主要可通过企业流动资产与流动负债的对比得出。因此,对企业短期偿债能力的指标分析,主要可采用流动负债与流动资产对比的指标,包括营运资金、流动比率、速动比率、现金比率、现金流量比率、企业支付能力系数等。

1. 营运资金

营运资金是指流动资产总额减去流动负债总额后的剩余部分,也称净营运资金,表示企业的流动资产在偿还全部流动负债后还有多少剩余,它是一个绝对数指标。其计算公式是:

$$营运资金=流动资产-流动负债$$

从财务观点看,如果流动资产高于流动负债,表示企业具有一定的短期偿付能力。该指标越高,表示企业可用于偿还流动负债的资金越充足,企业的短期偿付能力越强,企业所面临的短期流动性风险越小,债权安全程度越高,企业不受短期偿债约束的可用资金越多,生产经营所需资金就越有保证;反之,营运资金过低,表示企业在按期偿债和保证生产经营所需之间左右为难,资金需求可能会出现紧张。因此,我们可将营运资金作为衡量企业短期偿债能力的绝对数指标。对营运资金指标进行分析,可以从静态上评价企业的偿债能力状况,也可以结合企业规模等因素,评价企业不同时期的偿债能力变动情况。

对某一时段企业短期偿债能力的分析,可以期初和期末两个时点的营运资金进行对比,加以判断和分析。

【例 8-1】 根据华夏公司资产负债表的资料,运用营运资金指标对华夏公司偿债能力进行分析。

(1) 从静态分析看,主要计算与分析华夏公司 2020 年年末的营运资金:

$$期末营运资金=1\,390\,767.23-1\,508\,024.86=-117\,257.63(元)$$

从华夏公司 2020 年年末营运资金看,公司在短期缺乏一定的偿债能力,因为流动资产不足以抵补流动负债,即营运资金为 $-117\,257.63$ 元。

(2) 从动态上分析华夏公司的短期偿债能力,是将 2019 年年末或 2020 年年初的营运资金与 2020 年年末的营运资金进行对比,以反映公司偿债能力的变动情况。2020 年年初营运资金为:

$$期初营运资金=1\,494\,330.93-1\,202\,355.94=291\,974.99(元)$$

显然,2020 年华夏公司的营运资金状况比 2019 年要差,将年末营运资金与年初营运资金比较,可得出年末比年初减少了 409 232.62 元,营运资金的减少是因为当期流动负债的增长速度快于流动资产的增长速度所致。从营运资金的对比看,公司的短期偿债能力有所减弱。

2. 流动比率

流动比率是指企业流动资产与流动负债的比率,其计算公式是:

$$流动比率=\frac{流动资产}{流动负债}\times 100\%$$

流动比率是衡量企业短期偿债能力的最基本、最通用的指标,表明某一时点企业每 1 元流动负债所对应的可用于偿付的流动资产量,反映企业在短期债务到期时其流动资产可变现用于偿还流动负债的能力。从一般经验看,流动比率应达到200%以上。

相关案例8-2

流动比率多少才合适

玛丽·巴菲特和戴维·克拉克在《巴菲特教你读财报》中这样认为:

对于很多具有持续性竞争优势的公司来说,其流动比率常常低于这个神奇的分水岭数字1。穆迪公司的流动比率为0.64,可口可乐公司的流动比率为0.95,宝洁公司的流动比率为0.82,安海斯—布什公司的流动比率为0.88。按那些守旧派分析师的观点,这意味着它们将面临偿还短期流动债务的困难。而实际上,它们的盈利能力足够强劲,能够轻松自如地偿还流动负债。

简而言之,很多具有持续性竞争优势的公司,其流动比率都小于1,不同于传统的流动比率指标评判标准。

对流动比率的分析,也可从静态和动态两方面进行。从静态上分析,就是计算并分析某一时点的流动比率,同时可将其与同行业的平均流动比率进行比较;从动态上分析,就是将不同时点的流动比率进行对比,研究变动的特点及合理性。

【例 8-2】 根据华夏公司资产负债表的资料,运用流动比率指标对华夏公司偿债能力进行分析。

$$期初流动比率 = \frac{1\ 494\ 330.93}{1\ 202\ 355.94} \times 100\% = 124.28\%$$

$$期末流动比率 = \frac{1\ 390\ 767.23}{1\ 508\ 024.86} \times 100\% = 92.22\%$$

华夏公司2020年的期初流动比率为124.28%,偿债能力一般;期末流动比率为92.22%。偿债能力趋于下降。如果按照经验标准来判断,该公司无论是期初还是期末,流动比率都低于200%的水平,表明该公司的偿债能力较弱。

就华夏公司流动比率变动的原因进行分析表明,由于期末流动资产降低了6.93%,而期末流动负债增加了25.42%,两者综合作用的结果,使期末流动比率下降了32.06%。

3. 速动比率

速动比率是企业速动资产与流动负债的比率,又称酸性实验比率。其计算公式为:

$$速动比率 = \frac{速动资产}{流动负债} \times 100\%$$

速动资产是指那些"放久了容易变酸的项目(指存货及预付款项)"予以剔除后而剩下的流动资产,包括货币资金、交易性金融资产、应收票据、应收账款、应收利息、应收股利、其他应收款、1年内到期的非流动资产和其他流动资产,不包括存货和预付账款。这主要是因为存货是流动资产中变现速度最慢的资产,变现时要经过销售和收款,变现速度一般比较慢,甚至有可能出现滞销或者被抵押的情况而无法转换为现金;此外,存货还有一个变现价值的问题,其历史成本与可变现净值之间往往存在着较大的差距,使得它无法正确反映实际的变现价值。至于预付账款,本质上属于预付费用,只能减少企业未来时期的现金支出,其流动性实际上是很低的。

当企业流动比率较高时,如果流动资产中可以立即变现用来支付债务的资产较少,其偿债能力也是较差的;反之,即使流动比率较低,但流动资产中的大部分都可以在较短的时间内转化为现金,其偿债能力也很强。所以用速动比率来评价企业的短期偿债能力相对更准确一些。一般认为,速动比率的一般标准为100%,就是说,每1元的流动负债,都有1元几乎可以立即变现的资产来偿付。如果速动比率低于100%,一般认为偿债能力较差,但分析时还要结合其他因素进行评价。

 相关案例8-3

变化中速动比率

友谊股份(600827)2000年年末的速动比率为35%,2000年中期的速动比率为108%,1999年末的速动比率为109%,这些数据说明企业的短期偿债能力大幅下降,但考虑到该公司为商业企业,年报也显示2000年企业大规模重组收购,一些新并入的下属企业对此值也有较大影响。再考虑到作为一家商业企业,这一值虽然低于100%较多,但仍可承受,因此尚不能轻易断言该企业在走下坡路,我们还应参考其他指标。当然,由于企业大规模扩张造成偿债能力的下降,这也是不可争辩的事实。对此,只要企业管理层加以重视,通过适当管理手段来优化这一指标应非难事。

【例8-3】 根据华夏公司资产负债表的资料,运用速动比率指标对华夏公司偿债能力进行分析。

$$期初速动比率 = \frac{212\ 048.60 + 30\ 000 + 50\ 000 + 862\ 942.87 + 100\ 000}{1\ 202\ 355.94} \times 100\% = 104.38\%$$

$$期末速动比率 = \frac{216\ 568.32 + 100\ 000 + 60\ 000 + 601\ 438.35 + 68\ 866.50}{1\ 508\ 024.86} \times 100\% = 69.42\%$$

从计算结果可以看出,华夏公司期末短期偿债能力弱于期初。联系到该公司的流动比率,综合加以分析就会更清楚地发现,该公司的偿债能力并不像流动比率指标显示得那样弱。这是因为在该公司的流动资产中,速动资产占有较大比重,期初的速动资产如果能够及时变现,可以偿还所有的流动负债;在期末只能偿还流动负债的69%,该公司要想偿付所有的流动负债,还必须变现其他的资产。

 延伸阅读8-1

分析速动比率应注意的问题

为了更好地理解和掌握速动比率,我们需要进一步从以下几个方面把握其特征:

第一,如果将数期的速动比率,特别是将流动比率与速动比率放在一起,则更能全面分析企业短期偿债能力状况。

第二,速动比率考虑到了流动资产的结构,因而弥补了流动比率的某些不足。通过速动比率的测算可以更准确地判定企业的短期偿债能力的高低,速动比率越高,其偿债能力越强。

第三,速动比率与流动比率一样没有考虑法律意义上的清偿债务的顺序。

第四,速动比率同样不应有绝对合理的考核标准,将速动比率的标准定为1并无充分的根据,企业应根据现金流量等情况作出具体的分析。

第五,速动比率以速动资产为偿债财力,但是速动资产不等于企业现时的支付能力,因为速动资产也还存在某些难以在短期变现的因素,其中,影响速动比率可信性的重要因素是应收账款的变现能力。例如,应收账款中可能有一部分会成为呆账或者坏账,即使提取了坏账准备,有时也不能抵销实际的呆账或坏账数额。又如,短期股票投资有可能被套牢而转化为事实上的长期投资。另外有些速动资产在被安排偿债之前也有可能已作了专门的指定用途等。这些都会影响速动比率的准确性和实际的偿债能力。因此,该比率应与速动资产变现能力强弱结合起来考察,应结合应收账款周转率及坏账准备率分析,如果应收账款的流动性存在问题,实际坏账可能比计提的坏账准备要多时,则要求企业有更高的速动比率。

第六,速动比率与流动比率一样极易被粉饰而又不受法规、制度所制约。在流动比率大于1时,流动资产大于流动负债,故两者同时减少同一数目,分母减少的百分率大于分子减少的百分率,则必定能提高流动比率。例如,以现金偿还流动负债;结账日前赶工,以解除预收账款的负债,结账日前大力促销(含降价促销或放宽付款条件),使存货变现或应收账款;流动负债转换融资形式;抛售短期投资;供应商同时也是本公司的客户时,以应收账款与应付账款互相抵消;结账日前现金增资;将非流动资产变现(如出售厂房、土地)等。由于上述种种现象的存在,所以在分析企业偿债能力时应特别注意。

4. 现金比率

现金比率是指企业的现金类资产与流动负债之间的比率,该指标有两种表示方式:

(1) 按货币资金与流动负债之比计算的现金比率,亦称货币资金率,其计算公式为:

$$现金比率 = \frac{货币资金}{流动负债} \times 100\%$$

(2) 按现金及等价物与流动负债之比计算的现金比率。现金类资产除包括货币资金外,还包括货币资金的等价物,即企业持有的期限短、流动性强、易于转换为已知金额的现金,价值变动风险很小的投资。其理由是,企业进行短期投资只是企业资金调度的一种手段,当企业有暂时闲置的货币资金时,即投资于价值变动风险很小的有价证券,以提高资金的盈利水平。一旦企业需要现金时,就可以通过转让有价证券将其转化为现金。所以在管理上,现金和现金等价物并无实质区别,因此把有价证券视为现金的等价物。其计算公式为:

$$现金比率 = \frac{货币资金 + 有价证券}{流动负债} \times 100\%$$

现金比率越高,表示企业可立即用于支付债务的现金类资产越多。由于企业现金类资产的盈利水平较低,企业不可能也没有必要保留过多的现金类资产。如果这一比率过高,表明企业通过负债方式所筹集的流动资金没有得到充分的利用,所以并不鼓励企业保留更多的现金类资产。一般认为,这一比率应在20%左右,在这一水平上,企业的直接支付能力不会有太大的问题。

【例8-4】 根据华夏公司资产负债表的资料,运用现金比率指标对华夏公司偿债能力进行分析。

$$期初现金比率 = \frac{212\,048.60 + 30\,000}{1\,202\,355.94} \times 100\% = 20.13\%$$

$$期末现金比率 = \frac{216\,568.32 + 100\,000}{1\,508\,024.86} \times 100\% = 20.99\%$$

从计算结果可以看出,华夏公司期末现金比率比期初有所上升,并且和经验标准相比,该公司期初、期末现金比率都达到了20%。因此,如果按现金比率来评价,华夏公司的短期偿债能力较强。结合该公司期末的流动比率和速动比率综合分析可以发现:由于该公司流动资产结构中,期末速动资产、现金类资产比例相对较大,尽管流动比率指标并不理想,但对该公司期末的短期偿债能力还是应该给予肯定评价的。

5. 现金流量比率

现金流量比率是指经营活动现金流量净额与流动负债的比率,用来衡量企业的流动负债用经营活动所产生的现金来支付的程度。其计算公式是:

$$现金流量比率 = \frac{经营活动现金流量净额}{平均流动负债} \times 100\%$$

经营活动现金流量净额的大小反映出企业某一会计期间生产经营活动产生现金的能力,是偿还企业到期债务的基本资金来源。当该指标等于或大于100%时,表示企业有足够的能力以生产经营活动产生的现金来偿还其短期债务;如果该指标小于100%,表示企业生产经营活动产生的现金不足以偿还到期债务,必须采取对外筹资或出售资产才能偿还债务。

【例8-5】 根据华夏公司资产负债表和现金流量表提供的资料,计算华夏公司的现金流量比率。

$$本期现金流量比率 = \frac{335\,269.20}{1\,508\,024.86 + 1\,202\,355.94 \div 2} \times 100\% = 24.74\%$$

计算结果表明,华夏公司的本期现金流量比率仅为24.74%,依靠生产经营活动产生的现金满足不了偿债的需要,公司必须以其他方式取得现金,才能保证债务的及时清偿。

需要说明的是,本期经营活动现金流量净额是当前会计年度的经营结果。而流动负债则是年初和年末需要偿还债务的平均余额,两者的会计期间不同。因此,现金流量比率指标是建立在以上一年的经营活动现金流量来估计下一年经营活动现金流量的假设基础之上的。使用该比率时,需要考虑未来一个会计年度影响经营活动现金流量变动的因素。

延伸阅读8-2

企业短期偿债能力的辅助指标

1. 应收账款周转率和应付账款周转率

一般来说,应收账款周转速度越快,表明企业回款迅速,收账费用和坏账损失越少;同时,也表明企业的流动资产流动性高,偿债能力强。如果应收账款占流动资产比重很大,即使流动比率和速动比率指标都很高,其短期偿债能力仍值得怀疑,需要进一步分析具体原因。通常,应收账款周转率越高、平均收账期越短,说明应收账款的收回越快;否则,企业的营运资金会过多地呆滞在应收账款上,影响正常的资金运转。企业购入材料等物资的目的,在于先通过企业的加工制成产品,然后通过销售收回现金,并实现价值的增值。从这个意义上讲,因赊购商品所产生的应付账款,应由赊销商品回收的现金来偿付。在资金周转上,两者与资金周转期密切相关,而且必须相互配合。

2. 存货周转率分析

就一般企业而言,存货在流动资产中占有相当比重。尽管存货不能直接用于偿还流动负债,但是如果企业的存货变现速度较快,意味着资产的流动性良好,会有较大的现金流量在未来注入企业。企业投资于存货的目的,在于通过存货销售而获得利润。一般的制造企业为了配合销售的需要,都要维持相当数量的存货。存货对企业经营活动的变化非常敏感,这就要求企业应将存货控制在一定的水平上,使其与经营活动基本上保持一致。因此,分析企业短期偿债能力时,必须考虑存货变现速度。存货周转率是衡量和评价企业购入存货、投入生产、销售收回等各环节管理状况的综合性指标。一般来讲,在销售规模一定的情况下,存货周转速度越快,存货的占用水平越低,流动性越强,存货转换为现金和应收账款的速度就越快。存货周转分析的目的是从不同角度和环节上找出存货管理中存在的问题,使存货管理在保证生产经营连续性的同时,尽可能少地占用流动资金,以提高流动资金的使用效率,增强企业短期偿债能力,促进企业存货管理水平的提高。

三、长期偿债能力分析

(一) 影响长期偿债能力的因素

长期偿债能力是企业保证到期长期债务及时偿付的可靠程度。长期负债主要包括长期借款、长期债券和长期应付款。企业的自有资金和投资收益是偿还长期负债的主要资金来源,由此决定了影响长期偿债能力的主要因素。

1. 企业的资本结构,即企业自有资金与负债的比例结构

自有资金是企业对外举债时还本付息和承担风险的基础。风险大的资本结构,隐含着偿债风险的增加:负债较之自有资金的比例越高,则企业还本付息的负担越重,企业以自有资金承担的风险也越大;而一个过于保守的资本结构,也会削弱企业的获利能力,并最终削弱企业的长期偿债能力。因此,企业必须拥有一定数量或比重的自有资金,保持合理的资本结构,才能保证企业具有足够的长期偿债能力,保障其长期负债的安全。

2. 长期资产的规模与结构

长期负债的偿还是以相应的资产作为物资保证。在正常情况下,保证长期负债偿还的资产,除了流动资产,主要是长期资产。因此,长期资产的规模与结构,将直接影响企业的长期偿债能力。特别是当企业破产清理时,长期资产的规模、结构及质量对长期偿债能力的影响更为直接。此时,资产的清理变卖价值将决定对债权人债权的偿还数额。

3. 企业的盈利能力

企业的盈利能力即企业在一定时期内获得利润的能力。长期债务通常用于企业的长期项目,衡量项目是否可行,先要看项目为企业带来的盈利是否足以偿还长期负债的本息,即项目的资产报酬率是否高于长期负债的利息率。若投资失败,则债务偿还便成无本之源。只有当长期投资不断获得利润,长期债务才有了可靠的物质基础。因此,盈利水平是企业长期偿债能力的直接源泉。企业具有足够的盈利能力,对于投资者、债权人和经营者均具有重要的意义。企业盈利能力越强,留存收益越多,长期偿债能力越强,在资本市场的信誉越高,举债难度和举债成本才能降低。此时,企业可以充分利用财务杠杆效应,加大借入资金比例,以获取更多的赢利。

4. 企业经营现金流量

企业的债务主要还是要用现金来清偿,虽然说企业的盈利是偿还债务的根本保证,但是盈利毕竟不等同于现金。企业只有具备较强的变现能力,有充裕的现金,才能保证具有真正的偿债能力。因此,企业现金流量状况决定了偿债能力的保证程度。

相关案例8-4

美国通用汽车公司财务失衡,终致破产

美国通用汽车宣布破产在业界引起了不小的震荡,其破产是由很多原因造成的,但其财务失衡这一点

是一定要被提及的。在其宣布破产前的债务总额为1 700多亿美元,而公司的总资产仅为800亿美元,4年的累计亏损则高达近千亿美元,资不抵债已经到了无药可救的程度,即使通用CEO瓦格纳甘愿领取1美元年薪也于事无补,早日破产重组成为其唯一的出路。曾以高标准财务管理而著称的通用,竟被高昂的财务成本活活地拖死,真可谓是一个天大的笑话。

(二)长期偿债能力的指标计算与分析

从资产、盈利能力、现金流量的内容、特点和作用可以看出,这些因素是从不同角度反映企业偿债能力的。资产是清偿债务的最终物质保障,盈利能力是清偿债务的经营收益保障,现金流量是清偿债务的支付保障。只有将这些因素加以综合分析,才能真正揭示企业的偿债能力。所以,长期偿债能力分析应从以下三个方面进行:①资产规模对长期偿债能力影响的分析;②盈利能力对长期偿债能力影响的分析;③现金流量对长期偿债能力影响的分析。

1. 资产规模对长期偿债能力影响的分析

负债表明一个企业的债务负担,资产则是偿债的物质保证,单凭负债或资产不能说明一个企业的偿债能力,负债少并不等于说企业偿债能力强,同样,资产规模大也不表明企业偿债能力强。企业的偿债能力体现在资产与负债的对比关系上。由这种对比关系反映出来的企业长期偿债能力的指标主要有资产负债率、净资产负债率、股东权益比率、权益乘数和长期负债率等。

(1) 资产负债率。资产负债率是综合反映企业偿债能力,尤其是反映企业长期偿债能力的重要指标。它是指企业的负债总额与资产总额之间的比率。其计算公式是:

$$资产负债率 = \frac{负债总额}{资产总额} \times 100\%$$

资产负债率越低,表明股东在总资产中提供资金的比例越大,企业的长期偿债能力就越强,财务状况就越好,对债权人也越有利,也就越有可能获得长期资金来源。该比率较高,则表明企业利用较少量的自有资金,形成了较大的企业总资产,不仅扩大了企业的生产规模,而且在经营状况良好的情况下,还可以利用财务杠杆作用,得到较多的超额利润。但是如果该比率过高,会增加企业的债务负担,当企业资金实力不强时,不仅对债权人不利,而且有可能造成企业濒临倒闭的危险。

【例8-6】 根据华夏公司资产负债表提供的资料,计算华夏公司的资产负债率。

$$期末资产负债率 = \frac{1\ 708\ 024.86}{2\ 678\ 310.97} \times 100\% = 63.77\%$$

$$期初资产负债率 = \frac{1\ 402\ 355.94}{2\ 360\ 615.79} \times 100\% = 59.41\%$$

华夏公司资产负债率2020年比2019年增加了4.36%,表明该企业的债务负担略有提高,但偿债能力还是较强的。

延伸阅读8-3

资产负债率是否有确定的标准

关于资产负债率以多少为宜,国际上并没有一个确定的标准。一种常见的观点是:资产负债率太低,意味着企业太过保守,不懂得"借鸡生蛋"的道理,也不善于利用别人的资金为自己盈利;但出于风险防范的考虑,该指标也不能太高,一般来讲,保持在中等水平相对较为合适,即认为该指标应维持在40%～60%。一旦超过70%,预示着企业存在一定的经营风险和财务风险。西方一些国家的企业常常以70%作为该指标的警戒线。

通过对不同时期该指标的计算和对比分析,可以了解企业债务负担的变化情况。任何企业都必须根据自身的实际情况,确定一个适度的标准。当企业债务负担持续增长并超过这个适度标准时,企业应注意加以调整,不能只顾获取杠杆利益而不考虑可能面临的财务风险。

(2)净资产负债率。净资产负债率也称产权比率,是指企业的负债总额与所有者权益总额之间的比率,其计算公式是:

$$净资产负债率 = \frac{负债总额}{所有者权益总额} \times 100\%$$

该指标也是衡量企业长期偿债能力的一个重要指标,它反映了企业清算时,企业所有者权益对债权人利益的保证程度。从偿债能力或债权人的角度看,该指标越低越好,因为净资产负债率越低,所有者权益对负债偿还的保证程度就越大,债权人就越安全。但从企业所有者和经营者角度看,为了扩大生产经营规模和取得财务杠杆利益,适当的负债经营是有益的。一般认为该指标为100%比较合适。

【例8-7】 根据华夏公司资产负债表提供的资料,计算华夏公司的净资产负债率。

$$期末净资产负债率 = \frac{1\,708\,024.86}{970\,286.11} \times 100\% = 176.03\%$$

$$期初净资产负债率 = \frac{1\,402\,355.94}{958\,259.25} \times 100\% = 146.34\%$$

从净资产负债率的计算结果可得出该公司的债务负担期末略有提高,偿债能力一般。

(3)股东权益比率和权益乘数。股东权益比率是所有者权益同资产总额的比率,反映企业全部资产中有多少是投资人投资形成的。其计算公式是:

$$股东权益比率 = \frac{所有者权益总额}{资产总额} \times 100\% = 1 - 资产负债率$$

这是企业长期偿债能力保证程度的重要指标,该指标越高,说明企业资产中由投资人投资所形成的资产越多,偿还债务的保证越大。从"股东权益比率=1-资产负债率"来看,该指标越大,资产负债率越小,债权人对这一比率是非常感兴趣的。当债权人将其资金借给股东权益比率较高的企业,由于有较多的企业自有资产做偿债保证,债权人全额收回债权就不会有问题,即使企业清算时资产不能按账面价值收回,债权人也不会有太大损失。

权益乘数是股东权益比率的倒数,其计算公式是:

$$权益乘数 = \frac{1}{股东权益比率} = \frac{资产总额}{所有者权益总额} \times 100\% = 1 + 净资产负债率$$

该指标表示企业的股东权益支撑着多大规模的投资,该指标越大,说明企业对负债经营利用得越充足,财务风险也就越大。

相关思考8-1

如何利用[例8-6]和[例8-7]的计算结果,直接计算出华夏公司期初和期末的股东权益比率和权益乘数?

(4) 长期负债率。长期负债率是反映企业长期偿债能力的指标之一。它通常是用企业的非流动负债与企业的非流动资产之比进行计算。其计算公式是：

$$长期负债率 = \frac{非流动负债}{非流动资产} \times 100\%$$

该指标反映了企业在清算时，可用于偿还非流动负债的资产保证。该指标越低，说明长期偿债能力越强，债权人的安全性越高。从稳健原则出发，计算该指标时，应从分母的非流动资产中扣除无形资产，即：

$$长期负债率 = \frac{非流动负债}{非流动资产 - 无形资产} \times 100\%$$

【例8-8】 根据华夏公司资产负债表提供的资料，计算华夏公司的长期负债率。

$$期末长期负债率 = \frac{200\,000}{1\,287\,543.74 - 9\,810} \times 100\% = 15.65\%$$

$$期初长期负债率 = \frac{200\,000}{866\,284.26 - 10\,900} \times 100\% = 23.38\%$$

可见，华夏公司长期偿债能力较强，期末比期初长期负债率降低了7.73%，说明企业偿还非流动负债的能力提高了。

相关思考8-2

为何根据[例8-7]和[例8-8]的计算结果进行长期偿债能力分析得到不同的结论？

2. 盈利能力对长期偿债能力影响的分析

企业盈利状况对企业长期偿债能力的影响，主要体现在企业利润越多，企业可用于偿还负债本息的资金就越多。因此，通过对反映企业盈利能力与负债本息之间关系的指标的计算与分析，可以明确说明企业的长期偿债能力状况。其实，正常地说，盈利能力对短期偿债能力和长期偿债能力都有影响，但由于利润是按权责发生制计算的，当期实现的利润并不一定当期就能取得货币收入，因此，并不能将利润或盈利能力与短期偿债能力划等号。而从长期看，利润与经营现金净流量是成正比的，利润越多，企业偿债能力就越强。从盈利能力角度对企业长期偿债能力进行分析评价的指标主要有利息保障倍数、债务本息偿付保障倍数和固定费用保障倍数等。

(1) 利息保障倍数。利息保障倍数是指企业生产经营所获得的息税前利润与利息费用的比率，反映企业经营活动所获得的收益是企业所需支付利息费用的倍数。企业以息税前利润偿还利息费用的能力大小，是衡量长期偿债能力的重要指标。其计算公式是：

$$利息保障倍数 = \frac{息税前正常营业利润}{利息费用} = \frac{营业利润 + 利息费用}{利息费用}$$

公式中的利息费用，包括财务费用中的利息支出和资本化利息。

一般的，利息保障倍数大于1，说明企业具有偿付当期利息的能力，具有长期负债的偿债能力。偿债利息保障倍数越大，说明企业用经营活动中所获得的收益偿还利息的能力越强；反之，则越弱。适当的利息保障倍数表明企业不能偿付其利息费用的风险较小。保持良好偿付利息记录的企业,可以筹集到较高比例的债务。

【例8-9】 根据华夏公司利润表提供的资料,计算华夏公司的利息保障倍数。

$$期末利息保障倍数 = \frac{6\,035.81 + 18\,765.02}{18\,765.02} = 1.32(倍)$$

$$期初利息保障倍数 = \frac{息税前正常营业利润}{利息费用} = \frac{14\,120.10 + 18\,604.16}{18\,604.16} = 1.76(倍)$$

可见,华夏公司 2019 年生产经营所得是支付利息的 1.76 倍;2020 年利息保障倍数降低到 1.32 倍,使支付利息的保障程度有一定的降低,2020 年利息保障倍数降低的主要原因是 2020 年的生产经营业绩较差。

由于利息保障倍数不是一个定数,只能根据企业的实际情况并结合同行业平均水平进行确定。同时,此项指标无法反映企业能否偿还债务本金,因此,在进一步分析时还要考虑对债务本息偿付保障倍数进行分析。

(2)债务本息偿付保障倍数。债务本息偿付保障倍数是在利息保障倍数的基础上,进一步考虑债务本金和可用于偿还本金的固定资产折旧而计算得到,是衡量企业长期偿债能力的又一重要指标。其计算公式是:

$$债务本息偿付保障倍数 = \frac{息税前正常营业利润 + 折旧}{利息费用 + 偿还本金额 \div (1 - 所得税税率)}$$

与利息保障倍数类似,债务本息偿付保障倍数大于 1,说明企业具有偿还当期债务本息的能力,该指标越高,表明企业偿债能力越强;如果该指标低于 1,说明企业偿债能力较弱,企业会因为还本付息造成资金周转困难,支付能力下降,使企业信誉受损。

(3)固定费用保障倍数。固定费用保障倍数是在前两个指标计算与分析的基础上,进一步考虑了租赁费用等固定费用支出所形成的反映长期偿债能力的指标。其计算公式是:

$$固定费用保障倍数 = \frac{息税前正常营业利润 + 折旧 + 租赁费用}{利息费用 + 租赁费用 + 偿还本金额 \div (1 - 所得税税率)}$$

运用该指标反映企业的长期偿债能力,其内涵比前两个指标更广泛、更综合,将所有长期债务都考虑了进去。与前两个指标的评价标准相同,固定费用保障倍数至少要等于 1;否则,说明企业无力偿还企业到期的长期债务。该指标越高,说明偿债能力越强。

利息保障倍数、债务本息偿付保障倍数和固定费用保障倍数均是从企业盈利能力角度出发,分析企业的长期偿债能力。其基本思路是从企业的盈利量大小与企业固定性债务支付额之间的比例关系衡量长期偿债能力。一般而言,企业盈利额越高,对债务的保障程度越高。但是,必须注意的是,利润额只是一个会计数字,会计账面的利润并不能作为长期负债的偿付手段。事实上,决定企业利润额的两大因素——收入与费用,与企业的实际现金注入与流出并不完全一致,企业的利润额并不等于可以动用的净现金流量。这也是上述三个指标进行长期偿债能力分析的内在缺陷。

3. 现金流量对长期偿债能力影响的分析

运用现金流量指标,可以比较真实地反映出企业的偿债能力。将现金流量与负债进行比较,可以用来评价企业的长期偿债能力,主要指标有现金流量利息保障倍数和现金净流量全部债务比率等。

(1) 现金流量利息保障倍数。现金流量利息保障倍数是指企业生产经营活动净现金流量与利息费用的比率。该指标反映生产经营活动产生的现金流量净额是利息费用的多少倍。其计算公式是：

$$现金流量利息保障倍数 = \frac{经营活动现金流量净额}{利息费用}$$

现金流量利息保障倍数比利息保障倍数更能反映企业的偿债能力。当企业息税前利润和经营活动净现金流量变动基本一致时，这两个指标结果相似。但如果企业正处于高速成长期，息税前利润和经营活动净现金流量相差很大时，使用现金流量利息保障倍数指标更稳健、更保守。

【例8-10】 根据华夏公司利润表和现金流量表提供的资料，计算华夏公司的现金流量利息保障倍数。

$$本期现金流量利息保障倍数 = \frac{335\ 269.20}{18\ 765.02} = 17.87(倍)$$

计算结果表明，华夏公司本期的经营活动现金流量净额是利息费用的17.87倍，这一比率对贷款人来说是非常安全的。而且相对于利息保障倍数，公司的偿债能力更加乐观。

(2) 现金净流量全部债务比率。现金净流量全部债务比率是指企业当年现金及现金等价物的净增加额与全部负债平均余额的比率。其计算公式是：

$$现金净流量全部债务比率 = \frac{现金净流量}{负债平均余额} \times 100\%$$

该指标能够反映企业每年现金净流量用于偿还全部债务的能力。其数值越高，说明企业偿债能力越大；数值越低，则说明企业偿还债务的保证程度越低。

【例8-11】 根据华夏公司资产负债表和现金流量表提供的资料，计算华夏公司本期现金净流量全部债务比率。

$$本期现金净流量全部债务比率 = \frac{4\ 519.72}{(1\ 708\ 024.86 + 1\ 402\ 355.94) \div 2} \times 100\% = 0.29\%$$

计算结果表明，华夏公司本期的现金净流量全部债务比率仅为0.29%，用于偿还全部负债的能力较差。

综合华夏公司现金流量对长期偿债能力的影响分析可以看出，该公司现金流量对于债务利息保证程度较高，但对于全部债务来说，还应从长远角度考虑其他偿还债务的渠道。

第二节 盈利能力分析

一、盈利能力分析概述

(一) 盈利能力分析的含义

盈利能力是指企业获取利润的能力。利润是企业内外有关各方都关心的中心问题，利润是投资者取得投资收益、债权人收取本息的资金来源，是经营者经营业绩和管理效能的集中表现,也是职工集体福利设施不断完善的重要保障。因此,企业盈利能力分析十分重要。盈利能力的分析是企业财务分析的重点,财务结构分析、偿债能力分析等,其根本目的是通过分析及时发现问题、改善企业财务结构,提高企业偿债能力、经营能力,最终提高企业的盈利能力,促进企业持续稳定地发展。对企业盈利能力的分析主要指对利润率的分析。因为尽管利润额的分析可以说明企业财务成果的增减变动状况及其原因,为改善企业经营管理指明了方向,但是,由于利润额受企业规模或投入总量的影响较大,一方面使不同规模的企业之间不便于对比;另一方面它也不能准确地反映企业的盈利能力和盈利水平。因此,我们仅进行利润额分析一般不能满足各方面对财务信息的要求,还必须对利润率进行分析。这样可摒除企业规模因素影响。计算出来的利润率应该与行业平均水平相比较总的来说,利润率越高,企业盈利能力越强;利润率越低,企业盈利能力弱。

(二) 盈利能力分析的目的

盈利能力的大小是一个相对的概念,即利润相对于一定的资源投入、一定的收入而言。利润率越高,盈利能力越强;利润率越低,盈利能力越差。企业经营业绩的好坏最终可通过企业的盈利能力来反映。无论是企业的经理人员、债权人,还是股东(投资人)都非常关心企业的盈利能力,并重视对利润率及其变动趋势的分析与预测。

1. 从企业的角度来看

从企业的角度来看,企业从事经营活动其直接目的是最大限度地赚取利润并维持企业持续稳定地经营和发展。持续稳定地经营和发展是获取利润的基础;而最大限度的获取利润又是企业持续稳定发展的目标和保证,只有在不断地获取利润的基础上,企业才可能发展;同样,盈利能力较强的企业比盈利能力软弱的企业具有更大的活力和更好的发展前景;因此,盈利能力是企业经理人员最重要的业绩衡量标准和发现问题、改进企业管理的突破口。对企业经理人员来说,进行企业盈利能力分析的目的具体表现在以下两个方面:

(1) 利用盈利能力的有关指标反映和衡量企业经营业绩。企业经理人员的根本任务,就是通过自己的努力使企业赚取更多的利润。各项收益数据反映着企业的盈利能力,也表现了经理人员工作业绩的大小。用已达到的盈利能力指标与标准、基期、同行业平均水平、其他企业相比较,则可以衡量经理人员工作业绩的优劣。

(2) 通过盈利能力分析发现经营管理中存在的问题。盈利能力是企业各环节经营活动的具体表现、企业经营的好坏,都会通过盈利能力表现出来。通过对盈利能力的深入分析,可以发现经营管理中的重大问题,进而采取措施解决问题,提高企业收益水平。

2. 从债权人的角度来看

对于债权人来讲,利润是企业偿债的重要来源,特别是对长期债务而言。盈利能力的强弱直接影响企业的偿债能力。企业举债时,债权人势必审查企业的偿债能力,而偿债能力的强弱最终取决于企业的盈利能力。因此,分析企业的盈利能力对债权人也是非常重要的。

3. 从股东的角度来看

对于股东(投资人)而言,企业盈利能力的强弱更是至关重要的。在市场经济下,股东往往会认为企业的盈利能力比财务状况、营运能力更重要。股东们的直接目的就是获得更多的利润,因为对于信用相同或相近的几个企业,人们总是将资金投向盈利能力强的企业;股东们关心企业赚取利润的多少并重视对利润率的分析,是因为他们的股息与企业的盈利能力是紧密相关的;此外,企业盈利能力增加还会使股票价格上升,从而使股东们获得资本收益。

延伸阅读8-4

盈 利 质 量

盈利质量即收益质量,是指会计收益所表达的与企业经济价值有关信息的可靠程度。

收益既可以指企业会计报表中披露的收益数据,也可以指企业实际获得的收入和利得。

换句话说,收益可以从两个角度来理解:一方面,从信息角度看,收益主要是指会计报表上揭示的收益信息,是由企业提供并用来满足使用者需要的。因此,可以将其看作是一种信息产品,并且这种产品会随着需要的变化而变化。既然收益信息这种产品是用来满足一定需要的,那么它就存在质量问题,收益信息必须具备一定的质量特征。信息的质量特征是有用性,为了满足有用性,信息必须具备相关性、可靠性和可比性。另一方面,从经济角度看,收益是指会计期间内经济利益的增加,反映了企业的盈利能力,而报表使用者利用收益信息的主要目的也是评价企业的收益状况,预测企业获得收益的前景。既然收益是指经济利益的增加,那么就有收益多少之分,相应地企业的盈利能力也有强弱之别,因此也存在质量问题。因此,收益质量也应该包含收益在经济层面上的含义,此时收益质量是反映企业收益水平和收益能力的尺度。

高质量的收益是指报表收益对企业过去、现在的经济成果和未来经济前景的描述是可靠和可信任的。反之,如果报表收益对企业过去、现在经济成果和未来经济前景的描述具有误导性,那么该收益就被认为是低质量的。

(三) 盈利能力分析的内容

企业盈利能力分析会受到企业类型、所在行业、经营方式及是否上市的影响,上市公司因为股权流通、股票价格公开等因素,而具有一些特殊的指标,因而本章内容除了介绍一般公司盈利能力分析的指标,还将介绍上市公司的盈利能力指标等内容。

1. 一般企业盈利能力分析

盈利能力主要就是指企业创造价值的能力。从长期来看,它是指企业的产出持续性地超过其资源消耗的能力。在一般情况下,企业的产出超过投入的金额越大,持续性越强,则往往意味着企业的盈利能力越强。企业的产出主要是指企业可以从产品销售市场或者服务提供市场获取的资源。这也就是我们通常意义上所谓的收入。企业的资源消耗主要是指为了获取一定的收入,企业耗费了多少的资源。这里面包括人工成本,机器损耗和原材料成本。在盈利能力分析中,资源消耗是与当期的收入相对应的,是指当期已经通过销售实现的收入所对应的那部分资源消耗。对一般企业的盈利能力分析我们可以通过资产投入与获得的收益进行比较来评价其盈利能力。

2. 上市公司盈利能力分析

在上市公司的业绩中,投资者特别关注其收益状况及未来的发展能力。如何评价公司的盈利能力,如何透视公司的盈利质量,一直是会计界、投资业的热门话题。随着我国社会主义市场经济体制的建立、发展和完善,我国的企业管理体制正在由传统的管理体制向现代企业制度转变。在这种转轨经济特点下,公司股份制改造是建立现代企业制度的重要形式。随着股份制企业的增多和资本市场的完善,上市公司也越来越多。由上市公司自身特点所决定,其盈利能力除了可以通过一般公司盈利能力的指标分析,我们还应进行一些特殊指标的分析,特别是一些与企业股票价格或者市场价值相关的指标分析。

二、一般企业盈利能力分析

(一) 影响企业盈利能力的因素

企业盈利能力的影响因素分为财务和非财务两个方面,财务因素主要是针对企业资金产生的效益进行分析,非财务影响因素则侧重于企业实施的策略和长远发展。

1. 影响企业盈利能力的财务因素分析

(1) 商品经营盈利能力分析。生产经营业务的盈利能力是指在企业实现一定营业收入或消耗一定资金而取得的利润额,它反映企业在生产经营活动中赚取利润的能力,是企业最基本的盈利能力。企业经营管理能力包含的企业规模、产品结构、营销能力等,都会影响企业的盈利能力。企业规模直接影响产品的各项成本和费用,最终影响利润额;产品结构反映了企业生产要素的利用状况及满足社会需求的程度,企业的产品只有得到社会需求的认可,才能实现产品的销售收入;营销能力也会影响企业的销售收入。

(2) 资产经营盈利能力分析。公司在一定时期占用和耗费的资产越少,获得的利润越大,获利能力就越强。也就是说,资产的运转效率越高,营运能力越好,盈利能力就越强,盈利能力与资产运转效率是相辅相成的。如果资产的获利能力超过社会平均的资产利润率,则说明企业能够吸收投资,获得长远发展。

(3) 资本经营盈利能力分析。所有者的投资形成企业的资本,而所有者投资的目的是获得投资报酬,一个公司投资报酬的高低直接影响现有投资者是否继续投资以及潜在投资者是否追加或重新投资,这就要考虑净资产报酬是否满足投资者的利益要求。短期偿债能力一般也称支付能力,主要是通过流动资产的变现,来偿还到期的短期债务。短期偿债能力的高低对企业的生产经营活动和财务状况有重要影响,一个企业即使拥有良好的营运能力和较强的盈利能力,一旦短期偿债能力不强,就会因资金周转困难影响正常的生产经营,降低企业的盈利能力,严重时会出现财务危机,甚至导致企业因不能按期偿债而"黑字破产"。企业短期偿债能力不足对企业生产经营的影响还表现在:无法取得购货折扣;不能按期支付货款而使材料供应不能保证;影响职工收入的正常发放或不能按期加薪,使企业在人才市场上失去竞争力。短期偿债能力不足对企业的另一影响,就是造成企业信誉下降,这是一种无法估计的损失,对企业的长远发展会产生重大不利影响。

2. 影响企业盈利能力的非财务因素分析

(1) 市场占有率。企业的盈利能力高于还是低于行业的平均水平,取决于它的竞争地位。竞争地位的优劣,又取决于企业是否具有竞争优势。竞争优势主要来自成本领先和产品(包括服务)奇异,成本低、质量好的产品必然有广阔的市场。因此,市场占有率可以间接地反映盈利能力。市场占有率是指长期、稳定的市场占有率,一味地靠削价扩大销售,虽可能在短期内扩大市场占有率,但不可能持久。所以,只有具备持久性竞争优势的企业,才能长期维持优于平均水平的盈利能力。

(2) 顾客满意度。随着我国市场经济体制的发展和市场竞争的日益激烈,企业的运作重点逐步从产品导向过渡到市场导向,企业开始关注顾客满意度。基于此种原因,我国企业要提高顾客的满意度,必须在价格、交通、服务、商品质量、商品特色和购物环境上做到令人满意,才能留住老顾客、增加新顾客,进而提高顾客的忠诚度,提升品牌的声誉,获得更为可观的企业盈利。

(3) 企业创新。在市场经济条件下,企业只有不断创新,才能保持自身的竞争力。企业的盈利能力是靠不断创新来维持的,在关键技术和成本改进方面的创新能力以及适应技术变革的能力,是公司盈利能力的一个重要方面。

(4) 雇员培训。雇员培训是企业在人力资源方面的投资,它和企业的长期盈利相关联。提高雇员胜任工作的能力,是企业提高盈利能力的途径之一。雇员培训可以分为新职工上岗培训和后续培训两部分,通过培训,使职工学到工作所需的知识,提升自身的工作效率,最终促进企业盈利能力的提高。

(5) 税收政策。税收政策对于企业的发展有很重要的影响,符合国家税收政策的企业能够享受税收优惠,增强企业的盈利能力;不符合国家税收政策的企业,则被要求缴纳高额的税收,从而不利于企业盈利能力的提高。因此,分析企业的盈利能力,离不开对其所面临的税收政策环境的评价。

(6) 盈利模式。企业的盈利模式是企业赚取利润的途径和方式,即企业将内外部资源要素巧妙而有机地进行整合,为企业创造价值的经营模式。独特的盈利模式是企业获得超额利润的法宝,也是企业的核心竞争力。

(二) 一般企业盈利能力指标的计算与分析

分析一般企业的盈利能力,通常可运用一系列反映盈利能力的指标来进行。一般企业在这里泛指除了上市公司的其他各种形式的经济组织,一般企业的盈利能力通常与销售和投资回报有关。因此,我们对一般企业盈利能力的指标分析,主要可采用资产投入与收益对比的指标,包括销售毛利率、销售净利率、成本费用利润率、总资产报酬率、净资产收益率等。

1. 销售毛利率

销售毛利率是毛利占销售收入的百分比,通常简称为毛利率。其中,毛利是销售净收入与销售成本的差额。其计算公式是:

$$销售毛利率 = \frac{销售收入 - 销售成本}{销售收入} \times 100\%$$

它最大的特点在于没有扣除期间费用。因此,它能够排除管理费用、财务费用、营业费用对主营业务利润的影响,直接反映销售收入与支出的关系。销售毛利率的值越大,说明在主营业务收入净额中主营业务成本占的比重越小,企业通过销售获得利润的能力更强。正是因为销售毛利率的以上特点,它能够更为直观地反映企业主营业务对于利润创造的贡献。

企业的销售毛利率越高,最终的利润空间越大。例如,甲企业的销售毛利率为50%,乙企业的销售毛利率为20%。这意味着甲企业每卖出100元钱产品,产品的成本只有50元,毛利为50元,只要每100元销售收入需要抵补的各项费用低于50元,企业就能盈利。而乙企业每卖出100元钱产品,产品的成本高达80元,毛利只有20元,只有每100元销售收入需要抵补的各项费用低于20元时企业才能盈利。

对销售毛利率也可以进行横向和纵向的比较。通过与同行业平均水平或竞争对手的比较,可以洞悉企业主营业务的利润空间在整个行业中的地位以及与竞争对手相比的优劣。如果通过横向比较,发现企业的销售毛利率过低,则应进一步查找原因,并采取措施及时调整。通过与企业以往各期的销售毛利率进行比较,可以看出企业主营业务盈利空间的变动趋势。如果在某一期间内销售毛利率突然恶化,作为内部分析则应进一步查找原因,看看是由于降价引起的,还是由于成本上升所致,并及时找出改善的对策。

【例 8-12】 根据华夏公司利润表的资料,运用销售毛利率指标对华夏公司盈利能力进行分析。

(1) 从横向分析看,主要计算与分析华夏公司 2020 年年末的销售毛利率:

$$销售毛利率 = \frac{1\,841\,361.49 - 1\,691\,594.69}{1\,841\,361.49} \times 100\% = 8.13\%$$

假设华夏公司所在行业的平均销售毛利率为 6%,从华夏公司 2020 年年末销售毛利率来看,公司销售毛利率高于行业平均水平,说明该公司企业通过销售获得利润的能力处于行业靠前水平。

(2) 从纵向上分析华夏公司的销售毛利率,是将 2019 年销售毛利率与 2020 年的销售毛利率进行对比,以反映公司盈利能力的变动情况。2019 年的销售毛利率为:

$$销售毛利率 = \frac{1\,661\,640.56 - 1\,495\,073.99}{1\,661\,640.56} \times 100\% = 10.02\%$$

根据上述计算结果可知,华夏公司 2019 年的销售毛利率为 10.02%,而 2020 年该公司销售毛利率为 8.13%,显然,2020 年华夏公司的销售毛利率与 2019 年相比,略有降低,这说明该公司盈利能力较 2019 年相比有所下降,公司应采取措施增加收入,降低成本,提高公司的销售毛利率水平。

2. 销售净利率

销售净利率是指企业净利润与销售收入的比率,其计算公式是:

$$销售净利率 = \frac{净利润}{销售收入} \times 100\%$$

该比率表示每 1 元销售收入可实现的净利润是多少。销售净利率越高,说明企业通过扩大销售获取收益的能力越强。通过分析销售净利率的变化,不仅可以促使企业扩大销售,还可以让企业注意改善经营管理,控制期间费用,提高盈利水平。

同时,销售净利率的分子是企业的净利润,也即企业的收入在扣除了成本和费用以及税收之后的净值,是企业最终为自身创造的收益,反映了企业能够自行分配的利润额。之后的提取公积金、发放股利等行为,都是建立在这个净利润的基础上。因此,用它与销售收入相比,能够从企业生产经营最终目的的角度,看待销售收入的贡献。

销售净利率越高,说明企业在正常经营的情况下由盈转亏的可能性越小,并且通过扩大主营业务规模获取利润的能力越强。

对销售净利率也可以进行横向和纵向的比较。

从横向来说,将企业的销售净利率与同行业平均水平或竞争对手的比较,可以了解企业销售业务的盈利空间在整个行业中的地位以及与竞争对手相比的优劣;并通过进一步的分析,如企业规模、产品结构、营销方式等具体方面的比较,找出差距,发现不足,提高企业利用销售业务盈利的能力。

通过纵向比较,可以发现企业销售净利率的变动情况,即与以往的水平相比,是上升还是下降。如果企业的销售净利率有所降低,则应进一步查找原因,分析究竟是收入水平降低还是成本提高造成的,在此基础上及时找出改善的对策。

【例 8-13】 根据华夏公司利润表的资料,运用销售净利率指标对华夏公司盈利能力进行分析。

(1) 从横向分析看,主要计算与分析华夏公司 2020 年年末的销售净利率:

$$销售净利率 = \frac{12\ 026.86}{1\ 841\ 361.49} \times 100\% = 0.65\%$$

假设华夏公司所在行业的平均销售净利率为 2%,从华夏公司 2020 年年末销售净利率来看,公司销售净利率低于行业平均水平,说明该公司企业通过销售获得净利润的能力处于行业靠后水平。

(2) 从纵向上分析华夏公司的销售净利率,是将 2019 年销售净利率与 2020 年的销售净利率进行对比,以反映公司盈利能力的变动情况。2019 年的销售净利率为:

$$销售净利率 = \frac{3\ 090.07}{1\ 661\ 640.56} \times 100\% = 0.19\%$$

华夏公司 2019 年销售净利率为 0.19%,2020 年销售净利率 0.65%,显然,华夏公司 2020 年销售净利率比 2019 年的要高,说明华夏公司销售净利率有所提高,通过销售获取净利润的能力较去年相比有较大进步。

3. 成本费用利润率

成本费用利润率是企业一定期间的利润总额与成本、费用总额的比率。其计算公式为:

$$成本费用利润率 = \frac{利润总额}{成本费用总额} \times 100\%$$

式中,利润总额和成本费用总额来自企业的利润表。成本费用一般指主营业务成本、税金及附加和"三项期间费用"(销售费用、管理费用、财务费用)。成本费用利润率指标表明每付出 1 元成本费用可获得多少利润,体现了经营耗费所带来的经营成果。该项指标越高,反映企业的经济效益越好。

分析时,我们可将成本费用与营业利润对比,计算成本费用营业利润率指标。其计算公式如下:

$$成本费用营业利润率 = \frac{营业利润}{成本费用总额} \times 100\%$$

如利润中还包括其他业务利润,而其他业务利润与成本费用也没有内在联系,分析时,我们应将其他业务利润扣除。

【例 8-14】 根据华夏公司利润表的有关资料,运用成本费用利润率指标对华夏公司盈利能力进行分析。

$$2020\ 年成本费用利润率 = \frac{16\ 035.81}{1\ 691\ 594.69 + 36\ 908.26 + 34\ 392.00 + 73\ 665.71 + 18\ 765.02} \times 100\% = 0.86\%$$

$$2019\ 年成本费用利润率 = \frac{4\ 120.10}{1\ 495\ 073.99 + 34\ 112.51 + 38\ 374.00 + 62\ 355.80 + 18\ 604.16} \times 100\% = 0.25\%$$

成本费用利润率指标表明每付出1元成本费用可获得多少利润,体现了经营耗费所带来的经营成果。该项指标越高,反映企业的经济效益越好。从计算结果可以看出,华夏公司成本费用利润率2020年比2019年有所提高,说明该企业2020年的盈利水平有所增长。

4. 总资产报酬率

总资产报酬率又称总资产利润率、总资产回报率、资产总额利润率,是指企业一定时期内息税前利润与资产平均总额的比率,其计算公式为:

$$总资产报酬率 = \frac{息税前利润}{平均总资产} \times 100\%$$

$$息税前利润 = 利润总额 + 财务费用$$

该指标用来评价企业管理者运用各种来源资金赚取报酬的能力。式中的资产总额包括两部分:一是负债;二是所有者权益或企业自有资本。利息费用是债权人所提供资产的报酬;所得税是企业对国家应尽的义务,只有税后利润才是最终归属于企业所有。因此,在计算全部资产报酬率时,我们应在税前利润额的基础上,加上利息费用,即息税前利润,以便正确评价企业资产的运营效率。

总资产报酬率越高,表明资产利用效率越高,说明企业在增加收入、节约资金使用等方面取得了良好的效果;该指标越低,说明企业资产利用效率低,应分析差异原因,提高销售利润率,加速资金周转,提高企业经营管理水平。该指标表示企业全部资产获取收益的水平,全面反映了企业的获利能力和投入产出状况。对该指标的深入分析,可以增强各方面对企业资产经营的关注,促进企业提高单位资产的收益水平。

在一般情况下,企业的经营者可将资产收益率与借入资金成本率进行比较决定企业是否要负债经营。若资产收益率大于借入资金成本率,则净资产收益率大于资产收益率,说明企业充分利用了财务杠杆的正效应,不但投资人从中受益,而且债权人的债权也是比较安全的。若资产收益率小于借入资金成本率,则净资产收益率小于资产收益率,说明企业遭受杠杆负效应所带来的损失,不但投资人遭受损失,而且债权人的债权也不安全。不论是投资人,还是债权人,都希望总资产收益率高于借入资金成本率。

【例8-15】 根据华夏公司资产负债表及利润表的资料,运用总资产报酬率指标对华夏公司盈利能力进行分析。

$$总资产报酬率 = \frac{34\,800.83}{2\,519\,463.08} \times 100\% = 1.38\%$$

$$息税前利润 = 16\,035.81 + 18\,765.02 = 34\,800.83(元)$$

$$总资产平均余额 = \frac{2\,678\,310.97 + 2\,360\,615.19}{2} = 2\,519\,463.08(元)$$

从计算结果可以看出,华夏公司2020年总资产报酬率为1.38%,表明该公司每1元资产投入,可获得息税前利润0.0138元,总资产报酬率越高,说明企业资产的运用效率越好,也意味着企业的资产盈利能力强。评价总资产报酬率时,需要与企业前期的比率、同行业其他企业的这一比率等进行比较,并进一步找出影响该指标的不利因素,以利于企业加强经营管理。

5. 净资产收益率

净资产收益率又称为股东权益收益率、净值收益率或所有者权益收益率,是企业净利润与其平均净资产之间的比值,反映股东投入的资金所获得的收益率。

该指标的计算有两种方法:

(1) 全面摊薄净资产收益率。

$$全面摊薄净资产收益率 = \frac{净利润}{期末净资产} \times 100\%$$

该指标强调年末状况,是一个静态指标,说明期末单位净资产对经营净利润的分享。

(2) 加权平均净资产收益率。

$$加权平均净资产收益率 = \frac{净利润}{净资产平均额} \times 100\%$$

$$净资产平均额 = \frac{期初净资产 + 期末净资产}{2}$$

该指标强调经营期间净资产赚取利润的结果,是一个动态的指标,说明经营者在经营期间利用企业净资产为企业新创造利润的多少,是一个说明企业利用单位净资产创造利润能力大小的一个平均指标,有助于企业相关利益人对公司未来的盈利能力作出正确的判断。

从经营者使用会计信息的角度看,应使用加权平均净资产收益率,该指标反映了过去一年的综合管理水平,对于经营者总结过去、制定经营决策意义重大。从企业外部相关利益人所有者角度看,应使用全面摊薄净资产收益率。该指标反映股东权益的收益水平,用以衡量公司运用自有资本的效率。指标值越高,说明投资带来的收益越高。该指标体现了自有资本获得净收益的能力。

为什么净资产收益率难以持续

观察一家上市公司连续几年的净资产收益率表现,我们会发现一个有意思的现象:上市公司往往在刚刚上市的几年中都有不错的净资产收益率表现,但之后这个指标会明显下滑。

这是因为,当一家企业随着规模的不断扩大、净资产的不断增加,必须开拓新的产品、新的市场并辅之以新的管理模式,以保证净利润与净资产同步增长。但这对于企业来说是一个很大的挑战,这主要是在考验一个企业领导者对行业发展的预测、对新的利润增长点的判断以及他的管理能力能否不断提升。

有时候,一家上市公司看上去赚钱能力还不错,主要是因为其领导者熟悉某一种产品、某一项技术、某一种营销方式,或者是适合于某一种规模的人员、资金管理。但当企业的发展对他提出更高要求的时候,他可能就力不从心了。

因此,当一家上市公司随着规模的扩大,仍能长期保持较好的净资产收益率,说明这家公司的领导者具备了带领这家企业从一个胜利走向另一个胜利的能力。对于这样的企业家所管理的上市公司,我们可以给予更高的估值。

三、上市公司盈利能力分析

上市公司是一类特殊的企业,是指经过批准,可以在证券交易所向社会公开发行股票而筹资成立的股份有限公司。其权益资本被分成等额的股份,也被称为股本。

此外,上市公司与一般公司的不同之处在于有股票二级市场形成的交易价格,并通过发放股利的形式进行利润分配。因此对上市公司盈利能力的分析还可以通过对每股收益、市盈率、股利支付率和股利收益率等财务指标进行分析。

（一）影响上市公司盈利能力的因素

要考察公司的经营效益和盈利状况,需首先了解决定盈利水平的各种因素。对于上市公司来说,盈利能力的变动是受很多因素影响的,大体上可以分为外部因素和内部因素两种。影响上市公司盈利能力的外部因素主要包括全球经济形势、一个国家或地区的宏观经济发展水平、行业或产业发展的情况、产品所处的市场环境、产品的竞争能力和会计准则的变更等。一个公司对于它所处的外部环境不太容易改变,但可以通过内部条件的改善,来积极适应外部环境的变化,充分利用外部环境,并在一定范围内,改变自己的小环境,以增强自身活力,扩大市场占有率。

相对于外部因素来说,内部因素的研究就显得更为重要了,因为影响上市公司盈利能力的内部因素可以通过内部经营管理的改善来改变公司的盈利水平,是我们可控制的因素,有效调整内部因素是公司不断适应外部环境提高盈利能力的根本途径。影响上市公司盈利能力的内部因素主要包括内部管理因素和内部财务因素。内部管理因素有企业的产供销管理能力、企业的财务控制能力和企业的风险处置能力。内部财务因素有销售盈利能力、资产盈利能力、会计政策的选择、盈利发展前景、现金流量的保障、资本结构和财务杠杆、资产和资产结构、资产营运能力等。在上市公司盈利能力分析过程中,我们将重点讨论内部财务因素的变动对盈利能力的影响,以期待找到适合公司发展、提高公司盈利能力的财务途径,为实施管理行为改善公司的盈利水平提供财务依据。

1. 销售盈利能力

销售盈利能力是销售收入获得利润的能力,销售利润率越高,代表着销售盈利能力越强,反之相反。提高销售盈利能力的主要途径有通过制定科学的营销政策、严格的信用政策和产品品种结构方案持续稳定地提高收入水平,通过采用先进的技术、产品设计理念、规模经济效应、科学的成本费用管理策略合理降低成本费用的支出。另外,销售盈利能力往往与盈利发展能力结合在一起才能更好地判别,只有那些能够长期持续稳定带来高利润率的公司,才是具备较强销售盈利能力的公司。

2. 资产盈利能力

资产盈利能力是公司投入资产获得报酬的能力。资产利润率越高,代表着资产盈利能力越强;反之,则相反。公司可以通过提高各类资产营运效率与效益、增强销售盈利能力等方法来改善资产的盈利水平。相应地,资产盈利能力的判别也要和资产盈利的发展能力密切结合。

3. 会计政策的选择

盈利是公司根据会计准则及其他会计相关原则,对一定会计期间内公司经营成果的反应,它不仅受到公司本身财务状况及经营状况的影响,也受到会计准则、会计政策等因素的影响。公司选择不同的会计政策会使计算出来的收益产生差异,甚至还会对收益的质量产生影响,一般认为,稳健的会计政策有助于提高收益质量,消除潜亏,使盈利能力分析结果更具准确性和真实性。

4. 现金流的保障

一般来说,只有会计收益有相应的现金净流入时,才表明收益的真正实现,因此现金流量在很大程度上决定着公司的盈利状况及公司的生存和发展。现金流量的保障是影响盈利水平的重要因素。一般认为,经营过程中所实现的经营现金净流量越多,盈利能力保障越好,盈利风险越小,盈利能力越强,反之相反。

除了上述财务因素,影响上市公司盈利能力的财务因素还有企业的资产和资产结构、资本结构和财务杠杆水平、资产营运水平等指标,它们都是通过影响销售盈利能力、资产盈利能力、现金流量水平等来影响盈利能力的。

(二)上市公司盈利能力的指标计算与分析

1. 每股收益

每股收益即每股盈利(EPS),又称每股税后利润、每股盈余,是指税后利润与股本总数的比率。它是测定股票投资价值的重要指标之一,是分析每股价值的一个基础性指标,是综合反映公司获利能力的重要指标,它是公司某一时期净利润与股份数的比率。该比率反映了每股创造的税后利润,比率越高,表明所创造的利润就越多。若公司只有普通股时,每股收益就是税后利润,股份数是指发行在外的普通股股数。如果公司还有优先股,应先从税后利润中扣除分派给优先股股东的股息。

根据《企业会计准则——每股收益》的规定,每股收益由于对分母部分的发行在外流通股数的计算口径不同,可以分为基本每股收益和稀释每股收益。

(1)基本每股收益。基本每股收益是指企业按照归属于普通股股东的当期净利润,除以发行在外普通股的加权平均数计算的每股收益。其计算公式是:

$$基本每股收益 = \frac{净利润 - 优先股股息}{发行在外的普通股加权平均数}$$

需要注意的是:

第一,发行在外普通股的加权平均数计算。

$$发行在外的普通股加权平均数 = 期初发行在外普通股股数 + 当期新发行的普通股股数 \times \frac{已发行时间}{报告期时间} - 当期回购普通股股数 \times \frac{已回购时间}{报告期时间}$$

已发行时间、报告期时间和已回购时间一般按照天数计算;在不影响计算结果合理性的前提下,可以采用简化的计算方法,即按月计算。

新发行普通股股数,应当根据发行合同的具体条款,从应收对价之日(一般为股票的发行日)起计算确定。通常包括下列情况:①为收取现金而发行的普通股股数,从应收现金之日起计算。②因债务转资本而发行的普通股股数,从停计债务利息之日或结算日起计算。③非同一控制下的企业合并,作为对价发行的普通股股数,从购买日起计算;同一控制下的企业合并,作为对价发行的普通股股数,应当计入各列报期间普通股的加权平均数。④为收购非现金资产而发行的普通股股数,从确认收购之日起计算。

【例 8-16】 华夏公司 2020 年期初发行在外的普通股 18 000 股,3 月 1 日新发行 4 500 股,10 月 1 日回购 6 820 股,以备将来奖励职工,计算华夏公司发行在外的普通股加权平均数。

$$发行在外的普通股加权平均数 = 18\,000 + 4\,500 \times \frac{10}{12} - 6\,820 \times \frac{3}{12} = 20\,045(股)$$

第二,企业发放股票股利(是一种股利的分配方式)、公积金转增资本、拆股或并股等,会增加或减少其发行在外普通股或潜在普通股的数量,但不影响所有者权益的总额,也不改变企业的盈利能力。企业应当在相关报批手续全部完成后,按调整后的股数重新计算各列报期间的每股收益。上述变化发生于资产负债表日至财务报告批准报出日之间的,应当以调整后的股数重新计算每股收益。

第三,企业当期发生配股的情况下,计算基本每股收益时,应当考虑配股中包含的送股因素,据以调整各期发行在外普通股的加权平均数。配股是上市公司根据公司发展的需要,依据有关规定和相应程序,旨在向原股东进一步发行新股、筹集资金的行为,需要投资者按照一定比例以一定的价格购买股票,配股后发行在外的股数增加。

【例 8-17】 根据华夏公司利润表提供的资料,计算华夏公司的基本每股收益。

$$基本每股收益 = \frac{12\ 026.86}{20\ 045} = 0.6(元)$$

根据上述计算结果可知,华夏公司的基本每股收益为 0.6,表明每一普通股股东可获得 0.6 元的净利润。在运用每股收益判断企业盈利能力强弱时,应将几家不同企业或者同一企业不同时期的每股收益进行比较,才能得出正确的认识。

(2) 稀释每股收益。企业存在具有稀释性的潜在普通股的情况下,应当根据具有稀释性的潜在普通股的影响,分别调整归属于普通股股东的当期净利润以及当期发行在外普通股的加权平均数,并据以计算稀释的每股收益。

计算稀释每股收益时,应当根据下列事项对归属于普通股股东的当期净利润进行调整:①当期已确认为费用的稀释性潜在普通股的利息;②稀释性潜在普通股转换时将产生的收益或费用;③当期发行在外普通股的加权平均数应当为计算基本每股收益时普通股的加权平均数与假定稀释性潜在普通股转换为已发行普通股而增加的普通股股数的加权平均数之和。计算稀释性潜在普通股转换为已发行普通股而增加的普通股股数的加权平均数时,以前期间发行的稀释性潜在普通股,应当假设在当期期初转换;当期发行的稀释性潜在普通股,应当假设在发行日转换。

稀释性潜在普通股是指假设当期转换为普通股会减少每股收益的潜在普通股。具体包括:

第一,可转换公司债券。对于可转换公司债券,计算稀释每股收益时,分子的调整项目为可转换公司债券当期已确认为费用的利息等的税后影响额;分母调整项目为假定可转换公司债券当期期初或发行日转换为普通股的股数加权平均数。

【例 8-18】 假设华夏公司 2020 年 1 月 1 日发行利息率为 8%、面值 100 元的可转换债券 10 万张,规定每张债券可转换为 1 元面值普通股 80 股。2020 年,华夏公司实现净利润 8 000 万元,2020 年发行在外的普通股为 4 000 万股,公司适用的所得税税率为 25%,计算 2020 年华夏公司的稀释每股收益。

$$税后利息费用 = 100 \times 10 \times 8\% \times (1-25\%) = 60(万元)$$
$$增加的普通股股数 = 100 \times 10 = 800(万股)$$
$$稀释的每股收益 = \frac{8\ 000 + 60}{4\ 000 + 800} = 1.68(元)$$

第二，认股权证和股份期权。认股权证、股份期权等的行权价格低于当期普通股平均市场价格时，应当考虑其稀释性。

每股收益是反映股份公司盈利能力大小的一个非常重要的指标。每股收益越高，一般可以说明盈利能力越强。这一指标的高低，往往会对股票价格产生较大的影响。

对每股收益也可以进行横向和纵向的比较。通过与同行业平均水平或竞争对手的比较，可以考察企业每股收益在整个行业中的状况以及与竞争对手相比的优劣。

不过，在进行每股收益的横向比较时，需要注意不同企业的每股股本金额是否相等，否则每股收益不便直接进行横向比较。通过与企业以往各期的每股收益进行比较，可以看出企业每股是收益的变动趋势。

2. 每股现金流量

每股现金流量是经营活动产生的现金流量净额扣除优先股股利之后，与普通股发行在外的平均股数对比的结果。其计算公式为：

$$每股现金流量 = \frac{经营活动现金净流量}{发现在外的普通股平均数}$$

注重股利分配的投资者应当注意这个指标，每股收益的高低虽然与股利分配有密切关系，但它不是决定股利分配的唯一因素。如果每股收益很高，但是缺乏现金，那么也无法分配现金股利。因此，还有必要分析企业的每股现金流量。每股现金流量越高，说明每股股份可支配的现金流量越大，普通股股东获得现金股利回报的可能性越大。

对每股现金流量同样可以进行横向和纵向的比较。通过与同行业平均水平或竞争对手的比较，可以考察企业每股现金流量在整个行业中的状况以及与竞争对手相比的优劣。与每股收益类似，在进行每股现金流量的横向比较时，需要注意不同企业的每股股本金额是否相等，否则每股现金流量不便直接进行横向比较。通过与企业以往各期的每股现金流量进行比较，可以看出企业每股现金流量的变动趋势。

【例8-19】 根据华夏公司现金流量表提供的资料，计算华夏公司的每股现金流量。

$$每股现金流量 = \frac{335\ 269.20}{20\ 045} = 16.73(元)$$

根据计算上述计算结果可知，华夏公司每股现金流量为16.73元，表明每股发行在外的普通股所平均占有的经营净现金流量。这个指标越大，说明该公司进行资本支出和支付股利的能力越强。

3. 每股股利

普通股每股股利简称每股股利，它反映每股普通股获得现金股利的情况。其计算公式为：

$$每股股利 = \frac{现金股利总额}{发行在外的普通股股数}$$

由于股利通常只派发给年末的股东，计算每股股利时分母采用年末发行在外的普通股股数，而不是全年发行在外的平均股数。每股股利反映了普通股股东获得现金股利的情况。每股股利越高，说明普通股获取的现金报酬越多。

【例8-20】 假定华夏公司通过股东大会决议派发现金股利2 405.37元,计算华夏公司的每股股利。

$$每股股利 = \frac{2\,405.37}{20\,045} = 0.12(元)$$

根据计算上述计算结果可知,华夏公司每股股利为0.12元,表明每股发行在外的普通股股东可分得0.12元股利。需要注意的是,每股股利并不能完全反映企业的盈利情况和现金流量状况。因为股利分配状况不仅取决于企业的盈利水平和现金流量状况,还与企业的股利分配政策相关。而且,在中国目前的资本市场中,股东对现金股利的期望往往并不高,更多的投资者是希望通过股票的低买高卖来获取报酬。

4. 市盈率

市盈率又称价格盈余比率,是普通股每股市价与普通股每股收益的比值。其计算公式为:

$$市盈率 = \frac{每股市价}{每股收益}$$

该指标表示投资人愿意为获取公司每1元的收益付出多高的价格。一般来说,市盈率高,说明投资者愿意出更高的价格购买该公司股票,对该公司的发展前景看好。因此,一些成长性较好的公司股票的市盈率通常要高一些。例如,假设甲、乙两个公司的每股收益相等,说明两个公司当期每股的盈利能力相同。如果甲公司的市盈率高于乙公司,说明甲公司的每股市价高于乙公司的每股市价。对当期盈利能力相同的两支股票,投资者愿意出更高的价格购买甲公司的股票,这说明投资者对甲公司的未来发展更加看好。

如果某一种股票的市盈率过高,则也意味着这种股票具有较高的投资风险。例如,还是上述甲、乙两个公司,假设它们的每股收益都为0.5元。甲公司的市盈率为80,乙公司的市盈率为20,也就是说甲公司的每股市价为40元,而乙公司的每股市价只有10元。那么,此时购买甲公司的股票所花费的代价是乙公司股票的4倍,但甲公司股票报酬能达到或超过乙公司股票报酬的4倍的可能性并不大。因此,这种情况下购买乙公司的股票可能更加有利,而购买甲公司的股票则投资风险较大。

在我国现阶段,股票的市价可能并不能很好地代表投资者对公司未来前景的看法,因为股价中含有很多炒作的成分在内。因此,我们应用市盈率对公司作评价时需要谨慎。

【例8-21】 假设华夏公司股票价格为每股12元,计算该公司市盈率指标。

$$市盈率 = \frac{12}{0.6} = 20$$

根据计算可知华夏公司的市盈率为20,在一般情况下,发展前景较好的企业通常都有较高的价格与收益比率,发展前景不佳的企业,这个比率较低。但是必须注意,当全部资产利润率很低或企业发生亏损时,每股收益可能为零或负数,因此市盈率很高。在这一特殊情况下,仅仅利用这一指标分析企业的盈利能力,常常会错误地估计企业的发展前景,所以还必须结合其他指标,予以综合考虑。

5. 股利支付率

股利支付率又称股利发放率,是指普通股每股股利与普通股每股收益的比率。其计算公式为：

$$股利支付率 = \frac{每股股利}{每股收益} \times 100\%$$

一般来说，公司发放股利越多，股利的分配率越高，因而对股东和潜在的投资者的吸引力越大，也就越有利于建立良好的公司信誉。一方面，由于投资者对公司的信任，会使公司股票供不应求，从而使公司股票市价上升，公司股票的市价越高，对公司吸引投资、再融资越有利；另一方面，过高的股利分配率政策，一是会使公司的留存收益减少，二是如果公司要维持高股利分配政策而对外大量举债，会增加资金成本，最终必定会影响公司的未来收益和股东权益。

股利支付率是股利政策的核心。确定股利支付率，我们首先要弄清公司在满足未来发展所需的资本支出需求和营运资本需求，有多少现金可用于发放股利；其次要考察公司所能获得的投资项目的效益如何。如果现金充裕，投资项目的效益又很好，则应少发或不发股利；如果现金充裕但投资项目效益较差，则应多发股利。

【例 8-22】 根据[例 8-17]和[例 8-20]的结果，计算华夏公司的股利支付率。

$$股利支付率 = \frac{0.12}{0.6} = 20\%$$

根据计算结果可知，华夏公司的股利支付率为 20%，反映普通股股东从每股的全部获利中分到的部分，该指标反映了企业的股利政策，其高低要根据企业对资金需要量的具体情况而定，没有一个固定的衡量标准。

6. 股利收益率

股利收益率又称股息率，是指投资股票获得股利的回报率，其计算公式为：

$$股利收益率 = \frac{每股股利}{每股股价} \times 100\%$$

股利收益率是挑选收益型股票的重要参考标准，如果连续多年年度股利收益率超过 1 年期银行存款利率，则这只股票基本可以视为收益型股票，股利收益率越高越吸引人。股利收益率也是挑选其他类型股票的参考标准之一。决定股利收益率高低的不仅是股利和股利发放率的高低，还要视股价来定。例如，两只股票，A 股价格为 10 元，B 股价格为 20 元，两家公司同样发放每股 0.5 元股利，则 A 公司 5% 的股息率显然要比 B 公司 2.5% 诱人。

【例 8-23】 假设华夏公司股票价格为每股 12 元，根据[例 8-20]的结果，计算华夏公司的股利收益率。

$$股利收益率 = \frac{0.12}{12} \times 100\% = 1\%$$

根据上述计算结果可知，华夏公司的股利收益率为 1%，股利收益率常被用来评估企业股票是否有投资价值，若股价于短期内大涨，但股利增长速度却跟不上股价涨幅时，股利收益率会下滑，即投资价值减少，若股利不变，而股价下跌，则股利收益率会上升，投资价值上扬。由于投资股票有额外风险，我们一般认定股利收益率应高于 1 年期定期存款利率才值得投资。

第三节 营运能力分析

一、营运能力分析概述

(一) 营运能力分析的含义

营运能力是社会生产力在企业中的微观表现,是企业各项经济资源,包括人力资源、生产资料资源、财务资源、技术信息资源和管理资源等,基于环境约束与价值增值目标,通过配置组合与相互作用而生成的推动企业运行的物质能量。广义的营运能力是企业所有要素所能发挥的营运作用。狭义的营运能力是指企业资产的营运效率,不直接体现人力资源的合理使用和有效利用。

企业的营运能力是指企业生产资金的周转效率体现出来的企业资金利用的效率问题。企业生产资金周转的效率越高,则意味着企业资金利用的效率越高,单位资金占用创造的收入就越高。具体而言,它就是指企业资金占用与收入创造的关系。在一般情况下,经营过程中占用的资金不变的情况下,企业的收入越高,则企业的营运能力越强。企业收入不变的情况下,企业占用的资金越少,则企业的营运能力越强。企业收入增加,同时企业资金占用减少的情况下,企业的营运能力越强。企业收入增加的速度快于企业资金占用的速度的情况下,企业的营运能力越强。

用一个例子来说明。A、B两家公司使用同样的原材料,人工成本和产品销售市场完全一模一样的公司。换句话说,这两家公司外部盈利空间的大小是完全一模一样的。在这种情况下,这两家公司当期的盈利还是会出现较大的差异。A、B两家公司投入原材料的金额都是100万元,每批原材料可以生产的产品数量为50万件,单位产品的收入为3元。公司先用这100万元的原材料生产了50万件产品;然后销售出去。在这种情况下,销售出去的金额又可以获取150万元的资金,公司又拿这150万元里面的100万元投入生产过程中去,然后又生产出来50万件产品,再销售出去。在这种情况下,假定A公司能够完成8次这种循环,而B公司能够完成10次这种循环。那么在这种情况下,A公司用100万元的原材料,在当期生产并销售了400万件产品,获取收入1 200万元,而B公司用这100万元的原材料,在当期生产并销售了500万件产品,获取收入1 500万元。公司占用了相同的资金,但是却创造出了不同的收入。因此,营运效率的分析在判断公司创造价值的能力方面至关重要。

(二) 营运能力分析的目的

1. 企业管理当局的分析目的

企业管理当局通过对资产结构的分析发现企业结构问题,寻找优化资产结构的途径与方法,发现企业资产周转过程中的问题,寻找加速资金周转的途径与方法。

2. 企业所有者的分析目的

企业的资产结构会影响到所有者投入资本的保值情况,企业资产经过周转才能实现增值,而资产周转速度越快,才能给企业带来更多的收入,从而为所有者创造更多的价值。

3. 企业债权人的分析目的

营运能力本身反映企业的流动性,营运能力越强,资产周转速度越快,资产转换为现金的速度越快,企业的流动性越强,偿债能力越强;营运能力对盈利能力的影响也会间接影响企业长期偿债能力,只有企业资产实现有效的运转,才能实现资产的保值增值,并保障债务的及时、足额偿付。

(三) 营运能力分析的内容

1. 流动资产营运能力分析

流动资产包括现金或银行存款、短期投资、应收账款、应收票据、存货、预付账款等。流动资产具有占用形态的变动性、占用数量的波动性、循环与生产经营周期的一致性等特点。流动资产的存在有利于保证企业生产经营活动顺利进行;提高企业流动资金的利用效果;保持企业资产结构的流动性,提高偿债能力,维护企业信誉等重要作用,是企业资产中不可或缺的重要组成部分,因此对企业资产的营运能力进行分析,必须进行流动资产的营运能力分析。

2. 固定资产营运能力分析

固定资产是指企业为生产产品、提供劳务、出租或者经营管理而持有的、使用时间超过12个月的,价值达到一定标准的非货币性资产,包括房屋、建筑物、机器、机械、运输工具以及其他与生产经营活动有关的设备、器具、工具等。所有企业都必须要有一定量的固定资产:如厂房、机器设备、办公器材等,否则不能进行正常工作与生产。固定资产是企业的劳动手段,构成企业的生产经营能力,是企业赖以生产经营的主要资产,因此对企业资产的营运能力进行分析,还必须进行固定资产的营运能力分析。

3. 总资产营运能力分析

总资产是指企业拥有或控制的全部资产,包括流动资产、长期投资、固定资产、无形及递延资产、其他长期资产、递延税项等。企业是由各项资产组成的一个整体,其整体效益的高低和运转效率既取决于各单项资产的营运能力,更有赖于其相互配合。因此,把企业作为一个整体,评价全部资产的经营效率和效益是企业营运能力分析必不可少的内容之一。

 延伸阅读 8-5

企业运营能力分析的重要性

企业营运能力分析的作用就是要通过对反映企业资产营运效率和效益的指标进行计算与分析,评价企业的营运能力,有利于改善企业的经营与管理,为企业提高经济效益指明方向。其重要性主要体现在以下几个方面。

1. 优化资产结构

通过对企业的运营能力分析,可以发现和揭示与企业经营性质、经营时期不相适应的结构比例,从而及时作出调整,形成合理的资产结构。

2. 改善财务状况

企业在一定时间点上的存量资产,是企业取得收益或利润的基础。然而,当企业的长期资产、固定资产占用资金过多或过少甚至出现问题资产时,就会形成资金积压,以至营运资金不足,从而使企业的短期投资人对企业的财务状况产生不良的印象。因此,企业必须注重分析、改善资金结构、使资产保持足够的流动性,以赢得外界对企业的信心。特别是对资产"泡沫",或者虚拟资产进行资产结构分析,摸清存量资产结构,并迅速处理有问题的资产,则可有效防止或者消除资产经营风险。

3. 加速资金周转

非流动资产只有伴随着产品的销售才能取得销售收入,在资产总量一定的情况下,非流动资产和非商品资产所占的比重越大,企业所实现的周转值越小,资金的周转速度也就越低。因此,通过资产结构的分析,可以合理调整流动资金与其他资产的比例关系。

二、流动资产营运能力分析

(一) 反映资产营运能力的一般指标

营运能力是企业基于的外部市场环境的约束,通过内部人力资源和生产资料的配置组合而对财务目标实现所产生作用。营运能力指标主要是指生产资料营运能力指标。生产资料的营运能力实际上就是企业的总资产及其各个组成要素的营运能力。资产营运能力的强弱取决于资产的周转速度、资产运行状况、资产管理水平等多种因素。

资产的周转速度,通常用周转率和周转期来表示。周转率是企业在一定时期内资产的周转额与平均余额的比例,反映企业资产在一定时期的周转次数。周转次数越多,表明周转速度越快,资产营运能力越强。周转期是周转次数的倒数与计算期天数的乘积,反映资产周转一次所需要的天数。周转期越短,表明周转速度越快,资产营运能力越强。其计算公式为:

$$资产周转率(次数) = \frac{资产周转额}{资产平均余额}$$

$$资产周转期(天数) = \frac{计算期天数}{资产周转次数}$$

需要注意的是:

(1) 财务分析中通常以 1 年为计算期,1 年的天数通常按 360 天计算。

(2) 在计算不同周转率时,选用不同"计算期的资产周转额",在一般情况下,计算总资产周转率和分类资产周转率时选用"销售收入"作为"资产周转额";单项资产周转率有两种计算方法:一种是以销售收入为周转额;另一种是以销售成本为周转额。

(二) 反映流动资产营运能力的具体指标

分析流动资产的周转情况可以了解企业流动资金利用的效率,把握企业管理当局在企业经营管理活动中运用流动资金的能力。反映流动资产周转情况的指标主要包括应收账款周转率(天数)、存货周转率(天数)、营业周期、营运资本周转率(天数)、流动资产周转率(天数)等。

1. 应收账款周转率(天数)

(1) 应收账款周转率。应收账款周转率是赊销收入与应收账款平均余额之比。应收账款周转一次是指从应收账款发生到收回的全过程。

$$应收账款周转率 = \frac{赊销收入净额}{应收账款平均余额}$$

需要注意的是:

第一,赊销收入净额=赊销收入－赊销退回－赊销折让－赊销折扣。

赊销收入是指没有立即收到货款的主营业务收入,当已知赊销比例时,可以用全部销售收入乘以赊销比例来求出赊销收入。外部分析人员无法获得企业赊销收入的具体数据,所以用所有的主营业务收入净额代替赊销收入净额。

第二,分母中的应收账款是指包括会计报表中的"应收账款""应收票据"等全部赊销应收账款,而且是扣坏账准备后的净额。

第三,分母中的应收账款是全年占用应收账款上的资金的平均数额,简化方法是用期初应收账款与期末应收账款之和除以2。在企业经营存在明显季节性时,可以考虑计算每月应收账款的平均余额。再将每个月的平均余额加总除以12,得到全年的平均余额。

(2)应收账款周转天数。应收账款周转天数又称为应收账款平均收现期,也就是应收账款周转一次所需要的天数,即从应收账款发生到应收账款收回平均需要的天数,是360天与应收账款周转率之比。

$$应收账款周转天数 = \frac{360 天}{应收账款周转率} = \frac{应收账款平均余额 \times 360 天}{赊销收入}$$

一般来说,应收账款周转率越高,应收账款周转天数越短,说明应收账款收回得越快,应收账款的流动性越强,同时应收账款发生坏账的可能性越小。反之亦然。但是应收账款周转率过高,可能是由于企业的信用政策过于苛刻所致,这样就会限制企业销售规模的扩大,影响企业长远发展。对应收账款周转率和周转天数的分析,可以进行横向和纵向的比较。横向比较可以洞悉企业的应收账款周转速度在整个行业中的水平,与竞争对手相比是快还是慢。纵向比较可以发现企业应收账款周转速度的变动态势。

【例8-24】 根据华夏公司资产负债表以及利润表的资料,运用应收账款周转率指标对该公司的流动资产营运能力进行分析。

$$2020 年应收账款周转率 = \frac{1\ 841\ 361.49}{787\ 190.61} = 2.34(次)$$

$$2020 年应收账款平均余额 = \frac{(60\ 000 + 601\ 438.35) + (50\ 000 + 862\ 942.87)}{2} = 787\ 190.61(元)$$

$$2020 年应收账款周转天数 = \frac{360}{2.34} = 153.85(天)$$

根据上述计算结果可以看出,华夏公司2020年应收账款周转率为2.34次,应收账款周转一次需要153.85天,假设华夏公司所在行业的应收账款周转率为4,应收账款周转天数为90天,根据比较可知,华夏公司的应收账款周转率低于行业平均水平,企业应采取措施缩短平均收账期,减少坏账损失,加速应收账款周转。

2. 存货周转率(天数)

(1)存货周转率。存货周转率又叫存货周转次数,是一定时期内企业销货或主营业务成本与存货平均余额之比,是反映企业销售能力和存货周转速度的一个指标,也是衡量企业生产经营各环节存货运营效率的一个综合性指标。

$$存货周转率 = \frac{主营业务成本}{存货平均余额}$$

$$存货平均余额 = \frac{期初存货 + 期末存货}{2}$$

主营业务成本近似反映了存货全年的周转额。如果企业的经营存在明显的季节性,可以考虑用每个月月初和月末存货的算术平均数代表每个月存货的平均余额,再将每个月的平均余额加总除以12,得到全年存货的平均余额。

（2）存货周转天数。存货周转天数是购入存货到卖出存货所需要的天数。

$$存货周转天数 = \frac{360 \text{天}}{存货周转率} = \frac{存货平均余额 \times 360 \text{天}}{主营业务成本}$$

一般来说,存货周转率越高,存货周转天数越短,说明存货周转越快,存货的流动性越强。反之存货周转率越低,存货周转天数越长,说明存货周转越不顺畅,存货的流动性越弱。但需要注意的是:存货周转率过高,也不能完全说明企业的存货状况很好,有可能是由于企业的存货水平太低所致。存货水平太低有可能是由于企业的采购批量太小,采购过于频繁,可能会增加企业的采购成本,而且存货水平太低可能会导致缺货,影响企业正常生产。

【例8-25】 根据华夏公司资产负债表以及利润表的资料,运用存货周转率指标对该公司的流动资产营运能力进行分析。

$$2020 年存货周转率 = \frac{1\ 691\ 594.69}{61\ 004.76} = 27.73(次)$$

$$2020 年存货平均余额 = \frac{93\ 283.06 + 28\ 726.46}{2} = 61\ 004.76(元)$$

$$2020 年存货周转天数 = \frac{360}{27.73} = 12.98(天)$$

根据计算结果可得,华夏公司2020年存货周转率为27.73次,存货周转天数为12.98天,已知行业存货周转率的平均水平为20次,存货周转天数为18天。经比较可以发现,该公司的存货周转率高于行业平均水平,说明华夏公司的存货营运能力比较好。

3. 营业周期

营业周期是指从外购商品或接受劳务而承担付款义务开始,到收回因销售商品或提供劳务并收取现金之间的时间间隔。存货周转天数是指从购入存货到售出存货平均需要的天数,应收账款周转天数是指从应收账款发生到应收账款收回平均需要的天数。所以,存货周转天数与应收账款周转天数之和就等于从购入存货到售出存货并收取现金平均需要的天数,即营业周期。计算公式为:

$$营业周期 = 存货周转天数 + 应收账款周转天数$$

一般来说,营业周期越短,说明企业完成一次营业活动所需要的时间越短,企业的存货流动越顺畅,账款收取越迅速。但要注意营业周期也并非越短越好。营业周期不仅可以用于分析和考察企业资产的使用效率和管理水平,而且可以用来补充说明和评价企业的流动性。

营业周期的长短是决定企业流动资产需要水平的重要因素,营业周期越短的企业,流动资产的数量也往往比较少,其流动比率和速动比率往往保持在较低的水平,但由于流动资产的管理效率高,因而从动态的角度看该企业的流动性仍然很强,企业的短期偿债能力仍然有保障。相反,如果一家企业的营业周期很长,很有可能是应收账款或存货占用资金过多,并且变现能力很差,虽然该企业的流动比率、速动比率都可能很高,但企业的流动性却可能较差。

【例8-26】 根据[例8-24]以及[例8-25]的资料,计算华夏公司的营业周期。

营业周期=153.85+12.98=166.83(天)

根据上述计算结果可知,华夏公司的营业周期为 166.83 天,表明该公司从购入存货到售出存货并收取现金平均需要的天数为 166.83 天,该指标可结合行业平均水平进行比较,以判断该公司资产的使用效率和流动性水平。

4. 营运资本周转率(天数)

(1) 营运资本周转率。企业营运资本周转情况的核心指标是营运资本周转率。营运资本周转率是指企业一定时期产品或商品的销售净额与平均营运资本之间的比率。其计算公式为:

$$营运资本周转率 = \frac{销售净额}{平均营运资本}$$

$$平均营运资本 = \frac{期初营运资本 + 期末营运资本}{2}$$

营运资本周转率表明企业营运资本的运用效率,反映每投入 1 元营运资本所能获得的销售收入,同时也反映 1 年内营运资本的周转次数。

(2) 营运资本周转天数。

$$营运资本周转天数 = \frac{360 \text{天}}{营运资本周转率} = \frac{平均营运资本 \times 360 \text{天}}{销售净额}$$

一般而言,营运资本周转率越高,营运资本周转期越短,说明每 1 元营运资本所带来的销售收入越多,企业营运资本的运用效率也就越高;反之,营运资本周转率越低,营运资本周转期越长,说明企业营运资本的运用效率越低。

同时营运资本周转率还是判断企业短期偿债能力的辅助指标。在一般情况下,企业营运资本周转率越高,所需营运资本水平就越低,此时会观测到企业的流动比率或速动比率等可能处于较低的水平,但由于营运资本周转速度快,企业的短期偿债能力仍然能够保持较高水平。因此,在判断短期偿债能力时也需要对营运资本的周转情况进行分析。

值得注意的是,不能根据营运资本周转率的高低直接得出相关结论,而要进行具体分析。例如,较低的营运资本周转率可能是企业拥有的高额存货或高额应收账款所导致,也可能是大额现金余额所造成的。

营运资本周转率没有通用的比较标准,分析过程中往往将这一指标与本企业历史水平、同行业平均水平或同类企业进行比较。如果营运资本周转速度过快则反映企业营运资本存在一定程度的不足情况,需要特别关注营运资本缺乏可能导致的企业偿债风险问题;如果营运资本周转过缓,则说明营运资本利用效率不高,企业或是降低营业资本所占用资金额度,或是需要进一步挖掘潜力提高营运资本利用效果,达到销售收入与营运资本的合理比例,使所投入的营运资本能够最大限度的发挥作用。

【例 8-27】 根据华夏公司资产负债表以及利润表的资料,计算分析华夏公司的营运资本周转情况。

$$营运资本平均余额 = \frac{-117\,257.63 + 291\,974.99}{2} = 87\,358.68(元)$$

$$营运资本周转率 = \frac{1\,841\,361.49}{87\,358.68} = 21.08(次)$$

$$营运资本周转天数 = \frac{360}{21.08} = 17.08(天)$$

根据上述计算结果可知,华夏公司的营运资本周转率为 21.08 次,周转一次需要 17.08 天,可将该指标与该公司历史水平、同行业平均水平或同类企业进行比较,判断该公司营运资本周转速度的变动情况。

5. 流动资产周转率(天数)

(1) 流动资产周转率。流动资产周转率是反映流动资产总体周转情况的重要指标,是指一定时期流动资产周转额与流动资产的平均占用额之间的比率。在一般情况下,我们选择一定期间内取得的主营业务收入净额作为流动资产周转额的替代指标。其计算公式为:

$$流动资产周转率 = \frac{主营业务收入净额}{流动资产平均余额}$$

$$流动资产平均余额 = \frac{期初流动资产 + 期末流动资产}{2}$$

主营业务收入净额是指企业当期销售产品、商品、提供劳务等主要经营活动取得的收入减去折扣与折让后的数额,通常使用营业收入代替。在一定时期内,流动资产周转次数越多,表明以相同的流动资产完成的周转额越多,流动资产利用的效果越好。

(2) 流动资产周转天数。其计算公式为:

$$流动资产周转天数 = \frac{360 天}{流动资产周转率} = \frac{流动资产平均余额 \times 360 天}{主营业务收入净额}$$

流动资产周转率用周转天数表示时,周转一次所需要的天数越少,表明流动资产在经历生产和销售各阶段时占用的时间越短,周转越快。生产经营任何一个环节上的工作得到改善,都会反映到周转天数的缩短上来。按天数表示的流动资产周转率能更直接地反映生产经营状况的改善,便于比较不同时期的流动资产周转率,应用较为普遍。

一般来说,流动资产周转率越高,流动资产周转天数越短,说明流动资产周转越快,利用效果越好。但也需注意它是否是由于流动资产管理不合理等不利原因造成的,而且对流动资产总体周转情况的分析应结合存货和应收账款等具体流动资产的周转情况进行,只有这样才能真正分析透彻,找到根源。

流动资产周转率反映了企业流动资产的周转速度,是从企业全部资产中流动性最强的流动资产角度对企业资产的利用效率进行分析,以进一步揭示影响企业资产质量的主要因素。要实现该指标的良性变动,应以主营业务收入增幅高于流动资产增幅做保证。通过该指标的对比分析,企业可以促进内部管理,充分有效地利用流动资产,如降低成本、调动暂时闲置的货币资金用于短期投资创造收益等,还可以促进企业采取措施扩大销售,提高流动资产的综合使用效率。在一般情况下,该指标越高,表明企业流动资产周转速度越快,利用越好。在较快的周转速度下,流动资产会相对节约,相当于流动资产投入的增加,在一定程度上增强了企业的盈利能力;而周转速度慢,则需要补充流动资金参加周转,会形成资金浪费,降低企业盈利能力。

【例 8-28】 根据华夏公司资产负债表以及利润表的资料,使用流动资产周转率指标分析华夏公司的流动资产营运能力。

$$流动资产周转率 = \frac{1\ 841\ 361.49}{1\ 442\ 549.08} = 1.28(次)$$

$$流动资产平均余额 = \frac{1\,390\,767.23 + 1\,494\,330.93}{2} = 1\,442\,549.08(元)$$

$$流动资产周转天数 = \frac{360}{1.28} = 281.25(天)$$

根据上述计算结果可以看出,华夏公司 2020 年流动资产周转率为 1.28 次,流动资产周转一次需要 281.25 天,假设华夏公司所在行业的流动资产周转率为 2 次,应收账款周转天数为 180 天,根据比较可知,华夏公司的流动周转率低于行业平均水平,企业应采取措施降低存货规模,缩短流动资产周转期,加速应收账款周转。

三、固定资产营运能力分析

固定资产周转的基本特点是占用资金量大,变现能力差,周转速度比较慢。因而固定资产营运能力分析,主要应关注固定资产产值率和固定资产周转率两个方面的内容。

(一)固定资产产值率

固定资产是企业主要的劳动手段,固定资产的利用效率可以直接通过所生产的产品(产值)表现出来,将一定时期按不变价格计算的产值与固定资产平均总值进行对比,就可以计算出固定资产产值率。其具体计算公式是:

$$固定资产产值率 = \frac{总产值}{固定资产平均总值}$$

式中的分母既可以采用固定资产原值,也可以采用固定资产净值,究竟采用什么数值取决于分析的目的和要求。如果从固定资产规模和生产能力方面来分析,应使用原值指标。如果从固定资产资金占用方面分析,应使用净值指标。由于技术装备不同,每 1 元固定资产创造的产值也有很大差别,固定资产产值率指标在不同行业不具有可比性。

(二)固定资产周转率

固定资产周转率又称固定资产收入率,是指一定时期实现的产品销售收入与固定资产平均总值的比率。固定资产周转率意味着每 1 元的固定资产所产生的收入。由于销售收入反映产品的数量和质量已得到社会承认,避免了总产值计算中存在的问题,该指标比固定资产产值率能更好地反映固定资产的利用效率。该指标的分母既可以用原值表示,也可以用净值表示。固定资产收入率变动原因的分析,可依据下面的分解等式进行:

$$固定资产周转率 = \frac{产品销售收入}{固定资产平均总值} \times 100\%$$

$$固定资产周转率 = \frac{总产值}{固定资产平均总值} \times \frac{产品销售收入}{总产值}$$

$$固定资产周转率 = 固定资产产值率 \times 产品销售率$$

由此可见,要想提高固定资产周转率,在提高固定资产产值率的基础上,还要做到产销平衡。

【例 8-29】 根据华夏公司资产负债表以及利润表的资料,计算固定资产周转率指标分析华夏公司的固定资产营运能力。

$$固定资产周转率 = \frac{1\,841\,361.49}{756\,559} \times 100\% = 243\%$$

$$固定资产平均余额 = \frac{787\,733.74 + 725\,384.26}{2} = 756\,559(元)$$

根据上述计算结果可以看出,华夏公司2020年的固定资产周转率为243%,表明每1元固定资产所产生的收入为2.43元。一般来说,固定资产周转率高,说明固定资产利用越充分;反之亦然。该公司要提高固定资产周转率,就应加强对固定资产的管理,做到固定资产投资规模得当,结构合理。

延伸阅读8-6

固定资产周转率的影响因素

固定资产周转率受很多因素影响,具体如下:

(1) 企业资产结构以及固定资产结构的影响。固定资产占资产总额比例小,经营性固定资产占固定资产总额比例大,则固定资产周转率就高。

(2) 企业经营策略的影响。经营租入固定资产比融资租入固定资产能提高固定资产周转率,因为经营租入的固定资产不能入账,而融资租入固定资产则必须入账。

(3) 企业会计政策的影响。固定资产周转率还受计提折旧和减值的损失的影响,计提折旧的快慢以及计提固定资产减值的多少会影响固定资产的价值金额。

巴菲特非常钟爱固定资产少的企业,投入少产出多以及设备更新升级会不断地需要资金投入,而购买一次设备能够使用几十年而不需再投入是最好的。

四、总资产营运能力分析

企业总资产营运能力主要是指企业总资产的效率和效益。总资产周转率可以反映企业总资产的营运效率,即总资产的周转速度。总资产产值率和总资产收入率可以反映出企业总资产的效益,即投入或使用总资产所取得的产出能力。总资产营运能力分析包括总资产产值率、总资产收入率和总资产周转率的分析。

(一) 总资产产值率

总资产产值率反映了企业总资产与总产值之间的对比关系。其计算公式是:

$$总资产产值率 = \frac{总产值}{总资产平均总值} \times 100\%$$

总资产产值率数值越高,说明企业资产的投入产出率越高,企业总资产运营状况越好。在利用该指标评价企业总资产利用效果时,我们应该注意到,企业总产值在按不变价格计算时,可以把总产值理解为企业总资产在一定时间内生产的按价值计算的全部产品质量,即企业利用全部资产为社会创造的物质产品。但由于总产值中既包括完工产品,又包括在产品,总产值仅仅表示出本期生产了多少,并不表示是否得到了社会的承认。企业生产出来的产品如果得不到社会的承认,那么生产出来的产品再多,也没有任何价值。分析时,要将该指标与固定资产收入率结合起来,才能作出正确的评价。

企业产出与总资产之间的关系,还可以从另一角度来反映,即百元产值资金占用。该指标本质上是总资产产值率的倒数,反映每百元产值占用的资产。其计算公式是:

$$百元产值占用资金 = \frac{平均总资产}{总产值} \times 100$$

该指标越低,说明每一单位产出所占用的资产越少,表明企业资产营运能力越高。对该指标的具体变动原因的分析,可根据以下分解式进行。

$$百元产值占用资金 = \left(\frac{平均流动资产}{总产值} + \frac{平均固定资产}{总产值} + \frac{平均其他长期资产}{总产值} \right) \times 100$$

从以上分解式可以看出,百元产值占用资金受各类资金营运效率的影响。分析时可采用连环替代法,分别说明各类资产营运效率变动对百元产值占用资金的影响。

(二) 总资产收入率

总资产收入率反映了企业总资产与营业收入之间的对比关系,其计算公式是:

$$总资产收入率 = \frac{营业收入}{平均总资产} \times 100\%$$

这个指标越高,说明企业总资产营运能力越强,如果说总资产产值率仅仅反映了企业生产过程中资产的利用效果,总资产收入率则反映出整个经营过程中资产的利用效率。营业收入的实现,表明企业的产品得到了社会的承认,满足了社会的某种需要,是企业资产的真正有效利用。因而,该指标比总资产产值率能更准确、更真实地反映出企业总资产的营运能力。下面的分解公式可以反映出这两个指标之间的关系:

$$总资产收入率 = \frac{营业收入}{平均总资产} \times \frac{总产值}{总产值} \times 100\%$$
$$= \frac{总产值}{平均总资产} \times \frac{营业收入}{总产值} \times 100\%$$
$$= 总资产产值率 \times 产品销售率$$

从以上分析可以看出,提高总资产收入率取决于两个方面:一是要提高资产的生产效率,这是提高企业资产运营能力的基础。没有产品,就谈不上销售,更谈不上效益;二是提高产品销售率,要把生产出来的产品尽快、尽可能地销售出去。

(三) 总资产周转率

总资产收入率从资产周转角度看,亦称总资产周转率(次数)。尽管这两个指标的计算方法相同,但总资产周转率是从资产流动性方面反映总资产的利用率。其计算公式是:

$$总资产周转率 = \frac{销售净额}{平均总资产} \times 100\%$$

企业资金循环包括短期资金循环和长期资金循环,长期资金循环必须依赖短期资金循环。因此,流动资产周转速度的快慢是决定企业总资产周转速度的关键性因素。下面的分解式可反映出这种关系,也为进行总资产周转率分析,提高总资产周转速度指明了方向。

$$总资产周转率 = \frac{销售净额}{平均总资产} \times 100\%$$
$$= \frac{销售净额}{平均总资产} \times \frac{平均流动资产}{平均流动资产} \times 100\%$$
$$= \frac{销售净额}{平均流动资产} \times \frac{平均流动资产}{平均总资产} \times 100\%$$
$$= 流动资产周转率 \times 流动资产比重$$

上面的分解式表明,总资产周转速度的快慢取决于两大因素:一是流动资产周转率。流动资产的周转速度要高于非流动资产的周转速度,加速流动资产周转,就会加快总资产周转速度;二是流动资产占总资产的比重。企业流动资产所占比例越大,总资产周转速度越快;反之,则越慢。总资产周转速度也可以用周转期(天数)来表示。

【例 8-30】 根据华夏公司资产负债表以及利润表的资料,分析华夏公司的总资产营运能力。

$$总资产周转率 = \frac{1\ 841\ 361.49}{2\ 519\ 463.08} = 0.73(次)$$

$$总资产平均余额 = \frac{2\ 678\ 310.97 + 2\ 360\ 615.19}{2} = 2\ 519\ 463.08(元)$$

根据上述计算结果可以看出,华夏公司 2020 年的总资产周转率为 0.73 次,总资产周转率取决于流动资产周转率以及流动资产在总资产中所占的比重,要想提高总资产周转率,可以改变资产结构,加大流动资产在总资产中所占比重,加强流动资产管理,提高流动资产的周转速度。

第四节 发展能力分析

一、发展能力分析概述

(一) 发展能力分析的含义

企业发展能力通常是指企业未来一定时期的发展能力,如利润的扩大、销售的增长、公司规模的扩大(包括资产的增长)等的能力。从形成看,企业的发展主要是通过自身的生产经营活动不断扩大积累而形成的。它主要依托于不断增长的销售收入、不断增加的资金投入和不断创造的利润等。从结果看,一个发展能力强的企业,能够不断为股东创造财富,不断增加企业价值。

传统的财务分析仅仅是从静态的角度出发来分析企业的财务状况,也就是只注重分析企业的盈利能力、营运能力、偿债能力,这在日益激烈的市场竞争中显然不够全面、不够充分。发展能力分析也称发展前景或发展趋势分析,通常是指通过对企业各项财务指标与往年相比所进行的纵向观察,判断企业在未来一定时期的动态发展变化趋势的一种财务分析。在激烈竞争的市场经济条件下,企业市场价值在很大程度上取决于企业未来的获利能力,取决于企业未来的销售收入、收益以及股利的增长;增强企业偿债能力、盈利能力及营运能力最终都是为了使企业能够长久地发展壮大,企业不断壮大发展是企业利害关系各方所期望的。因此,发展能力分析对于判断企业未来一定时期的发展后劲、行业地位、发展机遇、盈利变化以及制定中长期发展计划、决策等具有重要的意义和作用。

随着企业的快速发展,企业股票的市场价值与利润一般也是增加的,这对企业管理层具有较大的诱惑力。但是,企业快速发展会使其资源变得相当紧张,有时管理及生产技术水平也不一定能够及时得到提高,因此,除非管理当局能够及时意识到这一结果并且采取积极的措施加以控制,否则,快速增长可能导致对企业不利的影响甚至破产。事实上,因增长过快而破产的企业数量与因发展过慢而破产的企业数量几乎是一样多的。因此,正确分析企业发展情况及其利弊,合理控制并管理企业的发展速度是非常必要的。

(二)发展能力分析的目的

1. 判断企业拥有资源的潜力

通过企业发展能力分析,可以判断企业拥有资源的服务潜力、未来变化趋势,包括未来创利能力、变现能力、未来需要追加投入数额、技术先进性及其未来更新改造等情况。

2. 分析企业负债变化趋势

通过企业发展能力分析,可以判断企业未来一定时期融资变化趋势,继而分析企业再融资能力。企业再融资能力除取决于企业资产优良程度及其未来一定时期的创利能力外,还取决于企业现有债务负债率及其结构,企业通过债务结构整合不仅可以提高企业负债效益,而且可以减缓债务压力,甚至可以进一步提高债务比率,使其杠杆效益最大化。

3. 正确确定企业未来发展速度和政策

在企业市场份额和行业水平既定的情况下,企业经营策略和财务策略的不同组合与安排能够影响企业未来的增长能力。因此,在正确评价企业目前偿债能力、营运能力和盈利能力的基础上,通过进一步分析企业持续成长能力及其影响因素,为制定企业未来发展速度及其相应经营策略和财务策略提供必要的依据。

(三)发展能力分析的内容

1. 根据企业盈利质量高低分析评价企业的发展能力

(1)盈利质量与未来业绩。从与业绩相关的角度来说,盈利质量是指收益和评价企业业绩之间的相关性。如果盈利能如实反映企业过去、现在和未来的业绩,则认为其盈利质量高;如果盈利不能很好地反映公司过去、现在和未来的业绩,则认为其盈利是低质量的。企业未来的业绩在一定意义上将反映一个企业的发展能力。

(2)从盈利质量的高低分析企业的发展能力。盈利质量高的企业一般有如下特征:持续的、稳健的会计政策,该政策对企业财务状况和净收益的计量是谨慎的;企业的盈利是由经常性的与企业基本业务相关的交易所带来的,而不是一次性的,并且企业所依赖的业务具有较好的发展前景;会计上所反映的利润能迅速转化为现金;企业的债务水平相当;盈利趋势是稳定的、可预测的;资产的运转状况良好。因此,盈利质量高的企业,其发展能力必然较强;相反,盈利质量低的企业,其发展能力必然较弱。我们可以借助于盈利质量的分析,来正确评价企业的发展能力。

2. 根据企业竞争能力的强弱分析评价企业发展能力

(1)企业竞争能力概念。企业的竞争能力是指企业生产的产品在品种、质量、成本、价格、交货期和销售服务等方面能否胜过对手。或者说,企业的竞争能力就是指参与竞争的企业之间的实力对比。随着市场经济的发展,我国企业间的市场竞争日趋激烈,企业的竞争能力如何,已成为决定其能否生存和发展的关键。因此,企业竞争能力分析是我们进行企业经济分析不可忽视的一个重要方面。企业未来的发展能力主要取决于企业的竞争能力。

(2)企业竞争能力分析。企业竞争能力综合表现在企业产品的市场占有情况,因此,通过分析企业产品市场占有情况,就可以对企业竞争能力的强弱作出评价。

第一,市场占有率的分析。市场占有率是反映企业市场占有情况的一个基本指标。它是指在一定时期、一定市场范围内,企业某种产品的销售量占市场上同种产品销售量的比重。

利用市场占有率来说明企业竞争能力的强弱,必须与竞争对手进行对比分析。我们一般是将本企业的市场占有率与主要竞争对手进行对比分析。一方面,要通过对比分析看到本企业的差距或优势;另一方面,还要进一步寻找其原因。影响市场占有率的因素很多,主要有市场需求状况、竞争对手的实力和本企业产品的竞争能力、生产规模等因素。

第二,市场覆盖率分析。市场覆盖率是反映企业市场占有境况的又一主要指标。市场覆盖率是指本企业某种产品行销的地区数占同种产品行销地区总数的比率。

利用市场覆盖率来说明企业竞争能力的强弱,也必须通过与竞争对手进行对比分析。影响企业市场覆盖率的主要因素有:不同地区的需求结构、经济发展水平、民族风俗习惯、竞争对手的实力、本企业产品的竞争能力以及地区经济封锁等因素。通过计算和对比分析市场覆盖率,可以考察企业产品现在行销的地区,研究可能行销的地区,揭示产品行销不广的原因,有利于企业扩大竞争地域范围,开拓产品的新市场,提高企业的竞争能力。

第三,产品竞争能力分析。

一是产品质量的竞争能力分析。产品质量的优劣是产品有无竞争能力的首要条件。提高产品质量是提高企业竞争能力的主要手段。本企业的产品质量不好,不仅会直接损害消费者的利益,而且也直接影响企业的信誉、产品的销路、企业的市场竞争能力,进而影响企业的发展能力。

产品的质量是指产品适合市场需求所具备的特性。它包括产品的性能、精度、纯度、物理特性及化学成分等内在质量特征,还包括产品的外观、形状、重量、色泽等外部质量特征。产品的这些特征可以概括为性能、寿命、安全性、可靠性、经济性和外观等方面。分析企业产品质量的竞争能力大小就是将本企业产品的有关质量指标与国家标准、竞争对手、用户的要求分别进行对比,从而观察本企业产品质量的水平与差距,对本企业产品质量的竞争能力做出客观评价。

二是产品品种的竞争能力分析。企业要根据市场的变化和新技术的发展,不断调整产品结构,积极改进老产品,主动开发新产品、新品种,才能使企业的产品保持竞争能力,在未来的市场竞争中立于不败之地。

企业产品品种的竞争能力,应从以下两方面分析:①产品品种占有率的分析。产品品种占有率是企业某种产品在某市场范围内销售的品种、规格或花色数占该市场范围内销售的该种产品的全部品种、规格或花色数的比率。该指标数值越高,说明企业生产和销售的品种、规格或花色满足社会需要的程度越高,竞争能力越强。②新品种开发的分析。在当前现代科学技术迅速发展的情况下,国内外市场瞬息万变,能否及时开发出新产品,对企业的发展至关重要。分析企业新产品的开发情况,首先要计算新产品的比重,即企业在报告期生产的新产品产值在总产值中所占有的比重;其次要计算企业出售的新产品价值在某一市场范围内出售该种新产品全部价值中所占的比重,以反映企业新产品在市场竞争中的地位。

三是产品成本和价格的竞争能力分析。在我国购买力水平普遍还不高的情况下,价廉很重要。因此,企业生产产品不仅要考虑到产品的质量和品种,还要考虑到消费者的经济承受能力,价格也是企业重要的竞争手段之一。企业如何自觉地运用价值规律,灵活定价,灵敏地适应复杂多变的市场需求,以物美价廉的产品占领市场,对企业生存发展至关重要。

成本是价格的基础,产品售价高于成本,企业才能盈利;反之,则亏本。成本高低决定着企业的价格竞争能力。成本越低,出售产品的价格升降余地越大,竞争能力就越强。因此,分析企业在价格方面的竞争能力,就是通过与主要竞争对手或同行业成本最低的企业进行成本水平的对比分析,从而对本企业的价格竞争能力作出正确评价,并指出成本水平的差距及其原因,进而提出有效对策,以进一步降低成本,提高企业的价格竞争力。

四是产品销售服务的竞争能力分析。销售服务的好坏直接影响企业的信誉,影响企业的产品销售。因此,强化服务质量,也是提高企业竞争能力的重要手段。

销售服务是企业竞争能力的一个重要方面。强化销售服务,是密切企业与用户关系,提高企业声誉,扩大销售和占领市场,提高企业竞争能力的重要手段之一。强化销售服务,不仅要做好售前服务,而且要做好售后服务。售前服务是指在消费者购买之前的用户咨询、广告宣传等;售后服务主要指现场安装、设备调试、技术培训、备件供应、维护修理、代购代运等。

产品销售服务分析基本属于定性分析。分析的内容包括:调查分析用户对服务的要求;分析研究本企业销售服务的技术;分析研究本企业销售服务的技术力量满足需要的程度;分析研究用户对本企业销售服务的满意程度和新要求;对比分析本企业和竞争对手在服务方面的优劣。

第四,企业竞争策略分析

企业的竞争能力能否得到正常或最大限度地发挥,关键取决于企业竞争策略正确与否。企业的竞争策略是指企业根据市场的发展和竞争对手的情况制定的经营方针。企业竞争策略可归纳为以优质取胜、以创新取胜、以价廉取胜、以快速交货取胜、以优质服务取胜、以信誉取胜等方面。

分析企业的竞争策略,就是要联系本企业的经济效益,并与主要竞争对手比较,分析研究现在采取的竞争策略存在哪些问题或潜力;根据市场形势及竞争格局的变化,提出本企业的竞争策略存在哪些问题或潜力;根据市场形势及竞争格局的变化,提出本企业的竞争策略将要做出哪些改变。

通过上述竞争能力的分析,对企业的总体竞争能力在本地区、同行业中的位置作出正确评价,从而对企业未来的发展能力作出合理的分析和评价。

二、反映企业发展能力的主要指标分析

(一)盈利增长指标分析

1. 销售增长率分析

(1)销售增长率的内涵和计算。市场是企业生存和发展的空间,客户是企业利润增长的源泉。一个企业的营业情况越好,说明其在市场所占份额越多,企业生存和发展的市场空间也越大,营业收入实现得也越多。因此,可以用销售增长率来反映企业在市场开拓和客户发展方面的增长能力。销售增长率就是本期营业收入增长额与基期营业收入之比。其计算公式是:

$$销售增长率 = \frac{本期营业收入增长额}{基期营业收入} \times 100\%$$

需要说明的是,如果基期营业收入为负值,则应取其绝对值代入公式进行计算。该公式反映的是企业某期整体营业收入增长情况。销售增长率为正数,则说明企业本期营业收入规模增加。销售增长率越大,则说明企业营业收入增长得越快,市场开拓和客户发展情况越好;销售增长率为负数,则说明企业营业收入规模减小,营业收入出现负增长,市场开拓和客户发展情况较差。

(2) 销售增长率分析。当利用销售增长率来分析企业在营业收入方面的增长能力时,应该注意以下几个方面:

第一,要判断企业在营业收入方面是否具有良好的成长性,必须分析营业收入增长是否具有效益性。如果营业收入的增长主要依赖于资产的相应增加,也就是销售增长率低于资产增长率,说明这种营业收入增长不具有效益性,同时也反映企业在市场开拓和客户发展方面可持续增长能力不强。正常的情况下,一个企业的销售增长率应高于其资产增长率,只有在这种情况下,才说明企业在市场开拓和客户发展方面具有较好的成长性。

第二,要全面、正确地分析和判断一个企业营业收入的增长趋势和增长水平,应结合企业历年的主营业务收入水平、企业市场占有情况、行业未来发展及其他影响企业发展的潜在因素进行前瞻性预测,或者结合企业前三年的销售增长率做出趋势性分析判断。因为销售增长率仅仅指某个年度的营业收入情况而言,某个年度的销售增长率可能会受到一些偶然的和非正常的因素影响,而无法反映出企业实际的市场开拓和客户发展增长能力。

第三,由销售增长率公式可以看出,该指标反映的是相对量的销售收入增长情况,与计算绝对量的企业销售收入增长额相比,消除了企业营业规模对该项目的影响,更能反映企业的发展情况;但销售增长率作为相对量指标,也存在受增长基数影响的问题。如增长基础(上年销售额)特别小,即使本期销售收入出现小幅度增长,销售增长率也会出现较大值,使企业之间缺乏可比性。

第四,可以用某种产品销售增长率指标,来观察企业产品的结构情况,进而可以分析企业的成长性。其计算公式是:

$$某种产品销售增长率 = \frac{某种产品本期营业收入增长额}{基期营业收入} \times 100\%$$

【例 8-31】 根据华夏公司利润表的资料,运用销售增长率指标对该公司的发展能力进行分析。

利用相关数据分别计算华夏公司 2018 年、2019 年和 2020 年销售增长率指标,如表 8-1 所示。

表 8-1　　　　　　　　　　华夏公司销售增长率计算表　　　　　　　　金额单位:元

项目	2017 年	2018 年	2019 年	2020 年
营业收入	886 648	1 300 326	1 661 640.56	1 841 361.49
本年营业收入增加额	—	413 678	361 314.56	179 720.93
销售增长率	—	46.66%	27.79%	10.82%

从表 8-1 可以看出,华夏公司自 2017 年以来,其销售规模不断扩大,营业收入从 2017 年的 886 648 元,增加到 2020 年的 1 841 361.49 元;但从增长幅度来看,这 3 年来的销售增长率却一直呈下降的趋势,这说明华夏公司的销售增长速度已经开始放慢。

2. 3 年销售收入平均增长率分析

(1) 3 年销售收入平均增长率的内涵和计算。3 年销售收入平均增长率表明企业主营业务连续 3 年的增长情况,体现企业的持续发展态势和市场扩张能力,其计算公式是:

$$3\text{ 年销售收入平均增长率} = \left(\sqrt[3]{\frac{\text{年末营业收入总额}}{3\text{ 年前年末销售收入总额}}} - 1\right) \times 100\%$$

销售增长率可能受到营业收入短期波动对指标产生的影响,如上年因特殊原因而使营业收入特别小,而本年则恢复到正常,这就会造成销售增长率因异常因素而偏高;如果上年因特殊原因而使营业收入特别高,就会造成销售增长率因异常因素而偏低。为消除营业收入短期异常波动对该指标产生的影响,并反映企业较长时期的营业收入增长情况,可以计算多年的营业收入平均增长率,实务中一般计算 3 年营业收入平均增长率。

主营业务收入是企业积累和发展的基础,该指标越高,表明企业积累的基础越牢,可持续发展能力越强,发展的潜力越大。3 年销售平均增长率指标,能够反映企业的主营业务增长趋势和稳定程度,体现企业的连续发展状况和发展能力,避免因少数年份业务波动而对企业发展潜力的错误判断。该指标越高,表明企业主营业务持续增长势头越好,市场扩张能力越强。

该指标设计的原意是为了均衡企业的 3 年平均销售收入增长水平,从而客观评价企业的销售收入增长能力状况。但是从该项指标的计算公式来看,它并不能达到这个目的。因为其计算结果的高低只与两个因素有关,即本年度年末销售收入和 3 年前年末销售收入,而中间两年的年末实现的销售收入则不影响该指标的高低。这样,只要两个企业的本年度年末销售收入和 3 年前年末销售收入相同,就能够得出相同的 3 年销售收入平均增长率,但是这两个企业的销售收入增长趋势可能并不一致。因此,依据 3 年销售收入平均增长率来评价企业销售收入增长能力是有缺陷的。

(2) 3 年销售收入平均增长率分析。当利用 3 年销售收入平均增长率来分析企业在营业收入方面的增长能力时,应该注意以下几个方面:①3 年独立增长率与平均增长率之间的差率,是平滑上涨还是大起大落,以及与企业重大项目或重大决策是否存在关联性等。②分析企业此指标的同时需要注意企业规模及行业发展情况,以便于综合分析。③分析此指标应注意引起营业收入增长的是主营业务还是企业临时性投资,比如不少企业从与主营业务无关联的房地产投资或股票投资中获利。

【例 8-32】 根据表 8-1 的资料,运用 3 年销售收入平均增长率指标对该公司的发展能力进行分析。

$$3\text{ 年销售收入平均增长率} = \left(\sqrt[3]{\frac{1\,841\,361.49}{886\,648}} - 1\right) \times 100\% = 27.58\%$$

结合表 8-1 销售增长率计算的结果,可以看出 2020 年营业收入增长率已经低于了平均值,应该考虑主营业务的其他投资项目。

延伸阅读8-7

独立增长率或平均增长率

我们不可以单凭1年的数字评价公司业绩。为了更清楚地了解公司业绩的发展历程和趋势,以及发现我们认为需要解释和调查的比率变动,应该分析公司3年的数字。当然,5年的数字更好。

——鲍勃·沃斯

鲍勃·沃斯,特许会计师协会会员,曾任教于坦普尔顿学院,并在牛津大学执教20年。在此之间,他还任教于曼彻斯特商学院及牛津大学管理研究中心。他著有多本著作,并在许多家大型企业提供多领域的咨询服务。

3. 收益增长率分析

(1) 收益增长率的内涵和计算。由于一个企业的价值主要取决于其盈利及其增长能力,企业的收益增长是反映企业增长能力的重要方面。又由于收益可表现为营业利润、净利润、利润总额等多种指标,相应地收益增长率也具有不同的表现形式。在实际当中,通常使用的是净利润增长率、营业利润增长率这两种比率。

由于净利润是企业经营业绩的结果,净利润的增长是企业成长性的基本表现。净利润增长率是本期净利润增长额与基期净利润之比,其计算公式是:

$$\text{净利润增长率} = \frac{\text{本期净利润增长额}}{\text{基期净利润}} \times 100\%$$

需要说明的是,如果基期净利润为负值,则应取其绝对值代入公式进行计算。该公式反映的是企业净利润增长情况。净利润增长率为正数,则说明企业本期净利润增加。净利润增长率越大,说明企业收益增长得越多;净利润增长率为负数,则说明企业本期净利润减少,收益降低。

一个企业如果营业收入增长,但利润并未增长,则从长远看,它并没有创造经济价值;同样,一个企业如果利润增长,但营业收入并未增长,也就是说其利润的增长并不是来自其正常经营业务,这样的增长是不能持续的,随着时间的推移迟早会消失。因此,利用营业利润增长率这一比率可以较好地考察企业的成长性。营业利润增长率是本期营业利润增长额与基期营业利润之比。其计算公式是:

$$\text{营业利润增长率} = \frac{\text{本期营业利润增长额}}{\text{基期营业利润}} \times 100\%$$

如果基期营业利润为负值,则应取其绝对值代入公式进行计算。该公式反映的是企业营业利润增长情况。营业利润增长率为正数,则说明企业本期营业利润增加,营业利润增长率越大,说明企业收益增长得越多;营业利润增长率为负数,则说明企业本期营业利润减少,收益降低。

值得注意的是,在实际中有人提出利用3年利润平均增长率这一指标分析企业收益增长能力。其计算公式是:

$$3 \text{年利润平均增长率} = \left(\sqrt[3]{\frac{\text{年末利润总额}}{3 \text{年前年末利润总额}}} - 1 \right) \times 100\%$$

从计算公式可以发现,该指标的设计原理与3年销售收入平均增长率是一致的。计算3年利润平均增长率是为了均衡企业的3年平均利润增长水平,从而客观评价企业的收益增长能力状况。但是从该项指标的计算公式来看,它并不能达到这个目的。因为其计算结果的高低同样只与两个因素有关,即本年度年末利润总额和3年前年末利润总额,而中间两年的年末实现的利润总额则不影响该指标的高低。这样,只要两个企业的本年度年末利润总额和3年前年末利润总额相同,就能够得出相同的3年利润平均增长率,但是这两个企业的利润增长趋势可能并不一致。因此,依据3年利润平均增长率来评价企业收益增长能力是有缺陷的。

(2) 收益增长率分析。要全面认识企业净利润的增长能力,还需要结合企业的营业利润增长情况共同分析。如果企业的净利润主要来源于营业利润,则表明企业产品获利能力较强,具有良好的发展能力;相反,如果企业的净利润不是主要来源于正常经营业务,而是来自营业外收入或者其他非正常项目,则说明企业的持续发展能力并不强。

分析营业利润增长情况,应结合企业的营业收入增长情况一起分析。如果企业的营业利润增长率高于企业的销售增长率,则说明企业的产品正处于成长期,业务不断拓展,企业的盈利能力不断增强;反之,如果企业的营业利润增长率低于营业收入增长率,则反映企业营业成本、税金及附加、期间费用等成本的上升超过了营业收入的增长,说明企业的正常业务盈利能力并不强,企业发展能力值得怀疑。

为了更正确地反映企业净利润和营业利润的成长趋势,应将企业连续多期的净利润增长率和营业利润增长率指标进行对比分析,这样可以排除个别时期偶然性或特殊性因素的影响,从而全面真实地揭示企业净利润和主营业务利润的增长情况。

【例8-33】 根据华夏公司利润表的资料,分析该公司的收益发展能力。

利用相关数据分别计算华夏公司2018年、2019年和2020年营业利润增长率和净利润增长率等指标,如表8-2所示。

表8-2　　　　　　　　　　华夏公司收益增长率计算表　　　　　　　　金额单位:元

项目	2017年	2018年	2019年	2020年
营业利润	9 546	12 530	14 120.10	6 035.81
本年营业利润增加额	—	2 984	1 590.1	−8 084.29
营业利润增长率		31.26%	12.69%	−57.26%
净利润	2 010	2 654	3 090.07	12 026.86
本年净利润增加额	—	644	436.07	8 936.79
净利润增长率	—	32.04%	16.43%	289.21%

首先,根据表8-2分析华夏公司的营业利润增长率。结合表8-1,该公司2018年、2019年和2020年3年的销售增长率46.66%、27.79%和10.82%,而该公司这三年的营业利润增长率分别为31.26%、12.69%和−57.25%,这反映该公司这3年的营业收入和投资净收益的增长低于营业成本、税金及附加、期间费用等成本的增长,说明公司的盈利能力较弱。需要说明的是,该公司2020年营业利润较2019年有非常大幅度的降低,主要原因就在于2020年的营业成本增加了196 520.7元。从营业利润的增长额看,这3年的营业利润增加额相差

较大,因此其增长是很不稳定的。

其次,分析该公司的净利润增长率。结合公司的营业利润增长率来看,2018年、2019年和2020年每年净利润的增长幅度都超过营业利润的增长幅度,这说明这3年净利润的高增长并不是主要来源于营业利润的增长,还受到其他项目的显著影响。再进一步分析,2020年的营业利润增长率为−57.25%,而2020年的净利润增长为289.21%,导致净利润大幅度增加的主要原因是利得和损失。可见,该公司净利润的来源稳定性值得怀疑。另外,对比3年的净利润增长率,也可以发现该公司3年的净利润增长率并不稳定,尤其是2020年的净利润增长率非常高,达到了289.21%,这不排除可能受到一些偶然的或者非正常的因素的影响,需要利用相关资料进一步分析其增长的真实原因。

综上分析,华夏公司在营业利润方面增长能力较差,但在净利润方面具有一定的增长能力,其未来增长的稳定性有待进一步观察。

相关案例8-6

不稳定增长的危险

唯一值得追求的增长,是可持续的、稳定的增长,是营业收入和企业利润同步提高的增长。宏大的收入增长目标必须依托以下手段来实现:对成本的控制和提高生产率的不懈努力,按运营的需要进行企业的重建和明智的再投资。不稳定增长产生的结果在那些正在爆发性增长的企业里非常常见。例如,1993年,戴尔公司似乎搭载上了火箭,仅仅2年间,公司的营业收入就从不足5.5亿美元达到20亿美元。但是华尔街的证券分析家们对公司的财务报告和资金流提出质疑,在该年度的前半年,戴尔公司的股票价格从49美元暴跌至16美元。"增长是我们追求的唯一目标,但是,没人知道那些数字是怎么弄到一起的",《财富》杂志说。

迈克·戴尔在接受《财富》杂志的采访时,一语破的地指出了问题的症结所在。"当你带领一个企业高速增长的时候,让人迷惑和利令智昏的事情之一是,你根本就不知道如何发现企业内在问题所在",他说,"你让公司中的每一个部分都确信,他们的工作正在按计划进行,但是,当你把公司运营的结果当作一个整体来审视的时候,你就遇到了大麻烦。这就是不明白企业中的成本、收入以及利润等不同部分之间相互关系的典型症状"。

(二) 资产增长指标分析

1. 资产增长率分析

(1) 资产增长率的内涵和计算。企业要增加营业收入,就需要通过增加资产投入来实现营业收入的增加。可以利用资产增长率指标反映企业在资产投入方面的增长情况。资产增长率就是本期资产增长额与基期资产余额之比。其计算公式是:

$$资产增长率 = \frac{本期资产增长额}{基期资产余额} \times 100\%$$

资产增长率是用来考核企业资产投入增长幅度的财务比率。资产增长率为正数,则说明企业本年度的资产规模增加,资产增长率越大,则说明资产规模增加幅度越大;资产增长率为负数,则说明企业本年度的资产规模缩减,资产出现负增长。

(2) 资产增长率分析。在对资产增长率进行具体分析时,应该注意以下几点:

第一,企业资产增长率高并不意味着企业的资产规模增长就一定适当。评价一个企业的资产规模增长是否适当,必须与营业收入增长、利润增长等情况结合起来分析。只有在一个企业的营业收入增长、利润增长超过资产规模增长的情况下,这种资产规模增长才属于效益型增长,才是适当的、正常的。

第二,需要正确分析企业资产增长的来源。因为企业的资产来源一般来自负债和股东权益,在其他条件不变的情形下,无论是增加负债规模还是增加股东权益规模,都会提高资产增长率。负债规模的增加,说明企业进行了负债筹资;而股东权益规模的增加,则可能是企业吸收了新的股东投资或者实现了盈利。从长远的角度来看,企业资产的增加应该主要来源于企业股东权益的增加,而不是负债的增加。如果一个企业的资产增长完全依赖于负债的增长,而所有者权益项目在年度里没有发生变动或者变动不大,则说明企业不具备良好的发展潜力。一个企业只有通过增加股东权益,才有能力继续对外举债,才能进一步扩大资产规模,进而顺利地实现增长,从而使企业偿还债务也具有保障。从企业自身的角度看,企业资产的增长应该主要取决于企业盈利的增加。当然盈利的增加能带来多大程度的资产增长还要视企业实际的股利政策而定。因此,进行资产增长率分析应该正确分析企业资产增长的来源。分析的方法有两种:①可以计算股东权益的增加占资产增加额的比重并进行比较。如果股东权益增加额所占比重较大,就说明企业资产的增加主要来源于股东权益的增加,反映企业资产的增长状况良好;反之,相反。②可以利用股东权益增长率分析。股东权益增长率越高,表明企业本年度股东权益增加得越多,反映企业资产增长状况良好;反之,相反。

第三,为全面认识企业资产规模的增长趋势和增长水平,应将企业不同时期的资产增长率加以比较。一个健康的处于成长期的企业,其资产规模应该是不断增长的,如果时增时减,则反映出企业的经营业务并不稳定,同时也说明企业并不具备良好的增长能力。因此,只有将一个企业不同时期的资产增长率加以比较,才能正确评价企业资产规模的增长能力。

【例8-34】 根据华夏公司资产负债表的资料,分析该公司的资产发展能力。

利用相关数据分别计算华夏公司2018年、2019年和2020年资产增长率和股东权益增加额及其占资产增加额的比重等指标,如表8-3所示。

表8-3　　　　　　　　　　华夏公司资产增长率计算表　　　　　　　　金额单位:元

项目	2017年	2018年	2019年	2020年
资产总额	1 986 453	2 090 689	2 360 615.19	2 678 310.97
本年资产增加额	—	104 236	269 926.19	317 695.78
资产增长率	—	5.25%	12.91%	13.46%
股东权益总额	945 229	950 453	958 259.25	970 286.11
股东权益增加额	—	5 224	7 806.25	12 026.86
股东权益增加额占资产增加额的比重	—	5.01%	2.89%	3.79%

从表8-3可以看出,华夏公司自2018年以来,其资产规模不断增加,从2017年的1 986 453元,增加到2020年的2 678 310.97元;2017年以来的资产增长率也在不断提高,从2018年的5.25%提高到2020年的13.46%,这说明华夏公司近几年资产规模呈现出快速增长的趋势。但是仅仅依据这一点,我们无法得出华夏公司具有较强的资产增长能力的结论。我们还必须分析该公司资产增长的效益性和资产增长的来源。资产增长的效益性可根

据销售增长率和收益增长率指标分析得出该企业资产增长的效益性较差。另外,根据表8-3中的股东权益增加额占资产增加额的比重分别为5.01%、2.89%和3.79%,可以看出3年来的股东权益增加额在资产增加额中所占的比重很低,资产增长的绝大部分来自负债的增加,这就可以说明资产增长的来源并不理想。

综上分析,我们可以得出华夏公司不具备良好的资产增长趋势的结论。

2. 固定资产成新率分析

固定资产成新率是企业当期平均固定资产净值与平均固定资产原值的比率。其计算公式是:

$$固定资产成新率 = \frac{平均固定资产净值}{平均固定资产原值} \times 100\%$$

式中,平均固定资产净值是指企业固定资产净值的年初数与年末数的平均值,平均固定资产原值是指企业固定资产原值的年初数与年末数的平均值。固定资产成新率反映了企业所拥有的固定资产的新旧程度,体现了企业固定资产更新的快慢和持续发展能力。该指标高,表明企业固定资产比较新,对扩大再生产的准备比较充分,企业发展潜力较大。

(三) 资本扩展指标分析

1. 股东权益增长率的内涵和计算

股东权益增加是驱动剩余收益增长的因素之一,可以采用比率表示。股东权益的增加就是期初余额到期末余额的变化,股东权益增长率能够解释这种变化。股东权益增长率也称为资本积累率,是本期股东权益增长额与股东权益期初余额之比,也叫作资本积累率。其计算公式是:

$$股东权益增长率 = \frac{本期股东权益增加额}{股东权益期初余额} \times 100\%$$

股东权益增长率越高,表明企业本期股东权益增加得越多;反之,股东权益增长率越低,表明企业本年度股东权益增加得越少。

在实际中还存在3年资本平均增长率这一比率。其计算公式是:

$$3年资本平均增长率 = \left(\sqrt[3]{\frac{年末股东权益}{3年前年末股东权益}} - 1 \right) \times 100\%$$

该指标设计的原意是为了均衡计算企业的3年平均资本增长水平,从而客观评价企业的股东权益增长能力状况。但是从该项指标的计算公式来看,并不能达到这个目的。因为其计算结果的高低只与两个因素有关,即与本年度年末股东权益总额和三年前年末股东权益总额相关,而中间两年的年末股东权益总额则不影响该指标的高低。这样,只要两个企业的本年度年末股东权益总额和3年前年末股东权益总额相同,就能够得出相同的3年资本平均增长率,但是这两个企业的利润增长趋势可能并不一致。因此,依据3年资本平均增长率来评价企业股东权益发展能力存在缺陷。

2. 股东权益增长率分析

股东权益的增长主要来源于经营活动产生的净利润和融资活动产生的股东净支付。所谓股东净支付,就是股东对企业当年的新增投资扣除当年发放股利后的余额。因此,股东权益增长率还可以表示为：

$$股东权益增长率 = \frac{本期股东权益增加额}{股东权益期初余额} \times 100\%$$

$$= \frac{净利润 + (股东新增投资 - 支付股东股利)}{股东权益期初余额} \times 100\%$$

$$= \frac{净利润 + 对股东的净支付}{股东权益期初余额} \times 100\%$$

$$= 净资产收益率 + 股东净投资率$$

式中的净资产收益率和股东净投资率都是以股东权益期初余额作为分母计算的。从式中可以看出，股东权益增长率是受净资产收益率和股东净投资率这两个因素驱动的。其中，净资产收益率反映了企业运用股东投入资本创造收益的能力，而股东净投资率反映了企业利用股东新投资的程度，这两个比率的高低都反映了对股东权益增长的贡献程度。从根本上看，一个企业的股东权益增长应该主要依赖于企业运用股东投入资本所创造的收益。尽管一个企业的价值在短期内可以通过筹集和投入尽可能多的资本来获得增加，并且这种行为在扩大企业规模的同时也有利于经营者，但是这种策略通常不符合股东的最佳利益，因为它忽视了权益资本具有机会成本，并应获得合理投资报酬的事实。

为正确判断和预测企业股东权益规模的增长趋势和增长水平，应将企业不同时期的股东权益增长率加以比较。一个持续增长型企业，其股东权益应该是不断增长的，如果时增时减，则反映出企业发展不稳定，同时也说明企业并不具备良好的发展能力。因此仅仅计算和分析某个时期的股东权益增长率是不全面的，应利用趋势分析法将一个企业不同时期的股东权益增长率加以比较，才能正确评价企业的发展能力。

【例8-35】 根据华夏公司资产负债表的资料，分析该公司的股东权益发展能力。

利用相关数据分别计算华夏公司2018年、2019年和2020年股东权益增长率、净资产收益率和股东净投资率等指标，如表8-4所示。

表8-4　　　　　　　　华夏公司股东权益增长率计算表　　　　　　金额单位：元

项目	2017年	2018年	2019年	2020年
股东权益总额	945 229	950 453	958 259.25	970 286.11
本年股东权益增加额	—	5 224	7 806.25	12 026.86
股东权益增长率	—	0.55%	0.82%	1.26%
净资产收益率	—	0.28%	0.33%	1.26%
股东净投资率	—	0.27%	0.49%	0

注：表中的净资产收益率和股东净投资率都是以股东权益期初余额作为分母计算的。

从表8-4中可以看出，华夏公司自2017以来，其股东权益总额不断增加，从2017年的945 229元增加到2020年的970 286.11元；该公司2017年以来的股东权益增长率也不断增加，这说明了华夏公司近几年净资产规模不断增长，但增长的幅度不大。

进一步分析华夏公司股东权益增长的原因，可以发现，2017—2020年的净资产收益率不断增加，且在股东权益增长率中都占有较大比重，这说明该公司股东权益的增长主要来自净利润的增加，而不是来源于股东的新增投资。净资产收益率反映企业运用股东投入资本创造收益的能力,这表明华夏公司股东权益的增长主要是依靠企业自身创造收益的能力,而不是完全依靠股东新投入的资本。据此,我们可以判断该公司在股东权益方面具有一定的发展能力。

(四) 技术投入比率分析

技术投入比率是指企业当年技术转让费支出和研究开发的实际投入与当年主营业务收入的比率。技术投入比率从企业的技术创新方面反映了企业的发展潜力和可持续发展能力。其计算公式是:

$$技术投入比率 = \frac{当年技术转让费支出与研发投入}{当年主营业务收入净额} \times 100\%$$

式中,当年技术转让费支出与研发投入是指企业当年研究开发新技术、新工艺等具有创新性质项目的实际支出,以及购买新技术实际支出列入当年管理费用的部分。

技术创新是企业在市场竞争中保持竞争优势、不断发展壮大的前提。技术投入比率集中体现了企业对技术创新的重视程度和投入情况,是评价企业持续发展能力的重要指标。该指标越高,表明企业对新技术的投入越多,企业对市场的适应能力越强,未来竞争优势越明显,生存发展的空间越大,发展前景越好。

本 章 小 结

本章主要学习财务指标分析的基本理论与方法。偿债能力分析分为短期偿债能力分析和长期偿债能力分析两部分;盈利能力分析分为一般企业盈利能力分析和上市公司盈利能力分析;营运能力分析主要考察企业资产的利用效率问题,从流动资产、固定资产和总资产三个角度进行分析;发展能力分析的内容主要有根据企业盈利质量高低分析评价企业的发展能力以及根据企业竞争能力的强弱分析评价企业发展能力。

本章重要概念

偿债能力　流动比率　速动比率　现金比率　资产负债率　股东权益比率　权益乘数　利息保障倍数　盈利能力　销售毛利率　销售净利率　总资产报酬率　净资产收益率　营运能力　周转速度　发展能力

思考与练习

1. 短期偿债能力分析与长期偿债能力分析侧重点有什么不同?
2. 影响盈利能力的因素有哪些?
3. 如何提高企业的资产利用效率?

推荐阅读资料

［1］罗箫娜,李安兰,唐清泉.减少财务指标分析判断偏见与决策误区的方法[J].财会通讯,2019(4).

［2］岳昊敏,孙英隽.基于中小板上市企业财务指标对企业融资能力的观察[J].经济研究导刊,2020(8).

［3］李江宇,李欣宇,胡光耀.财务指标预期差对上市公司股票超额收益的影响研究——基于Black-Litterman模型的资产配置分析[J].价格理论与实践,2020(5).

8-1 第八章
财务指标
分析PPT

8-2 第八章
课后练习题

第九章 数据分析技术

| ➤ 内容简介
| ➤ 学习目标和要求
| ➤ 引例
| ➤ 第一节 数据分析概述
| ➤ 第二节 数据分析常用工具
| ➤ 本章小结
| ➤ 本章重要概念
| ➤ 思考与练习
| ➤ 推荐阅读资料

内容简介

本章主要讲解了数据分析的概念、方法、流程与应用;数据分析常用工具。本章重点为数据分析的流程。

学习目标和要求

通过本章学习,学生应掌握数据分析的流程,了解数据分析的概念、方法、应用和常用工具。

引例 知名连锁餐饮企业的困惑

国内 S 餐饮连锁有限公司(以下简称"S 餐饮")成立于 1998 年,主要经营粤菜,兼具湘菜、川菜等菜系。它至今已经发展成为在国内具有一定知名度、美誉度,多品牌、立体化的大型餐饮连锁企业。该公司拥有员工 1 000 多人,拥有 16 家直营分店,经营总面积近 13 000 平方米,年营业额近亿元。

近年来,餐饮行业面临较为复杂的市场环境,与其他行业一样,餐饮企业也遇到了原材料成本升高、人力成本升高、房租成本升高等问题,这也使得整个行业的利润率急剧下降。人力成本和房租成本的上升是必然趋势,如何在保持产品质量的同时提高企业效率,成为 S 餐饮急需解决的问题。从 2000 年开始,S 餐饮通过加强信息化管理来提高效率,目前已上线的管理系统包括客户关系管理系统、前厅管理系统、后厨管理系统、财务管理系统与物资管理系统。

通过信息化建设,S 餐饮已经积累了大量的历史数据,那么有没有方法可以帮助该公司从这些数据中洞察商机,提升价值? 在同质化的市场竞争中,如何找到市场中的"漏"和"缺"?

企业经营的目的之一就是盈利,而餐饮行业盈利的核心就是其菜品和顾客。企业经营者每天都在想推出什么样的菜系和种类会吸引更多的顾客,顾客的喜好究竟是什么,在不同的时段是不是有不同的菜品畅销,当把几种不同的菜品组合在一起推出时是不是能够得到更好的效果,未来一段时间菜品原材料应该采购多少。所有这些问题的解决都需要我们了解并掌握数据分析的技术和方法。

资料来源:张良均等:《Python 数据分析与挖掘实战》,机械工业出版社 2020 年版。

第一节 数据分析概述

一、数据分析的概念

数据分析是指运用适当的分析方法对收集来的大量数据进行分析,从中提取有价值的信息形成结论并进行展示的过程。随着计算机技术的全面发展,企业生产、收集、存储和处理数据的能力大大提高,数据量与日俱增。数据分析的目的就在于将隐藏在一大堆看似杂乱无章的数据背后的有用信息提取出来,总结出数据的内在规律,以帮助在实际工作中的管理者作出决策和判断。

二、数据分析的方法

数据分析是从数据中提取有价值信息的过程,在这个过程中需要对数据进行各种处理和归类。只有掌握了正确的数据分析方法,才能起到事半功倍的效果。

数据分析方法一般分为描述性数据分析、探索性数据分析和验证性数据分析。其中,描述性数据分析是最基础、最初级的方法,如本月收入增加了多少、客户增加了多少、哪个单品销量好都属于描述性数据分析。探索性数据分析侧重于发现数据的规律和特征,如有一份数据,你对它完全陌生,又不了解业务情况,这时就需要先进行数据探索,找到数据的规律和特征。验证性数据分析就是已经确定使用哪种假设模型,通过验证性数据分析来对假设模型进行验证。后两者是比较高级的数据分析。

数据分析方法从技术层面又可分为三类:①统计分析类,以基础的统计分析为主,包括对比分析法、同比分析法、环比分析法、定比分析法、差异分析法、结构分析法、因素分析法、80/20法则等;②高级分析类,以建模理论为主,包括回归分析法、聚类分析法、相关分析法、矩阵分析法、判别分析法、主成分分析法、因子分析法、对应分析法、时间序列分析法;③数据挖掘类,以机器学习、数据仓库等复合技术为主。下面将重点介绍几个常用的数据分析方法。

1. 对比分析法

对比分析法是指对客观事物进行比较,以达到认识事物的本质和规律的目的并作出正确的评价的方法。对比分析法通常是把两个相互联系的指标数据进行比较,从数量上展示和说明研究对象规模的大小、水平的高低、速度的快慢及各种关系是否协调。

对比分析法具体有纵向对比、横向对比、标准对比、实际与计划对比等方法。例如,淘宝某店铺2021年上半年每月销售情况对比分析。

2. 同比分析法

同比分析法是指按照时间即年度、季度、月份、日期等进行扩展,用本期实际发生数与同口径历史数据相比,产生动态的相对指标,用以揭示发展水平以及增长速度的方法。

同比分析法主要是为了消除季节变动的影响,用以说明本期水平与往年同期水平对比而达到的相对值。例如,本期1月比上年1月、本期2月比上年2月等。在实际工作中,经常使用这个指标,如某年、某季、某月与上年同期(年、同季度或同月)相比的发展速度,也就是同比增长速度,公式如下:

$$同比增长速度 = \frac{本期 - 往年同期}{往年同期} \times 100\%$$

3. 环比分析法

环比分析法是报告期水平与前一时期水平之比,表明现象逐期的变化趋势的方法。该方法计算一年内各月与前一个月对比,即1月比去年12月,2月比1月,3月比2月等,说明逐月的变化程度。环比增长速度的计算公式为：

$$环比增长速度=\frac{本期-上期}{上期}\times100\%$$

4. 回归分析法

回归分析法多用于统计分析和预测。它研究变量之间的相关关系以及相互影响程度，通过建立自变量和因变量的方程，研究某个因素受其他因素影响的程度或用来预测因变量的变化。回归分析法有线性和非线性回归、一元和多元回归之分。

建立一个回归分析模型一般要经历这样一个过程：先收集数据，再用散点图确认关系，然后利用最小二乘法或其他方法建立回归方程，检验统计参数是否合适，进行方差分析或残差分析，优化回归方程。

例如，通过预支广告费预测销售收入，首先根据以往广告费和销售收入形成散点图，其次使用最小二乘法建立一元线性回归方程拟合出一条回归线来预测销售收入。

5. 聚类分析法

聚类分析法多用于人群分类和客户分类。聚类是一个将数据集中在某些方面相似的数据成员进行分类组织的过程（即将相似数据并成一组），聚类就是一种发现这种内在结构的技术。聚类的意思就是把一个大数据集按照某种距离计算方式，分成若干个分类。其中每个分类内的差异性要比类与类之间的差异性小很多。

聚类与分类分析不同，它所划分的类是未知的。因此，聚类分析为无监督学习。它是一门静态数据分析技术，在许多领域受到广泛应用。例如，客户价值分析中对客户进行分类。

三、数据分析的流程

数据分析已经逐渐演化为一种解决问题的过程，甚至是一种方法论。虽然每个公司都会根据自身需求和目标创建最适合的数据分析流程，但数据分析的核心步骤是一致的，即以下6步。

1. 需求分析

爱因斯坦说："如果给我1个小时解答一道决定我生死的问题，我会花55分钟来弄清楚这道题到底是在问什么。一旦清楚了它到底在问什么，剩下的5分钟足够回答这个问题。"

在数据分析方面，我们首先要花些时间搞清楚要分析什么，要达到什么样的结果，明确分析目的和思路后再考虑用哪种分析方法；其次再进行数据分析的后续工作。需求分析的主要内容是，根据业务、生产和财务等部门的需要，结合现有的数据情况，提出数据分析需求的整体分析方向、分析内容，最终和需求方达成一致意见。

2. 数据获取

数据获取是数据分析工作的基础，是指根据需求分析的结果提取、收集数据。数据获取主要有网络数据与本地数据两种方式。其中，网络数据是指存储在互联网中的各类视频、图片、语音和文字等信息；本地数据则是指存储在本地数据库中的生产、营销和财务等系统的数据。本地数据按照数据时间又可以分为历史数据与实时数据两部分。其中，历史数据是指系统在运行过程中遗存下来的数据，其数据量随系统运行时间的增加而增长；实时数据是指最近一个单位时间周期（月、周、日、小时等）内产生的数据。

在数据分析过程中,具体使用哪种数据获取方式,依据需求分析的结果而定。

3. 数据预处理

数据预处理是指对数据进行数据合并、数据清洗、数据变换和数据标准化,可以直接用于分析建模这一过程的总称。其中,数据合并可以将多张互相关联的表格合并为一张;数据清洗可以去掉重复、缺失、异常、不一致的数据;数据标准化可以去除特征间的量纲差异;数据变换则可以通过离散化、哑变量处理等技术满足后期分析与建模的数据要求。在数据分析的过程中,数据预处理的各个过程互相交叉,并没有明确的先后顺序。

4. 分析与建模

分析与建模是指通过对比分析、分组分析、交叉分析、回归分析等分析方法,以及聚类、分类、关联规则、智能推荐等模型与算法,发现数据中的有价值信息,并得出结论的过程。

在数据分析的过程中,选择适合的分析与建模的方法很重要,所选择的方法应兼具准确性、可操作性、可理解性和可应用性。

5. 模型评价与优化

模型评价是指对已经建立的一个或多个模型,根据其模型的类别,使用不同的指标评价其性能优劣的过程。常用的聚类模型评价指标有 ARI 评价法、AMI 评价法、FMI 评价法和轮廓系数等。常用的分类模型评价指标有准确率、精确率、召回率、F1 值、ROC 和 AUC 等。常用的回归模型评价指标有平均绝对误差、均方误差和可解释方差等。

模型优化则是指模型性能在经过模型评价后已经达到了要求,但在实际生产环境应用过程中,发现模型的性能并不理想,继而对模型进行重构与优化的过程。在多数情况下,模型优化和分析与建模的过程基本一致。

6. 部署

部署是指将数据分析结果与结论应用至实际生产系统的过程,是数据产生实际价值的直接体现。根据需求的不同,部署阶段可以是一份包含了现状及具体整改措施的数据分析报告,也可以是将模型部署在整个生产系统的解决方案。

四、数据分析的应用

企业使用数据分析解决不同的问题,实际应用的数据分析场景主要有以下几类。

1. 客户分析

客户分析主要是根据客户的基本数据信息进行商业行为分析。首先,界定目标客户,根据客户的需求、目标客户的性质、所处行业的特征以及客户的经济状况等基本信息,使用统计分析方法和预测验证法分析目标客户,提高销售效率;其次,了解客户的采购过程,根据客户采购类型、采购性质进行分类分析,制定不同的营销策略;最后,根据已有的客户特征,进行客户特征分析、客户忠诚分析、客户注意力分析、客户营销分析和客户收益分析。

通过有效的客户分析,能够掌握客户的具体行为特征,将客户细分,使得运营策略达到最优,提升企业整体效益等。

2. 营销分析

营销分析囊括了产品分析、价格分析、渠道分析、广告与促销分析这四类分析。其中,产品分析主要是竞争产品分析,通过对竞争产品的分析制定自身产品策略;价格分析又可以分为成本分析和售价分析,成本分析的目的是降低不必要成本,售价分析的目的是制定符合市场的价格;渠道分析是指对产品的销售渠道进行分析,确定最优的渠道配比;广告与促销分析则能够结合客户分析,实现销量的提升、利润的增加。

3. 社交媒体分析

社交媒体分析是以不同社交媒体渠道生成的内容为基础,实现不同社交媒体的用户分析、访问分析、互动分析等;同时,它还能为情感和舆情监督提供丰富的资料。其中,用户分析主要根据用户注册信息、登录平台的时间点和平时发表的内容等用户数据,分析用户个人画像和行为特征;访问分析则是通过用户平时访问的内容,分析用户的兴趣爱好,进而分析潜在的商业价值;互动分析根据互相关注对象的行为预测该对象未来的某些行为特征。

4. 欺诈行为检测

身份信息泄露及盗用事件逐年增长,随之而来的是欺诈行为和交易的增多。公安机关、各大金融机构、电信部门可利用用户基本信息、用户交易信息、用户通话短信信息等数据,识别可能发生的潜在欺诈交易,做到提前预防、未雨绸缪。

例如,大型金融机构通过分类模型分析方法对非法集资和洗钱的逻辑路径进行分析,找到其行为特征。

5. 网络安全

大规模网络安全事件的发生,让企业意识到网络攻击发生时预先快速识别的重要性。传统的网络安全主要依靠静态防御,如处理病毒的主要流程是发现威胁、分析威胁和处理威胁。在这种情况下,传统的网络安全系统往往在威胁发生以后才能作出反应。新型的病毒防御系统可使用数据分析技术,建立潜在攻击识别分析模型,监测大量网络活动数据和相应的访问行为,识别可能进行入侵的可疑模式,做到未雨绸缪。

6. 交通物流分析

物流是物品从供应地向接收地的实体流动,是将运输、储存、装卸搬运、包装、流通加工、配送和信息处理等功能有机结合起来而实现用户要求的过程。用户可以通过业务系统和GPS定位系统获得数据,使用数据构建交通状况预测分析模型,有效预测实时路况、物流状况、车流量、客流量和货物吞吐量,进而提前补货,制定库存管理策略。

第二节 数据分析常用工具

俗话说:工欲善其事,必先利其器。一款好的数据分析工具可以让使用者事半功倍,瞬间提高工作效率。下面简单介绍几种常用的数据分析工具。

1. Excel

Excel作为入门级的工具,是最基础也是最主要的数据分析工具。Excel具备多种强大功能,如创建表单、数据透视表、VBA等,Excel的系统如此庞大,以至于没有任何一项分析工具可以超越它,确保了使用者可以根据自己的需求分析数据。它能够满足绝大部分数据分析工作的需求,同时也提供相当友好的操作界面,对于具备基本统计学理论的用户来说是十分容易上手的,但在数据量较大,公式嵌套又很多的情况下,Excel处理起来会很麻烦而且处理速度也会变慢。

2. SPSS

SPSS 是世界上最早采用图形菜单驱动界面的统计软件,它最突出的特点就是操作界面极为友好,输出结果美观漂亮。用户只要掌握一定的 Windows 操作技能,精通统计分析原理,就可以使用该软件为特定的科研工作服务。SPSS 采用类似 EXCEL 表格的方式输入与管理数据,数据接口较为通用,能方便地从其他数据库中读入数据。其包括了常用的、较为成熟的统计过程,完全可以满足非统计专业人士的工作需要。

3. R

R 是一门用于统计计算和作图的语言,它不单是一门语言,更是一个数据计算与分析的环境。其最主要的特点是免费、开源,各种各样的模块十分齐全。R 的综合档案网络 CRAN 提供了大量的第三方功能包,其内容涵盖了从统计计算到机器学习,从金融分析到生物信息,从社会网络分析到自然语言处理,从各种数据库各种语言接口到高性能计算模型,可以说无所不包,无所不容,这也是为什么 R 正在获得越来越多各行各业的从业人员喜爱的一个重要原因。

4. Python

Python 是一种面向对象、解释型计算机程序设计语言。Python 语法简洁而清晰,阅读一个良好的 Python 程序就感觉像是在读英语一样。Python 在数据分析和交互、探索性计算以及数据可视化等方面都显得比较活跃。Python 也具有强大的编程能力,这种编程语言不同于 R 或者 matlab。Python 有非常强大的数据分析能力,可以利用 Python 进行爬虫、写游戏以及自动化运维,在这些领域中有着很广泛的应用,有利于各个业务之间的融合。使用 Python,能够大大地提高数据分析的效率。

5. SQL

毫不夸张地说,SQL 是数据方向所有岗位的必备技能,入门比较容易,概括起来就是增删改查。SQL 需要掌握的知识点主要包括数据的定义语言、数据的操纵语言以及数据的控制语言。在数据的操纵语言中,需理解 SQL 的执行顺序和语法顺序,熟练掌握 SQL 中的重要函数,理解 SQL 中各种 join 的异同。总而言之,要想入行数据分析,SQL 是必要技能。

6. BI 工具

商业智能 BI 是为数据分析而生的,它诞生的起点很高。其目的是缩短从商业数据到商业决策的时间,并利用数据来影响决策。BI 工具都是按照数据分析流程设计的。先是数据处理、数据清洗,然后是数据建模,最后是数据可视化,用图表来识别问题并影响决策。

本 章 小 结

本章主要学习了:数据分析的概念、方法、流程与应用;数据分析的常用工具。本章重点为数据分析的流程。

本章重要概念

数据预处理 分析与建模 Python

思考与练习

1. 数据分析的基本流程是什么?
2. 数据分析还可以应用于哪些领域?
3. 如何选择数据分析工具?

推荐阅读资料

[1] 张良均,谭立云,刘名军,江建明.Python 数据分析与挖掘实战[M].北京:机械工业出版社,2020.

[2] 王浩,袁琴,张明慧.Python 数据分析案例实战[M].北京:人民邮电出版社,2020.

[3] 黄红梅,张良均.Python 数据分析与应用[M].北京:人民邮电出版社,2018.

9-1 视频
第九章
数据分析常用工具

9-2 第九章
数据分析
技术PPT

第十章 综合分析与业绩评价

➢ 内容简介
➢ 学习目标和要求
➢ 引例
➢ 第一节 综合分析与业绩评价的目的和内容
➢ 第二节 杜邦综合分析及其发展
➢ 第三节 企业经营业绩综合评价
➢ 本章小结
➢ 本章重要概念
➢ 思考与练习
➢ 推荐阅读

内容简介

本章主要讲解了财务分析的综合分析与业绩评价,包括综合分析与业绩评价的目的和内容、杜邦财务综合分析及其发展,在对企业进行企业经营业绩评价时通常可以采用的综合指数法和综合评价分法。

学习目标和要求

通过本章学习,学生应掌握杜邦财务分析体系的基本原理、综合指数法的原理及实施步骤以及综合评分法的原理及实施步骤;了解综合分析与业绩评价的意义及目的,明确综合分析与业绩评价的内容,并能够运用综合指数法完成业绩评价的一般程序或步骤,确定各项指标的标准值,计算指标单项指数,确定各项指标的权数,计算综合经济指数,评价综合经济指数。

引例 蒙牛与伊利盈利能力存在差异的原因

伊利与蒙牛在我国乳制品行业一直处于领先地位。伊利 2008—2012 年的净资产收益率分别为 －57.75％、18.92％、19.00％、32.82％、25.71％,蒙牛 2008—2012 年的净资产收益率分别为 －21.11％、15.19％、14.63％、15.95％、11.07％。由数据可以看出除了 2008 年和 2009 年,蒙牛的净资产收益率高于伊利,此后,伊利的净资产收益率是赶超蒙牛的,那么在 2010—2012 年发生了什么,伊利的盈利能力由于什么原因而超过蒙牛呢?

伊利与蒙牛的净资产与蒙牛差距较大,主要系蒙牛 2009 年进行大规模配股,净资产增加。伊利的收益水平在不断追赶蒙牛,2011 年已反超蒙牛,2012 年仍然领先蒙牛。总资产周转率是考察企业资产运营效率的一项重要指标,体现了企业经营期间全部资产从投入到产出的流转速度,反映了企业全部资产的管理质量和利用效率。权益乘数表明所有者投入企业的资本占全部资产的比重。伊利的所有者投入一直较蒙牛高,对净资产收益率的指标具有放大效应。

除 2008 年、2009 年,伊利的净资产收益率一直较蒙牛高,伊利运用自有资本的效率优于蒙牛。在维持权益乘数优于蒙牛的前提下,伊利资产周转率的缓慢提升,销售利润率的稳步提高,伊利的盈利能力 2012 年已远远超过蒙牛。

总资产周转率指标在 2010 年反超蒙牛,说明伊利的资产管理能力得到提高,而具体到应收账款及存货方面,伊利和蒙牛各有所长,伊利在应收账款管理方面远远优于蒙牛,优势还不断扩大,但在存货管理方面,蒙牛要优于伊利,但优势不断缩小,说明伊利的资产管理能力得到提高,而这主要是通过加强应收账款的管理实现的。

伊利的短期偿债能力远远低于蒙牛,主要原因在于伊利的债务融资远远超过蒙牛,其偿付利息的压力也比较大。产权比率用来表明由债权人提供的和由投资者提供的资金来源的相对关系,反映企业基本财务结构是否稳定,产权比率越高,说明企业偿还长期债务的能力越弱;产权比率越低说明企业偿还长期债务的能力越强,伊利产权比率远远高于蒙牛,其长期偿债能力较弱。

无论是从短期偿债能力分析还是从长期偿债能力分析,伊利各项指标反应的结果都是其偿债能力远远弱于蒙牛,这主要与伊利的资本结构有关。伊利是通过债务融资还是通过股权融资,要看公司实际运营的需要。

蒙牛的总资产在2008—2009年有所下降,2010—2012年,蒙牛的总资产增长率一直维持在0左右,甚至在2012年为负值,而伊利除了2011年增长率有所增长,其余各年都远远低于蒙牛,2012年同蒙牛一样为负值。

从以上分析可以看出,伊利与蒙牛规模相差不大,在盈利能力方面,在销售利润率得到提升的前提下,通过资本结构的放大效应,伊利已赶超蒙牛。市场需求的日益增强使两家公司的经营规模和资产总额高速增长,两家公司已经走出了单纯的价格竞争之路,并且在提高产品附加值的方面不断努力,向着更利于企业的方向发展;在资产管理能力方面,得益于应收账款的有效管理,伊利资产管理能力不断提高,并反超蒙牛;在偿债能力方面,伊利重债务融资轻权益融资的资本结构决定了其偿债能力要劣于蒙牛。

从案例中我们可以发现,各个财务指标之间并不是彼此独立、互不干涉的,而是相互联系、环环相扣的。因此,需要我们了解财务分析的综合分析和业绩评价。

资料来源:杨屾:《财务分析》,立信会计出版社2017年版。

第一节 综合分析与业绩评价的目的和内容

一、综合分析与业绩评价的目的

财务分析从盈利能力、营运能力和偿债能力角度对企业的筹资活动、投资活动和经营活动状况进行了深入、细致的分析,以判明企业的财务状况和经营业绩,这对于企业投资者、债权人、经营者、政府及其他与企业利益相关者了解企业的财务状况和经营成效是十分有效的。但前述财务分析通常是从某些特定角度,就企业某一方面的经营活动做分析,这种分析不足以全面评价企业的总体财务状况与财务成效,很难对企业总体财务状况和经营业绩的关联性得出综合结论。为弥补财务分析的这一不足,我们有必要在财务能力单项分析的基础上,将有关指标按其内在联系结合起来进行综合分析。

业绩评价是指在综合分析的基础上,运用业绩评价方法对企业财务状况和经营成果所作的综合结论。业绩评价以财务分析为前提,财务分析以业绩评价为结论,财务分析离开业绩评价就没有太大的意义。在前述财务分析中,都曾在分析的基础上作出了相应的评价,但那只是就单项财务能力所作的分析及评价,其结论具有片面性,只有在综合分析的基础上进行业绩评价,才能从整体上相互联系地全面评价企业的财务状况及经营成果。

综合分析与业绩评价的目的在于:

(1) 通过综合分析评价,明确企业财务活动与经营活动的相互关系,找出制约企业发展的"瓶颈"所在。

（2）通过综合分析评价，企业财务状况及经营业绩，明确企业的经营水平、位置及发展方向。

（3）通过综合分析评价，为企业利益相关者进行投资决策提供参考。

（4）通过综合分析评价，为完善企业财务管理和经营管理提供依据。

二、综合分析与业绩评价的内容

根据上述综合分析与业绩评价的目的，综合分析与业绩评价至少应包括以下两方面：

（1）财务目标与财务环节相互关联综合分析评价。企业财务目标是资本增值最大化。资本增值的核心在于资本收益能力的提高，而资本收益能力受企业各方面、各环节财务状况的影响。本部分分析正是要以净资产收益率为核心，并通过对净资产收益率的分解，找出企业经营各环节对其影响关系与程度，从而综合评价企业各环节及各方面的经营业绩。杜邦财务分析体系是进行这一分析的最基本方法。

（2）企业经营业绩综合分析评价。虽然财务目标与财务环节的联系分析可以解决单项指标分析，但没能采用某种计量手段给相互关联指标以综合评价，因此，往往难以准确得出公司经营业绩改善与否的定量结论。企业经营业绩评价综合分析评价正是从解决这一问题出发，利用业绩评价的不同方法对企业经营业绩进行量化分析，最终得出企业经营业绩评价的唯一结论。

第二节　杜邦财务综合分析及其发展

一、杜邦财务分析体系

杜邦分析法是由美国杜邦公司的经理创造并最先采用的，故称为杜邦财务分析图或者杜邦系统。企业的各项财务活动、各项财务指标互相联系，相互影响，这就要求财务分析人员将企业财务活动看作一个大系统，对系统内互相依存、相互作用的各种因素进行综合分析。杜邦分析法就是利用各个主要财务比率指标之间的内在联系，来综合分析企业财务状况的方法。

杜邦分析法是采用杜邦财务分析图，将有关分析指标按内在联系排列。它主要体现了以下一些关系：

$$权益报酬率 = \frac{净利润}{所有者权益} = \frac{净利润}{资产总额} \times \frac{资产总额}{所有者权益} = 总资产报酬率 \times 权益乘数$$

$$总资产报酬率 = \frac{净利润}{销售收入} \times \frac{销售收入}{资产总额} = 销售利润率 \times 总资产周转率$$

$$权益乘数 = \frac{资产总额}{所有者权益} = \frac{1}{1-资产负债率}$$

由上述公式可得：

$$权益报酬率 = 销售利润率 \times 总资产周转率 \times 权益乘数$$

决定权益报酬率的因素有三个：销售利润率、总资产周转率和权益乘数。这样分析之后，就可以把权益报酬率这一项综合性指标升降变化的原因加以具体化。

销售利润率和总资产周转率可以进行进一步分解：

一是销售利润率的分解：

$$税后净利润＝销售收入－成本总额$$
$$成本总额＝销售成本＋期间成本＋税金＋其他支出$$

其中：

$$税金＝税金及附加＋所得税$$
$$其他支出＝营业外收支净额－投资收益－其他业务利润$$

二是总资产周转率的分解：

$$总资产＝流动资产＋非流动资产$$

其中：

$$流动资产＝货币资金＋有价证券＋应收及预付款＋存货＋其他流动资产（待摊费、待处理流动资产损失、1年内到期的长期投资等）$$
$$非流动资产＝长期投资＋固定资产＋无形资产＋递延及其他资产$$

根据以上指标的分解，可将杜邦分析法用杜邦财务分析图来列示，如图10-1所示，从而可以直观地看出企业财务状况和经营成果的总体面貌。

从杜邦财务分析图，我们可以了解到下列财务信息：

(1) 从杜邦分析图可以看出，权益报酬率是杜邦财务分析图的核心内容，它是一个综合性强、极有代表性的财务比率，它的高低反映了企业净资产的收益性。该比率对企业的所有者而言是至关重要的。它不仅受总资产报酬率的影响，而且受资本构成的影响。它是企业资产的利用效率与企业融资策略的综合体现。

(2) 总资产报酬率是反映企业获利能力的一个重要财务比率，它揭示了企业生产经营活动的效率，综合性很强。企业的销售收入、成本费用、资产结构、资产周转速度以及资金占用量等各种因素，都直接影响总资产报酬率的高低。

(3) 销售利润率的高低，取决于企业税后净利润和销售收入。提高销售利润率的关键是扩大销售净额，降低成本费用。在一定范围和一定时间内，在固定成本不变的情况下，销售收入的增长通常会带来利润净额的更大增长。如果企业的销售毛利率及税率相对稳定，而分析期的销售利润率却有所下降，就需要考虑成本费用相对提高的可能性。利用杜邦分析法，可以分析企业成本费用结果是否合理。

(4) 总资产周转率也是一个重要的财务比率，它是企业销售利润率与资产利润率的综合表现，它揭示了企业资产实现销售收入的综合能力。企业要提高资产周转率，一方面要增加销售收入；另一方面应降低资金的占用。对该指标的分析可以从其重要影响因素——资产总额入手，其中，资产结构是否合理将直接影响总资产的周转速度。一般而言，流动资产体现资产的营运效率及偿债能力，而长期资产则表现为企业经营规模与发展潜力，两者之间必须有一个合理的结构比率，不能重此轻彼。鉴于流动资产的高流动、低收益特点，还必须

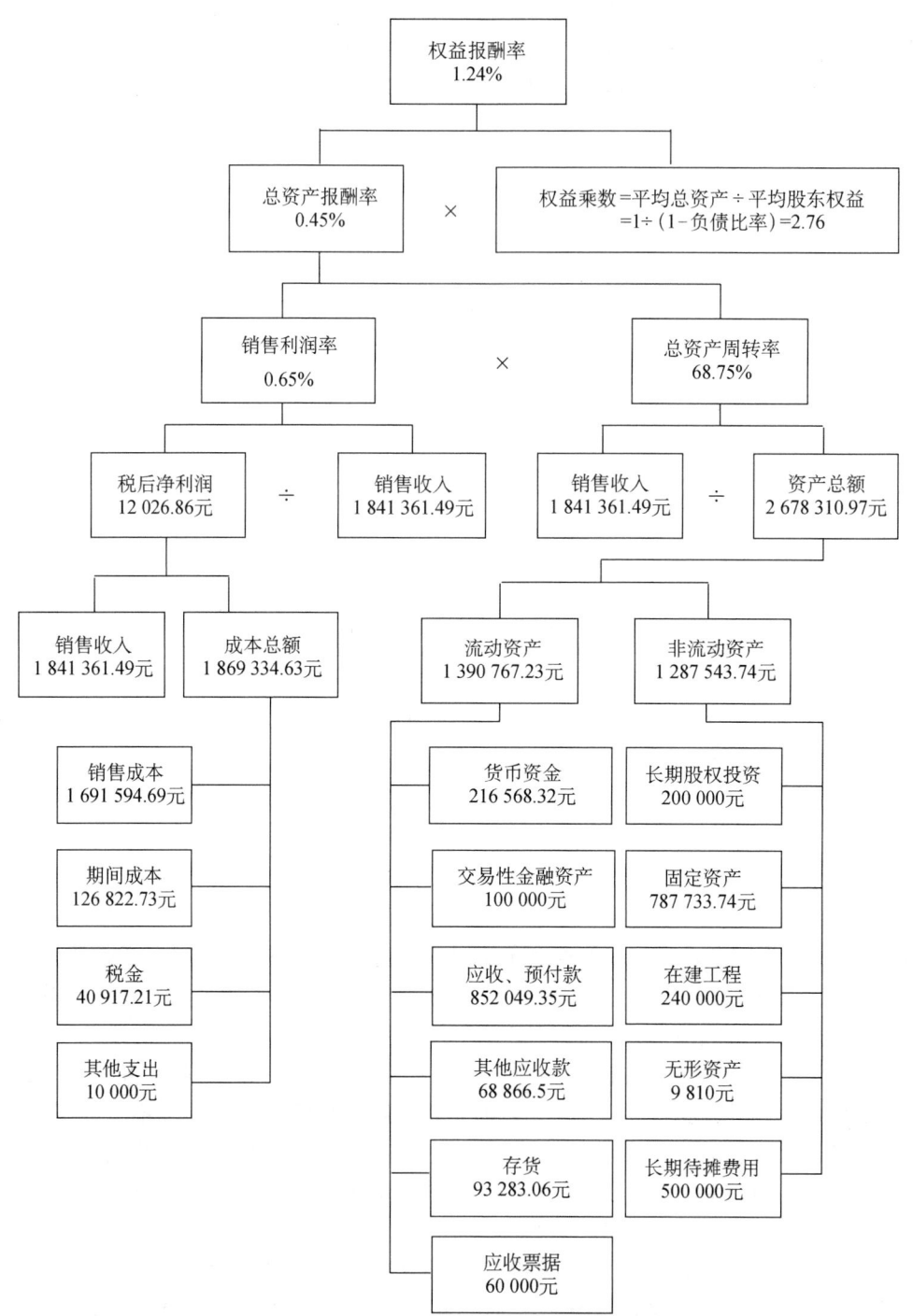

图10-1 杜邦财务分析图

对流动资产的内部结构以及对流动资产周转率产生影响的各具体因素进行分析,查明影响资产周转率变动的具体原因。

（5）权益乘数反映了所有者权益同企业总资产的关系。它主要受资产与负债之间比例关系影响。在资产总额既定的前提下，负债总额越大，权益乘数就越高，说明企业有较高的负债程度，给企业带来了较大的杠杆收益，同时也给企业带来了较大的财务风险。

二、杜邦财务分析体系的变形与发展——帕利普财务分析体系

帕利普财务分析体系是美国哈佛大学教授帕利普（Palepu）对杜邦财务分析体系进行了变形、补充而发展起来的。帕利普在其《企业分析与评价》一书中，将财务分析体系中的常用的财务比率一般被分为四大类：偿债能力比率、盈利比率、资产管理效率比率、现金流量比率。帕利普财务分析的原理是将某一个要分析的指标层层展开，这样便可探究财务指标发生变化的根本原因。

10-1 视频
杜邦分析
体系讲解

（一）可持续增长率——统一财务比率

从长远看，企业的价值取决于企业的盈利和增长能力。这两项能力又取决于其产品市场战略和资本市场战略；产品市场战略包括企业的经营战略和投资战略，资本市场战略包括融资战略和股利政策。财务分析的目的就是评价企业在经营管理、投资管理、融资战略和股利政策四个领域的管理效果。可持续增长率是企业在保持利润能力和财务政策不变的情况下能够达到的增长比率，它取决于净资产收益率和股利政策。因此，可持续增长率将企业的各种财务比率统一起来，以评估企业的增长战略是否可持续，其原理如图10-2所示。

可持续增长率＝净资产收益率×（1－股利支付比率）

净资产收益率＝净利润÷所有者权益平均余额

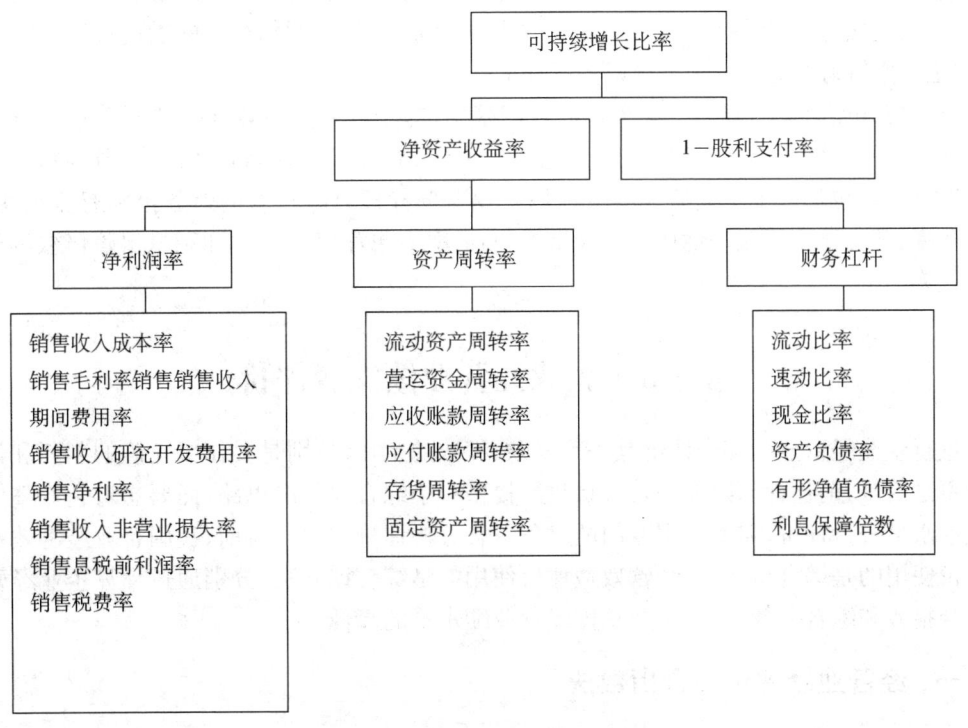

图10-2 帕利普财务分析体系

(二）分析利润动因——分解净资产收益率

企业的净资产收益率受两个因素的影响：企业利用资产的有效性，与股东的投资相比企业的资产基础有多大。

$$净资产收益率＝资产收益率×财务杠杆$$

为了更直观地了解利润的动因，我们将净资产收益率进一步分解为：

$$净资产收益率＝净利润率×资产周转率×财务杠杆$$

此分解后的公式表明：影响企业净利润的动因是净利润率、资产周转率和财务杠杆作用。

（三）评估经营管理——分解净利润率

净利润率表明企业经营活动的盈利能力，因此，对净利润率进行分解能够评估企业的经营管理效率。常用的分析工具是共同尺度利润表，该表中的所有项目都用一个销售收入比率表示。共同尺度损益表可用于企业一段时间利润表各项目的纵向比较，也可用于行业内企业间的横向比较。通过分析共同尺度利润表，我们可以了解企业的毛利率与其竞争战略的关系、变动的主要原因；期间费用率与其竞争战略的关系、变动的原因；企业的经营管理的效率等。

（四）评估投资管理——分解资产周转率

对资产周转率的详细分析可评估企业投资管理的效率。资产管理分为流动资金管理和长期资产管理。流动资金管理分析的重点在应收账款、存货和应付账款。评估资产管理效率的主要财务指标有资产周转率、存货周转率、应收账款周转率、应付账款周转率、固定资产周转率、营运资金周转率等。通过分析这些财务指标，我们可评估企业的投资管理效果。

（五）评估财务管理——检验财务杠杆的作用

财务杠杆使企业拥有大于其产权的资产基础，即企业通过借款和一些不计息债务等来增加资本。只要债务的成本低于资产收益率，财务杠杆就可以提高企业的净资产收益率，但同时财务杠杆也加大了企业的风险。评估企业财务杠杆风险程度的财务指标有流动比率、速动比率、现金比率等流动性比率以及资产负债率、有形净值负债率和利息保障倍数等长期偿债比率。

第三节 企业经营业绩综合评价

进行企业经营业绩综合评价是一项复杂、细致的工作，特别是要作出正确的判断和评价结果更是困难，前述杜邦财务综合分析只能提供一个综合评价的思路，而要想对企业整体经营业绩水平进行评价，需要运用专门的财务综合分析评价方法。目前，我国企业经济效益综合评价使用的是综合指数法，经营效益评价使用的是综合评分法，分别通过计算企业经营业绩综合指数和综合分数，反映企业总体经营业绩水平的高低。

一、经营业绩评价综合指数法

综合指数法是指在确定一套合理的经济效益指标体系的基础上，对各项经济效益指标个体指数加权平均,计算出经济效益综合值,用以综合评价经济效益的一种方法。

(一) 综合指数法评价指标

我国财政部颁布的企业经济效益评价指标体系中选择的经济效益指标包括三个方面的 10 项指标。

1. 反映盈利能力和资本保值增值指标

(1) 销售利润率:反映企业销售收入的获利水平。其计算公式为:

$$销售利润率 = \frac{利润总额}{销售收入} \times 100\%$$

式中,销售收入是指扣除销售折让、销售折扣和销售退回后的余额。

(2) 总资产报酬率:用于衡量企业运用全部资产的获利能力。其计算公式为:

$$总资产报酬率 = \frac{利润总额 + 利润支出}{平均资产总额} \times 100\%$$

其中:

$$平均资产总额 = (期初资产总额 + 期末资产总额) \div 2$$

(3) 资本收益率:指企业运用投资者投入资本获得收益的能力。其计算公式为:

$$资本收益率 = \frac{净利润}{实收资本} \times 100\%$$

(4) 资本保值增值率:反映企业投资者投入资本的完整性和保全性。其计算公式为:

$$资本保值增值率 = \frac{期末所有者权益总额}{期初所有者权益总额} \times 100\%$$

该指标等于 100%,为资本保值;该指标大于 100%,为资本增值。

2. 反映资产负债水平和偿债能力指标

(1) 资产负债率:可用于衡量企业负债水平高低情况。其计算公式为:

$$资产负债率 = \frac{负债总额}{资产总额} \times 100\%$$

(2) 流动比率或速动比率:流动比率是衡量企业在某一时点偿付即将到期债务的能力。其计算公式为:

$$流动比率 = \frac{流动资产}{流动负债} \times 100\%$$

速动比率是衡量企业在某一时点上运用随时可变现资产偿付到期债务的能力。其计算公式为:

$$速动比率 = \frac{速动资产}{流动负债} \times 100\%$$

其中:

$$速动资产 = 流动资产 - 存货$$

(3) 应收账款周转率:只用于衡量应收账款周转速度快慢的指标。其计算公式为:

$$应收账款周转率 = \frac{赊销净额}{平均应收账款余额} \times 100\%$$

其中:

平均应收账款余额=(期初应收账款余额+期末应收账款余额)÷2

赊销净额=营业收入-现销收入-销售退回、折扣、折让

由于企业赊销资料作为商业机密不对外公布,应收账款周转率中的分子一般为赊销和现销总额,即营业收入。

(4) 存货周转率:用于衡量企业在一定时期内存货资产的周转次数,是反映企业的购、产、销平衡效率的一种尺度。其计算公式为:

$$存货周转率 = \frac{产品销售成本}{平均存货成本} \times 100\%$$

其中:

平均存货成本=(期初存货成本+期末存货成本)÷2

3. 反映企业对国家或社会贡献水平的指标

(1) 社会贡献率:可用于衡量企业运用全部资产为国家或社会创造或支付价值的能力。其计算公式为:

$$社会贡献率 = \frac{企业社会贡献总额}{企业平均资产总额} \times 100\%$$

式中,企业社会贡献总额包括:工资(含奖金、津贴等工资性收入)、劳保退休统筹及其他社会福利支出、利息支出净额、应交增值税、应交产品销售税金及附加、应交所得税、其他税收、净利润等。

(2) 社会积累率可用于衡量企业社会贡献总额中用于上交国家财政的部分。其计算公式为:

$$社会积累率 = \frac{上交国家财政总额}{企业社会贡献总额} \times 100\%$$

式中,上交国家财政总额包括应交增值税、税金及附加、应交所得税、其他税收等。

(二) 综合指数法评价基本步骤

综合指数法评价企业经济效益的过程可分为五个步骤。

1. 选择业绩评价指标

进行经营业绩评价的首要步骤是正确选择评价指标,指标选择要根据分析的目的和要求,考虑分析的全面性、综合性。企业选择的评价指标,一要具有全面性,反映企业盈利能力和资本保值增值、偿债能力和反映企业对国家或社会贡献水平的评价指标都应包括在内;二要具有代表性,要选择能够说明问题的重要的评价指标。

2. 确定各项业绩评价指标的标准值

业绩评价指标标准值可根据分析的目的和要求确定,可用某企业某年的实际数,也可用

同类行业、同行业或部门评价平均数,还可以用国际标准数。一般地说,当评价企业经营计划完成情况时,可以企业计划水平为标准;当评价企业经营业绩水平变动情况时,可以企业前期水平为标准;当评价企业在同行业或在全国或国际上所处地位时,可用行业标准值或国家标准值或国际标准值来衡量。从财政部设计的10个指标的角度考虑,标准值的确定可参考以下两个方面:一是适当参照国际上通用标准,如流动比率为200%,速动比率为100%,资产负债率为50%等,但考虑到我国整体效益水平偏低,与发达国家差距较大,国际通行标准值仅是一个参考依据;二是我国企业在近3年的行业平均值。

3. 计算各项业绩指标的单项指数

单项指数是指各项经济指标的实际值与标准值之间的比值,其计算公式为:

$$单项指数 = \frac{某指标实际值}{该指标标准值}$$

这一单项指数计算公式适用于经济指标为纯正指标或纯逆指标。如果为正指标,则单项指数为越高越好;如果为逆指标,则单项指数为越低越好。如果经济指标既不是纯正指标,又不是纯逆指标时,如资产负债率、流动比率、速动比率等指标,其单项指数可按下列公式计算:

$$单项指数 = \frac{标准值 - 实际值与标准值差额绝对值}{标准值}$$

4. 确定各项业绩指标的权数

各项经济指标权数的确定应依据各指标的重要程度而定,一般地说,某项指标越重要,其权数就越大;反之,则权数就越小。假定10项经济效益指标的权数总和为100,经测算、验证,并参照美国、日本等国家的做法,将各项经济效益指标的权数确定为:销售利润率为15;总资产报酬率为15;资本收益率为15;资本保值增值率为10;资产负债率为5;流动比率(或速动比率)为5;应收账款周转率为5;存货周转率为5;社会贡献率为10;社会积累率为15。

5. 计算综合经济指数

综合经济指数是以各单项指数为基础,乘以各指标权数所得到的一个加权平均数。其计算公式为:

$$综合经济指数 = \sum(某指数单项指数 \times 该指标权数)$$

用经营业绩评价综合经济指数法对华夏公司的经济效益进行评价,可得表10-1。

表10-1　　　　　　　　　　　华夏公司综合经济指数计算表

经济指标	标准值	实际值	单项指数	权数	综合经济指标
销售利润率	18%	0.87%	4.83%	15%	0.72%
总资产报酬率	20%	1.38%	6.90%	15%	1.04%
资本收益率	25%	1.50%	6.00%	15%	0.90%
资本保值增值率	105%	101.26%	96.44%	10%	9.64%
资产负债率	50%	63.77%	72.46%	5%	3.62%
流动比率	200%	92.22%	46.11%	5%	2.31%

(续表)

经济指标	标准值	实际值	单项指数	权数	综合经济指标
速动比率	100%	86.04%	86.04%	5%	4.30%
应收账款周转率	12 次	2.51 次	20.92%	5%	1.05%
存货周转率	10 次	27.73 次	277.3%	5%	13.87%
社会贡献率	35%	35%	100%	10%	10%
社会积累率	30%	30%	100%	15%	15%
综合经济指数				100%	62.45%

从表10-1中可以看出企业经济效益的全貌。华夏公司存货周转率远高于同行业的平均水平,说明其存货的周转能力较强;资产负债率较高,说明其采用偏紧的财务政策,偿债能力较低;销售利润率不高,说明其综合经济效益不高。

二、经营业绩评价综合评分法

综合评分法又叫功效系数法,用于评价指标无法用统一的量纲进行定量分析的场合,而用无量纲的分数进行综合评价。综合评分法是先分别按不同指标的评价标准对各评价指标进行评分,然后采用加权相加,求得总分,进而进行企业经营效益评价的方法。

(一) 综合评分法评价指标

根据财政部等部委颁布的国有资本金效绩评价体系,选择的评价指标包括3个部分、4种类别计28个指标,如表10-2所示。

表 10-2　　　　　　　　　企业综合绩效评价指标体系

评价指标类别(100)	定量指标(权重80%)		定性指标(权重20%)
	基本指标(100)	修正指标(100)	评议指标(100 分)
一、财务效益状况 (38)	净资产收益率(25) 总资产报酬率(13)	资本保值增值率(12) 主营业务利润率(8) 盈余现金保障倍数(8) 成本费用利润率(10)	经营者基本素质(18) 产品市场占有能力(16) 基础管理水平(12) 发展创新能力(14) 经营发展战略(12) 在岗员工素质(10) 技术装备更新水平(10) 综合社会贡献(8)
二、资产运营状况 (18)	总资产周转率(9) 流动资产周转率(9)	存货周转率(5) 应收账款周转率(5) 不良资产比率(8)	
三、偿债能力状况 (20)	资产负债率(12) 已获利息倍数(12)	速动比率(10) 现金流动负债率(10)	
四、发展能力状况 (24)	销售增长率(12) 资本积累率(12)	3年资本平均增长率(9) 3年销售平均增长率(8) 技术投入比率(7)	

表10-3中各项指标计算公式如下。

1. 基本指标

(1) 净资产收益率:指企业运用投资者投入资本获得收益的能力。其计算公式为:

$$净资产收益率 = \frac{净利润}{实收资本} \times 100\%$$

(2) 总资产报酬率：用于衡量企业运用全部资产的获利能力。其计算公式：

$$总资产报酬率 = \frac{利润总额 + 利息支出}{平均资产总额} \times 100\%$$

其中：

$$平均资产总额 = (期初资产总额 + 期末资产总额) \div 2$$

(3) 总资产周转率：指企业在一定时期主营业务收入净额与平均资产总额的比值，是综合评价企业全部资产经营质量和利用效率的重要指标。其计算公式为：

$$总资产周转率 = \frac{利润总额 + 利息支出}{平均资产总额} \times 100\%$$

(4) 流动资产周转率：指企业在一定时期销售净收入与流动资产的平均余额之比。其计算公式为：

$$流动资产周转率 = \frac{主营业务收入净额}{平均流动资产总额} \times 100\%$$

(5) 资产负债率：可用于衡量企业负债水平高低情况。其计算公式为：

$$资产负债率 = \frac{负债总额}{资产总额} \times 100\%$$

(6) 已获利息倍数：指息税前利润与利息支出之间的比率，可用于衡量企业的偿债能力。其计算公式为：

$$已获利息倍数 = \frac{利润总额 + 利息支出}{利息支出}$$

(7) 销售增长率：反映企业销售增长情况。其计算公式为：

$$销售增长率 = \frac{本年主营业务收入增长额}{上年主营业务收入总额} \times 100\%$$

(8) 资本积累率：可用于衡量企业所有者权益的增长幅度。其计算公式为：

$$资本积累率 = \frac{本年所有者权益增长额}{年初所有者权益} \times 100\%$$

2. 修正指标

计算公式为：

(1) 资本保值增值率 $= \dfrac{扣除客观因素后的年末所有者权益}{年初所有者权益} \times 100\%$

(2) 主营业务利润率 $= \dfrac{主营业务利润}{主营业务收入净额} \times 100\%$

(3) 盈余现金保障倍数 $= \dfrac{经营现金净流量}{净利润} \times 100\%$

(4) 成本费用利润率 $= \dfrac{利润总额}{成本费用总额} \times 100\%$

(5) 存货周转率 = $\dfrac{\text{产品销售成本}}{\text{平均存货成本}} \times 100\%$

(6) 应收账款周转率 = $\dfrac{\text{赊销净额}}{\text{平均应收账款余额}} \times 100\%$

(7) 不良资产比率 = $\dfrac{\text{年末不良资产总额}}{\text{年末资产总额}} \times 100\%$

(8) 速动比率 = $\dfrac{\text{速动资产}}{\text{流动负债}} \times 100\%$

(9) 现金流动负债比率 = $\dfrac{\text{年经营现金净流量}}{\text{流动负债}} \times 100\%$

(10) 3年资本平均增长率 = $\left(\sqrt[3]{\dfrac{\text{年末所有者权益}}{\text{3年前年末所有者权益}}} - 1\right) \times 100\%$

(11) 3年销售平均增长率 = $\left(\sqrt[3]{\dfrac{\text{当年主营业务收入净额}}{\text{3年前主营业务收入净额}}} - 1\right) \times 100\%$

(12) 技术投入比率 = $\dfrac{\text{当年技术转让费用支出与研发投入}}{\text{主营业务收入净额}} \times 100\%$

(二) 综合评分法评价基本步骤

综合指数法评价企业经营绩效的过程可分为五个步骤。

1. 基本评价指标的计算与评价

基本指标反映企业的基本情况,是对企业经营业绩的初步评价。基本指标评价的参照标准值由财政部定期颁布,分为五档,分别为优秀(标准系数为1)、良好(0.8)、平均值(0.6)、较低值(0.4)、较差值(0.2)。不同行业、不同规模企业有不同的标准值,如大型普通机械制造业的净资产收益率标准为:优秀(16.5);良好(9.5);平均值(1.7);较低值(3.6);较差值(2.0)。

$$\text{单项基本指标得分} = \text{本档基础分} + \text{本档调整分}$$

其中:本档基础分 = 指数权数 × 本档标准系数

本档调整分 = [(实际值 − 本档标准值) ÷ (上档标准值 − 本档标准值)] × (上档基础分 − 本档基础分)

上档基础分 = 指数权数 × 上档标准系数

$$\text{基本指标总分} = \sum \text{各类基本指标}$$

通过分析可知,华夏公司的财务状况不太乐观,其中净资产收益率为1.5%,总资产报酬率为1.38%。资产运营水平与同行业水平相比,流动资产周转率高于同行业水平,其中总资产周转率为73.09%,流动资产周转率为1.28。偿债能力较低,其中资产负债率为63.77%,已获利息倍数为1.85。

2. 修正系数的计算

基本指标具有较强的概括性,但是不够全面。为了更全面地评价企业绩效,需要根据修正指标的高低计算修正系数,修正基本指标得分。修正指标分为五个区段,每个区段对应一个基本指标的得分区间,即:5——100～80分;4——80～60分;3——60～40分;2——40～20

分；1——20～10分。对于每一个修正指标，每个区段的得分标准也由财政部定期颁布。对基本指标得分的修正，按照四类指标的得分分别进行。

$$基本修正系数 = 1 + (实际值所处区段 - 修正指标应处区段) \times 0.1$$

式中，"实际值所处区段"为该修正指标的实际值所处区间对应的区段，"修正指标应处区段"为某类别基本指标的得分之所在的区间对应的区段。

3. 修正后得分的计算

$$修正后的总得分 = \sum(分类综合修正系数 \times 分类指标得分)$$

4. 定性指标的计算方法

定性指标以评议的方式取得分值，每个指标都被分为五个等级，每个等级对应一个参数，即：优——1；良——0.8；中——0.6；低——0.4；差——0.2。

$$单项评议指标分数 = \sum(单项评议指标权数 \times 各评议员给定的等级参数) / 评议员数$$

5. 确定综合评价结果等级

$$综合评价得分 = 定量指标修正后得分 \times 80\% + 定性指标得分 \times 20\%$$

企业经营业绩综合评价结果用5等10级制表达，以85、70、50、40分作为类型判定的分数线。具体的企业经营业绩综合评价类型与评价级别见表10-3。

表10-3　　　　　　　　企业经营业绩综合评价级别一览表

评价类型	评价级别	评价得分
优(A)	A++ A+ A	100—95分 94—90分 89—85分
良(B)	B+ B B−	84—80分 79—75分 74—70分
中(C)	C C−	69—60分 59—50分
低(D)	D	49—40分
差(E)	E	40分以下

本 章 小 结

本章主要学习了：综合分析与业绩评价的目的和内容、杜邦财务综合分析及其发展以及企业经营业绩综合评价。业绩评价是在综合分析的基础上，运营业绩评价方法对企业财务状况和经营成果所作的综合结论。杜邦财务分析法主要是根据各财务比率指标之间的内在联系，建立财务分析指标体系，综合分析企业财务状况的方法。企业经营业绩综合评价通常可采用综合指数法和综合评分法，即通过计算企业经营业绩综合指数或综合分数，反映企业总体经营业绩水平的高低。

本章重要概念

业绩评价　杜邦财务分析法　帕利普财务分析法　综合指数法　综合评分法

思考与练习

1. 杜邦分析法的优点和局限性有哪些？
2. 财务综合分析与业绩评价之间的关系是什么？
3. 帕利普分析体系中主要的财务指标之间的关系是什么？
4. 运用综合指数法需要注意哪些问题？

推荐阅读资料

［1］李志学,李乐颖,李康.利益相关者视角下的上市石油公司综合绩效评价与结果分析[J].西安石油大学学报(社会科学版),2020(1).

［2］袁天荣,王霞.CEO权力与相对业绩评价——"相对业绩评价之谜"的新证据[J].商业会计,2020(9).

［3］李刚.基于EVA的企业业绩评价方法的应用——以保利地产为例[J].商业会计,2020(3).

10-2　第十章
综合分析与
业绩评价PPT

10-3　第十章
课后练习题